KNAUR

LISA ORTGIES

Heißer Scheiß

Liebe, Wut
und Leben für
Fortgeschrittene

KNAUR

Einige der Personen im Text sind aus Gründen
des Persönlichkeitsschutzes anonymisiert.
Wir haben uns bemüht, alle Rechteinhaber:innen zu ermitteln.
Rechteinhaber:innen, die wir nicht ausfindig machen konnten,
bitten wir, sich an den Verlag zu wenden.

Besuchen Sie uns im Internet:
www.droemer-knaur.de

MIX
Papier | Fördert gute Waldnutzung
FSC® C014496

Originalausgabe September 2024

Ein Imprint der Verlagsgruppe
Droemer Knaur GmbH & Co. KG, München

Redaktion: Nina Schnackenbeck
Covergestaltung: Verlagsgruppe Droemer Knaur
Coverabbildung: © Sonja Tobias
Satz und Layout: Sandra Hacke, Dachau
Druck und Bindung: GGP Media GmbH, Pößneck
ISBN 978-3-426-44614-0

2 4 5 3 1

Für Mama

INHALT

1 BIN ICH_ÄLTER?

Now or never?

Eine, die mit Stöpseln im Ohr auf einem Elektroroller Schlangen fährt, im Takt zu *Murder on the Dancefloor* von Sophie Ellis-Bextor, die mit der Tür ins eigene Haus fällt, weil sie sich beim Aufschließen auf Augenhöhe mit dem Türschloss begibt und das Ding plötzlich nachgibt, die nach dem Reinstolpern von der gegenüberliegenden Wand abgefangen wird, den Mantel zu Boden gleiten lässt, beim Versuch, die Stiefel im Stehen auszuziehen, fast lang hinschlägt, dann auf Socken Richtung Küche tänzelt, inklusive einer riskanten Drehung im Flur; die schließlich den Kühlschrank aufreißt, eine Packung vegane Mortadella und ein Glas Cornichons findet, beides öffnet, ungefähr fünf Gürkchen mit zwei Fingern rausfischt, jedes mit einer Mortadellascheibe umwickelt und diese Minirouladen verschlingt, ohne abzubeißen; eine Frau, die zuschaut, wie sich eine Aspirin plus C in einem Glas mit Diätcola auflöst, und mit dieser Mischung die Gurkenreste runterspült, danach die Musik aus ihren Stöpseln bis zum Anschlag aufdreht, den Tisch in der Wohnküche zur Seite schiebt, um mehr Platz zu haben, und dann ungefähr zwei Stunden über das Parkett gleitet, hüpft und stampft, schließlich ins Bett fällt, mit dem Kopf in den Kissen die Kontaktlinsen rausfummelt, nahezu bewusstlos einschläft und nach dem Aufwachen erst mal ein paar Freundinnen abtelefoniert, um zu rekonstruieren, was in der Nacht zuvor alles so passiert ist. Weil sie mit einem ausgewachsenen selbst verschuldeten Filmriss zu kämpfen hat.

Auf welches Alter schätzen Sie diese Person?

Ich würde auf eine Städterin ohne Kinder in der ausgedehnten Adoleszenzphase zwischen Mitte 20 und Mitte 30 tippen. Einziger Hinweis auf eine andere Alterskohorte wäre vielleicht der Song, ein Tanzhit aus der Zeit der Jahrtausendwende.

Murder on the Dancefloor zählt zu meinen Lieblingsstücken aus dieser Zeit, mit einem festen Platz auf meiner persönlichen Everlasting-Party-Playlist, ein Song, der mich schon auf allen möglichen Tanzflächen zu Höchstleistungen angespornt hat.

An diesem Morgen, in der Blüte meiner spätpubertären Jahre mit 57, hatte ich einen Muskelkater und einen milden Hangover, dank Aspirin. Aufgewacht war ich von einem Krampf in einer meiner Tanzwaden.

Soweit es sich nachvollziehen ließ, war der Abend zunächst fröhlich, aber gesetzt verlaufen, ein Pop-up-Dinner für einen guten Zweck, bei dem ich ein paar nette neue Leute kennengelernt hatte. Irgendjemand hatte vorgeschlagen, noch weiterzuziehen, in einen Klub in der Nähe, wo ich möglicherweise das Durchschnittsalter etwas angehoben habe, aber hey, Tanzen verbindet die Generationen.

Etwas aus dem Ruder gelaufen ist das Ganze, als eine Runde Tequila bestellt wurde. Und dann noch eine … Tequilarunden gehören eigentlich zum kulturellen Vermächtnis der 90er-Jahre, und ich habe das Zeug damals schon nicht vertragen. Immerhin waren hier keine gleichaltrigen Zeugen dabei.

Ich bin wirklich nicht stolz darauf, mit 57 Jahren noch einmal in einem Klub abgestürzt zu sein, das wäre ja auch lächerlich, zumal ich mir mit so einer Nacht selbst schade, weil viel Alkohol und wenig Schlaf den Alterungsprozess nachweislich beschleunigen.

Andererseits steht ausgiebiges Tanzen und Lachen sowie anregendes Socialising ganz oben auf der Liste der Expertentipps, wenn man den Alterungsprozess verlangsamen möchte.

Ich beschließe, dass die letzten drei Punkte dreifach zählen. Denn ich fühlte mich an dem besagten Morgen insgesamt wunderbar, trotz Watte im Hirn und Krampf im Bein und obwohl mir nach und nach ein paar Momente einfielen, die ich im Selbstgespräch mit »Ach du Scheiße!« kommentieren musste.

Meine Stimmung war trotzdem deutlich besser als nach vergleichbaren Nächten mit Anfang 30, damals hätte ich den größten Teil des Restwochenendes mit Grübeleien darüber verbracht, was ich alles angestellt oder wer mich in welchen peinlichen Momenten gesehen haben könnte.

Heute habe ich sehr viel weniger Energie und Zeit für Selbstzweifel.

»Schlimm?«, fragte ich mein Spiegelbild und zupfte mir die blau schimmernden Kontaktlinsenreste vom Gesicht, auf denen ich offenbar eingeschlafen war. Und mein Spiegelbild antwortete: »Scheiß drauf!« Zumal es schwierig bis unmöglich ist, sich für etwas zu schämen, an das man sich kaum erinnert.

Ich musste über mich selbst schmunzeln und kichern, während ich die Klamotten vom Boden einsammelte, die Küche aufräumte und im Kühlschrank auf ein offenes Gurkenglas stieß, in dem rosa Wurstreste schwammen.

Zum ersten Mal, seit ich mit Teenagern unter einem Dach wohnte, freute ich mich über Partyspuren. Meine eigenen. Und ich beschloss, zukünftig ein Ritual daraus zu machen.

Um die Popheld:innen meiner Jugend für mich sprechen zu lassen: *Time After Time* (Cyndi Lauper*) I Wanna Dance with Somebody* (Whitney Houston), *Footloose* (Kenny Loggins), *Because it Smells Like Teen Spirit* (Nirvana), *I'm So Excited, I just can't hide it. I'm about to lose control and I think, I like it* (The Pointer Sisters) und überhaupt, *It's My Life, it's now or never, I ain't gonna live forever* (Bon Jovi).

Klingt banal, aber das habe ich erst Ü-50 wirklich verstanden, umso mehr kann ich solche Abende als späte Partynudel genießen.

Man verstehe mich bitte nicht falsch – um nichts in der Welt möchte ich zurück in meine Jugendjahre mit den Zweifeln und den Schamattacken und allem, was mit der Fähigkeit zur Fortpflanzung zusammenhängt. (Auch wenn ich gern dieselben Fehler noch mal machen würde. Nur bewusster.) Es gibt nichts Bedauernswerteres als Middle-Ager, die 30 Jahre später dort weitermachen, wo sie vor der Familiengründung aufgehört haben. Ich bin heute auf viele Arten ein anderer Mensch: klüger, ruhiger, größer, mitfühlender, und ich bin dabei, diesen typisch weiblichen Glaubenssatz abzuschütteln, wonach Selbstlob stinkt. In den letzten Jahrzehnten habe ich mich aber auch selbst aus dem Blick verloren und einen Teil meines Wesens in den Keller geschickt, der sich an einem Abend wie dem beschriebenen endlich wieder ans Licht wagte.

Ich fühle mich heute unbeschwerter, freier – jünger womöglich?

Die Forschung stützt diesen Eindruck, tatsächlich scheint die Zeit *für* uns zu arbeiten, denn von Generation zu Generation verjüngt sich die menschliche Spezies biologisch um fünf bis acht Jahre, weiß die Altersexpertin Ursula Staudinger. Auch ohne Botox und Hyaluron. Die Jahre zwischen 60 und 80 könne man demnach der mittleren Lebensphase zuschlagen. Das würde bedeuten, ich wäre noch nicht mal in der Lebensmitte angekommen.[1]

Der Genetiker Steve Horvath hat entdeckt, dass unsere individuelle biologische Uhr sogar Kapriolen schlägt und sich rückwärtsdrehen kann, auch wenn wir in stressigen Zeiten, bei Krankheit oder Trennung beschleunigt altern. Aber wenn Horvath recht hat, dann ist es egal, wie weit unsere persönliche Uhr in diesen Krisenzeiten vorspult. Sobald wir aus dem Sumpf auftauchen und wieder ins Gleichgewicht kommen, im Idealfall gereifter und lebenshungriger als zuvor, können wir die verlorene Zeit nicht nur wettmachen, sondern kriegen sogar noch einen Bonus obendrauf. Ich finde es tröstlich (und fair), dass wir nach durchgestandenen Krisen und Schmerzen unter Umständen mit einem biologischen Verjüngungsschub belohnt werden und trotzdem nicht auf wichtige Erfahrungen und eine neu gewonnene Gefühlstiefe verzichten müssen. Vielleicht funktioniert das eine auch gar nicht ohne das andere? Das wäre dann die biologische Variante eines positiven Karmas.

Einen Schritt vor, zwei zurück – wenn Entspannung, Albernheit, neue Menschen und viel Liebe helfen, das biologische Alter zurückzuspulen, dann müsste ich jetzt deutlich jünger sein als vor zehn Jahren.

Was nicht heißt, dass ich auch nur auf ein einziges von den 58 Jahren verzichten möchte, mag es manchmal noch so beschissen gelaufen sein. Ich genieße die Freiheit neuer Lebensumstände, in denen ich niemanden fragen muss, ob, wen oder wie viele Leute ich spontan einladen darf. Die mir erlauben, die Wohnküche stundenlang mit meinen Lieblingspodcasts zu beschallen oder mitten in der Nacht in eine Tanzfläche zu verwandeln. Ich umarme meinen Körper, der mich auf sechs Kontinente begleitet, diverse mitgeschleppte Viren wieder abgeschüttelt, der zwei Kinder ausgebrütet, mehrere Fehlgeburten und einen Infarkt überstanden hat. Der mit anderen mitschwingt, der Nähe so sehr mag und der meinen Bauchnabel zum Lächeln bringt, wenn ich in gutem Essen (bei Gelegenheit auch in Cocktails) schwelge. Der mir beigebracht hat, ihn besser zu lesen, auch wenn er dabei manchmal etwas brachial vorgegangen ist.

Ich feiere mein Hirn, das alle möglichen neuen Verzweigungen willkommen heißt, das sich an meiner Melancholie wärmt und immer noch neue Synapsen raushaut, die Kopf und Körper versöhnen und mich zuweilen sogar mit dem Rest des Universums connecten. Ich bewege mich mit großer Neugier und kribbelndem Wagemut auf die nächste 0 zu, *and it feels like Walkin' On Sunshine* (Katrina & The Waves). Nicht immer, aber immer öfter.

Wollen wir zusammen springen?

Blöderweise stehe ich mit dieser Vorfreude ziemlich allein da. Seit die 58 voll sind, werde ich regelmäßig nach meinen Gefühlen angesichts der nächsten runden Zahl gefragt, meistens ist mein Gegenüber im selben Alter und verzweifelt genug, um sich von mir irgendeine blendende Idee zu erhoffen, wie sie die 60 möglichst würdevoll ignorieren könnte. Ich würde mich nicht wundern, wenn die Nächste vorschlägt, dass wir zusammen aus dem Fenster springen.

An einem langen Wochenende mit mehreren gleich alten Frauen schleicht sich trotz Yoga und Disco früher oder später der ein oder andere Talk ein über Winkfleisch, Hängelider, Nasolabialfalten und Ähnliches. Der nächste Schritt ist oft ein vielstimmiges Lamento über diverse Verfallserscheinungen, das die Funktion hat, jeder einzelnen das Gefühl zu geben, dass sie nicht allein ist. Mit ihren Selbstzweifeln. Im Idealfall sind sich alle einig, und das Thema wird gewechselt, um den Abend nicht kippen zu lassen. Weshalb ich immer so früh wie möglich mit einer Runde Komplimente für alle dazwischengrätsche in der Hoffnung, dass sich andere anschließen und am Ende jede mit einem Selbstwertbooster und leicht beschwipst ins Bett fallen kann.

Es gibt aber leider immer wieder Fälle, in denen es weitere Mühen erfordert, Einzelne bei Laune zu halten. Egal, was man als Vorzug oder Einzigartigkeit heranzieht, alles fällt in ein Fass ohne Boden oder wird verbal geschreddert. Auf einen Satz wie »Du hast so sinnliche Rundungen« folgt, leicht beleidigt:

»Danke, mit etwas Übergewicht bleibt die Haut ja auch länger straff. Aber am Ende setzen sich doch die Falten durch. Da brauche ich mir nur meine Mutter anzuschauen.« Den anderen Frauen gehen nach und nach die Argumente und irgendwann auch die Komplimente aus, Resignation macht sich breit.

Bis ein Mann auftaucht. In diesem Fall ein wesentlich älterer Mann: Typ »Irgendwann-mal-Surfer-gewesen-aber-danach-zu-viele-Drogen«, eine schüttere, weiße Poppertolle, die Haut ist nur unwesentlich heller als die geflochtenen Lederarmbänder an den Gelenken. Der Mann ist erfahren und einfühlsam genug, um die Teenagerfrage »Wie alt würdest du mich schätzen?« möglichst diplomatisch zu beantworten. Das kurze Zögern, das er braucht, um auszurechnen, wie viele Jahre er vom offensichtlichen Alter abziehen muss, damit das Ergebnis nicht zu unrealistisch ausfällt, wirkt authentisch: »48!« Treffer. Ein breites Lächeln hellt das Gesicht der Fragerin auf. Dass sie nach dem Kompliment fragen musste, kann die Freude nicht trüben. Der Abend ist gerettet. Ach was – der ganze Rest des Kurzurlaubs.

Ich will solche Begegnungen nicht überbewerten, aber solange Frauen irgendeinem dahergelaufenen höflichen, alten weißen Mann mehr glauben als einer ganzen Truppe von Freundinnen, kommen wir in Sachen Empowerment keinen Zentimeter weiter.

Wieso hängt unser Selbstwert überhaupt an einer Zahl? Warum und wie hat sich die Überzeugung durchgesetzt, dass wir nicht so alt aussehen dürfen, wie wir sind? Wieso lächeln so viele Frauen trotz der versteckten Beleidigung hinter dem beliebten »Kompliment«: »Für dein Alter siehst du doch noch sehr gut aus.« Aha. Und ohne die Abgrenzung zum eigentlichen Alter – sehen wir noch mal wie aus?

Eine höflich verpackte Altersdiskriminierung ist kein Kompliment.

Trotzdem bin auch ich jahrelang darauf hereingefallen. Bis mir einfiel, dass es mal eine Zeit gab, in der jedes weitere Jahr eine spannende Verheißung war. Und ich mich fragte, wann und warum sich das geändert hat.

Alterslose Tante Hille

In meiner Kindheit gab es diese eine Tante, keine echte Verwandte, die scheinbar alterslos durch unsere Kleinstadt schwebte, meistens in pastellfarbenen, sichtbar teuren Jackie-Kennedy-Kleidern, Typ »Späte Doris Day« und ebenso überschwänglich und gesprächig. Nach dem Tod ihres Mannes ging sie nicht mehr zu den Abendeinladungen in ihrem Freundeskreis, dafür tauchte sie unregelmäßig und unangemeldet zum Kaffeetrinken auf. Es klang wie fröhliches Plätschern, wenn sie alle Gerüchte und Verfehlungen unserer Kleinstadtoberschicht durchkonjugierte – bei denen ich sowieso nicht folgen konnte. Stattdessen starrte ich sie an, fasziniert von der langen Perlenkette, der goldenen Brille, der straff gespannten Haut über den ausgeprägten Wangenknochen, die nur rund um den kirschroten Mund einen feinen Strahlenkranz bildete. Was mich aber noch mehr fesselte, war der Widerspruch zwischen dem, was ich wusste, und dem, was ich sah. Tante Hille musste deutlich älter sein als meine Mutter, denn sie hatte erwachsene Kinder, die schon lange aus dem Haus waren. Zu diesem angenommenen Alter passten die hellbraunen Flecken auf ihren Händen und Unterarmen, ihr gekräuseltes Dekolleté und die Weitsichtbrillengläser mit den großen Augen dahinter. Was nicht dazu passte, waren die weißblonden Haare, die glatte Haut über Stirn und Wangen und am Hals. Dort war sie glatter als meine Mutter, und ihr Mund zeigte bei jedem Thema dasselbe mädchenhafte Lächeln.

Ich war in einem Alter, in dem man sich gelegentlich für eine Weile zu den Erwachsenen setzen musste, um ein paar Auskünfte zu geben, über die Schule, Lehrkörper oder andere Eltern, bevor man weiterspielen durfte. Es kam der Tag, an dem dieser Teil des Nachmittags erledigt war, ich aber sitzen blieb und über dieser einen Frage brütete, von der ich ahnte, dass sie nicht erwünscht war. Ohne zu wissen, warum. Meine Mutter konnte erkennen, wie sich die Frage in meinem Kopf formte, und versuchte in letzter Sekunde durch einen strengen Blick zu verhindern, dass ich damit rausplatzte. Zu spät. »Tante Hille, wie alt bist du eigentlich?« Ich weiß nicht mehr genau, was danach gesagt wurde, es war auf jeden Fall keine Zahl dabei. Zunächst mal dauerte es sehr lange, bis überhaupt jemand sprach, und ich erinnere mich, dass meine Mutter in dieser Zeit leicht panisch zwischen mir und Tante Hille hin und her schaute, während sie tomatenrot anlief. Die Kaffeetafel wurde danach relativ schnell aufgelöst, und mir wurde klar, dass ich unbeabsichtigt auf eine Mine getreten war. Ohne mir einer Schuld bewusst zu sein.

An das Gespräch mit meiner Mutter danach kann ich mich noch recht gut erinnern – die eindringliche und aufgeregte Art, mit der sie mir erklärte, dass man eine Frau nie und unter keinen Umständen direkt nach ihrem Alter fragen dürfe. Es sei denn, es handelt sich um die eigene Oma.

Jahre später erfuhr ich, dass Tante Hille eine für damalige Verhältnisse erstaunliche Anzahl von Schönheits-OPs hinter sich hatte und ihr wahres Alter eines der am besten gehüteten Geheimnisse der Stadt war. Es gab nur indirekte Hinweise, wie die aus einem Gerichtsprozess, den Tante Hille gegen einen Bauern angestrengt hatte, dessen Hund sie in den Oberschenkel gebissen hatte. Sie hatte nicht nur Schmerzensgeld, sondern auch Schadensersatz für die große Narbe verlangt und wurde vom Richter darauf hingewiesen, dass eine solche Narbe in ihrem Alter keinen Schaden darstelle, weil sich niemand mehr für ihre Beine interessiere. Damals machte sich ein wenig Schadenfreude breit. Erstens, weil nun als rechtlich abgesegnet galt, dass sie älteren Semesters war, und zweitens, weil sie diese Tatsache jahrzehntelang verleugnet hatte.

Für mich als Kind war das ganze Gewese und Herumgedruckse schwer zu verstehen, weil es, seit ich zählen konnte, nichts Wichtigeres gab, als möglichst schnell älter zu werden. In Kindergarten und Schule war das Alter sogar ganz entscheidend für den Platz in der Hackordnung. Mit jedem weiteren Jahr konnte ich auf etwas mehr Respekt und eigene (weil jüngere) Untergebene hoffen. Ich bemerkte nun aber, dass diese Rangfolge sich offenbar umkehrte, wenn man älter wurde, und dass diese Umkehr seltsamerweise nur für Frauen galt – ein Schlüsselmoment für meine Wahrnehmung der Kategorie »Alter«.

Tatsächlich bestätigt auch die Forschung, dass die Bewertung von Alter eine Frage der Sozialisation sei. Kinder seien als solche unbelastet, eine Geringschätzung älterer Menschen würde genauso erlernt wie jede andere Form der Diskriminierung.[2]

Alte weiße Frauen?

Wann fühle ich mich also wie alt? In einem neuen Sommerkleid vorm Spiegel bin ich maximal Mitte 30. Vertieft in einen assoziativen und blitzschnellen Gedankenaustausch fühle ich mich alterslos und schwebeleicht. Auf einem Spinning Bike, beschallt mit markerschütternden Powerbeats, umgeben von Anfang 20-Jährigen, schätze ich mich selbst auf weit über 60. Auf der vollen Tanzfläche bei einer Privatparty bin ich wieder 17 Jahre alt. Ich bin alle Alter, die ich bis hierher durchlebt habe, alle füllen mich aus, das wären zusammengerechnet 5208 Jahre.

Was meine jetzige Altersphase prägt, ist die Tatsache, dass ich aus mir selbst heraus selten bis gar nicht an mein Alter denke, ganz im Gegensatz zu meiner Umgebung, die sich ständig darauf bezieht. Wenn ich mein Alter spüre, dann oft als Diskrepanz zwischen Fremd- und Selbstwahrnehmung.

Ich brenne für digitale Formate und bin auf allen Plattformen, trotzdem wird die digitale Zukunft meines Arbeitgebers an mir vorbeigeplant. Ich fühle mich so alt wie die Schönheitsindustrie, wenn mich die Kosmetikerin ungefragt auf meine verschwimmenden Konturen hinweist. Oder so alt wie meine Mutter, wenn meine Kinder mir ungeduldig das Handy entreißen, weil sie es lieber selbst machen, statt mir eine neue Funktion zu zeigen. Aber diese Empfindung beschäftigt mich nur in diesen Momenten und nie länger als fünf Minuten, bis ich den Impuls habe, beide Mittelfinger auszustrecken (was ich manchmal auch heimlich mache, mit den Händen in der Tasche), und denke: *Jetzt erst recht.* Denn wer auch immer mir mit Ageism kommt, einem Phänomen, für das es im Deutschen noch keine griffige Übersetzung gibt (»Altersfeindlichkeit«?), ich weiß: Der andere ist auf jeden Fall im Unrecht. Und abgesehen von meinem Doppelstinkefinger vertraue ich gern auf meine Neugier, meinen Humor und meinen Riecher für Amüsantes.

Bei der letzten Shoppingtour vor einem gemeinsamen Urlaub habe ich eine halbe Stunde an einer Kasse verbracht, die eigentlich keine war, denn es gab nur eine Kiste, in die meine Kinder die zu bezahlenden Klamotten warfen, trotzdem erschien auf dem Bildschirm daneben ein Preis. Ich habe dieses Gerät angestarrt wie Catweazle (wer kennt noch die britische Kinderserie?) die erste Glühlampe seines Lebens und war hingerissen. Auch wenn ich dem angezeigten Gesamtpreis nicht trauen wollte, denn … Wie soll das funktionieren? Sensoren, eine Kamera, Radar? Also habe ich unterschiedliche Klamottenhaufen zusammengestellt und jedes Mal mit dem Handytaschenrechner überprüft, ob die Summe stimmt. Während sich hinter mir eine Schlange bildete und meine Kinder vergeblich versuchten, mich von diesem fantastischen Spielzeug wegzuziehen. Irgendwann ist eine freundliche Verkäuferin eingeschritten, aber bis dahin hatte ich jede Menge Spaß.

War das, in der Sprache meiner Kinder, *»cringe«?* Wenn es *mir* nicht peinlich war, warum sollte meine Begeisterung dann irgendjemand anderen peinlich berühren? Ich betrachte mich in dieser Szene nicht als ältere Frau, die nicht mehr klarkommt, sondern als eine Touristin aus der Provinz. Die ich auch ein wenig bin, mit einer ländlichen Herkunft. Die Einordnung als Landei beispielsweise sagt sehr viel mehr über mich aus als mein Geburtsdatum. Trotzdem werde ich überall und dauernd auf mein Alter verwiesen, mehr als in allen Dekaden zuvor, Tendenz steigend. Es ist so, als würde jemand diese goldenen Zahlen-Heliumballons, 6 und 0, Monat um Monat größer aufblasen, und alle anderen Lisas verschwänden dahinter – die Mutter, die Journalistin, die Geliebte oder Freundin.

Dabei ist Alter für mich weder eine Identität noch ein Zustand, aber es wird ein Gefühl daraus, wenn ich wahrnehme, wie andere mir eine Alterskategorie überstülpen, manchmal ohne etwas zu sagen, mit einem taxierenden Blick auf meine bunten Strümpfe, zum Beispiel. Kein schönes Gefühl, denn in diesem Taxieren schwingt eine deutlich sichtbare Bewertung mit, die sehr viel über die Haltung des Betrachters zum Alter aussagt. Und damit zu seiner Selbstwahrnehmung. Und eigentlich müsste ich an dieser Stelle »die Betrachterin« schreiben.

Manche Frauen, die mit den Wechseljahren hadern und bis dahin einen gewissen Pegel an ungelebtem Leben aufgestaut haben, entwickeln mir gegenüber zuweilen Aggressionen *out of nowhere.* Ich würde nie behaupten, ich könne niemanden wütend machen, im Gegenteil, aber diese Aggrovibes tauchen auch bei Frauen auf, mit denen ich kaum Kontakt habe. Es ist nur eine Vermutung, aber mein Gespür sagt mir, dass ich in ihren Augen nicht genug leide, an Hitzewallungen, an meinen Speck- oder Stirnfalten, an irgendwelchen Selbstzweifeln oder Horrorszenarien fürs Alter. Kommt mal eine diesbezügliche Nachfrage, dann ist sie oft im Krankenschwester-Wir verfasst, gern mit einem etwas passiv-aggressiven Lacher untermalt, und eigentlich handelt es sich nicht um eine Frage: »Aus dem Bikinialter sind wir mal langsam raus, oder?« oder »Die sind einfach schneller. Da müssen wir nicht mehr mithalten, oder?«

Ich lasse mich nur ungern für eine Alters-Sisterhood vereinnahmen, vor allem, wenn in den Jahrzehnten davor keine Rede war von Schulterschluss.

Auf eine Art bin ich in ihren Augen wohl unsolidarisch, wenn ich nicht denselben inneren Druck verspüre, der Frauen dazu zu zwingen scheint, sich ständig mit ihrem 30-jährigen Ich zu vergleichen. Als gäbe es kein Leben nach den Wechseljahren. Als wären die nicht eigentlich ein Geschenk.

Wie viel anstrengender muss doch das Leben sein ohne diese Zäsur, liebe Männer, wenn die Fruchtbarkeit bleibt und sich weitere Jahrzehnte immer wieder die Frage stellt: *Kann ich nicht vielleicht doch noch mal von vorn anfangen?* Oder die Familiengründung weiter und weiter rausgeschoben wird, denn die Welt ist ja voller großartiger Optionen. Bis sie es nicht mehr ist, weil die Libido plötzlich störanfälliger wird oder im Job ein »Millennial« von rechts überholt.

Ich kenne keine Frau in meinem Alter, die ihre Regel ernsthaft vermisst – die Schmerzen, die Flecken, die Dreckslaune. Auch nicht die Geburtsschmerzen, die Säuglingszeit, die vollen Windeln, die entzündeten Stillbrüste, durchwachte Nächte, erst wegen des Babygeschreis, dann kommen die Teenager nachts nicht nach Hause. Kurz: Ohne die kulturellen, patriarchalen und schulmedizinischen Narrative über Verlust und Verfall wären die Wechseljahre nichts Geringeres als eine lang ersehnte Befreiung. Das Nestbauhormon Östrogen lässt nach und hilft uns, das Empty Nest auf der Suche nach neuen Abenteuern hinter uns zu lassen. Dafür brennt das Testosteron noch lichterloh, und wenn andere uns plötzlich angriffslustig finden, heißt das nichts anderes, als dass wir endlich aufhören, auf alles und jeden Rücksicht zu nehmen.

Vielleicht knüpfen wir wieder an – bei dem furchtlosen und lebenshungrigen Mädchen, das wir vor der Pubertät waren: Wir können uns endlich wieder auf uns selbst fokussieren, Experimente wagen.

Seit der Kapitalismus und die Schönheitsindustrie ihn kapern konnten, hat der Begriff leider an Macht eingebüßt, aber wenn man *Empowerment* an seinen psychologischen Wurzeln packt, kann er am besten beschreiben, was als Ältere auf uns wartet. Und was wir erwarten können, nachdem wir es jahrzehntelang aus eigener Kraft versucht haben. Empowerment bedeutet, sich aus Abhängigkeit und Bevormundung zu befreien, für eigene Vorstellungen und Wünsche einzustehen, sich selbst zu ermächtigen, aber auch, dass andere ihre Privilegien abgeben. Und damit meine ich nicht andere Frauen. Wenn wir zwischen den Geschlechtern halbe-halbe gemacht haben, können wir das noch mal diskutieren.

Insofern ist die Sache mit der Selbstermächtigung leider nicht unabhängig von gesellschaftspolitischen Fortschritten (zurzeit eher Rückschritten) und deshalb ein Work-in-Progress. Manchmal habe ich sogar das Gefühl, immer wieder von vorn anfangen zu müssen. Nachdem mir in jedem Lebensalter ein anderes Frauen-Stereotyp übergestülpt wurde – von der Teenieschlampe über die junge »fuckable« Emanze bis zur Übermutti oder Rabenmutter –, bin ich jetzt also bei der alten weißen Frau angelangt, die bitte mal Platz machen soll.

Die Rolle als Projektionsfläche ist offenbar eine Lebensaufgabe, man gewöhnt sich daran. Neu ist allerdings, dass sich jetzt auch Frauen auf mich einschießen, denen es aber nicht um den Inhalt meiner Äußerungen geht (was schwer in Ordnung ist), sondern darum, dass ich mich überhaupt noch äußere.

Früher wurde mir bei vielen Konferenzen über den Mund

gefahren, manchmal gab es Abmahnungen von männlichen Vorgesetzten von wegen, »was der jungen Kollegin einfallen würde«. In einem ähnlichen Ton fliegt es mir heute, mehr als 30 Jahre später, vielstimmig um die Ohren, denn dank der Kommentar- und Nachrichtenfunktionen sitze ich mit Tausenden an einem Konferenztisch. Früher sollte ich die Klappe halten, weil ich zu jung war, heute bin ich zu alt für eine qualifizierte Meinung. Oder zu emotional. Dieselben Machtspielchen wie eh und je, das hat auch etwas Verlässliches. Die harmlosen Kommentare der »Millennials« finde ich sogar lustig, der hier könnte von meinen Kindern sein: »Ist ja gut, Oma, leg dich wieder hin.«

Jung gegen alt? Oder umgekehrt?

In einer überalterten Gesellschaft wird die Jugend nicht nur gefeiert, weil sie in der Minderheit ist, sondern auch, weil sie den Markt beherrscht. Gemäß der kapitalistischen Logik, dass ein limitiertes Angebot die Nachfrage und den Wert steigere. Davon profitieren durchaus auch ein paar weniger kreative junge Köpfe, denen qua Alter grundsätzlich digitale Visionen unterstellt werden. Obwohl sie unter Umständen auch nicht mehr können, als durch die Kanäle zu scrollen.

Aus eigener Erfahrung in der besonders alterssensiblen Medienbranche kann ich sagen, dass die Ideen und Sichtweisen einer Person unter 30 doppelt schwer wiegen. Die Kompetenzzuschreibung bei allen Produkten, die im Netz laufen sollen (und da das analoge Fernsehen stirbt, also zukünftig generell), orientiert sich am Geburtsjahrgang.

Was nicht unbedingt heißt, dass die Jungen von diesen Zuschreibungen auch profitieren. An den Schalthebeln sitzt nach wie vor die patriarchal organisierte Mehrheit der sogenannten Generation X und Boomer, die damit auch über Geld und Ressourcen entscheidet. Auch Frauen meiner Alterskohorte werden dabei manchmal zu Erfüllungsgehilfinnen. Die junge Kollegin und New-Work-Expertin Ronja Ebeling erklärte es mir in einem Generationengespräch so: »Ihr älteren Frauen predigt uns immer, wir sollen Jobs und Geld einfordern und anders als ihr von Anfang an auf unsere Work-Life-Balance achten. Und wenn wir dann tatsächlich auf euch hören und uns durchsetzen, dann findet ihr das maßlos und unverschämt.«

Vielleicht bleibt den »Millennials« am Ende nichts anderes übrig, als zu warten, bis diese Masse an Menschen in Rente geht. Oder ein eigenes Unternehmen zu gründen und selbst Investor:innengelder einzusammeln.

Die Machtinhaber nehmen den »Zwang zur Verjüngung« also nicht zum Anlass, den Jüngeren auch Geld und Einfluss zu überlassen, nutzen aber gern die Gelegenheit, um weniger mächtige Mitglieder ihrer eigenen Generation auszusortieren. Was sich vielleicht am sinnvollsten erklären lässt mit der eigenen Angst vorm Alter. Möglicherweise steckt dahinter auch die Illusion, dass man in einer altersfeindlichen Gesellschaft die eigene Amtsenthebung länger hinauszögern könne, wenn man vorher möglichst viele Gleichaltrige an die Luft setzt. In der Medienbranche bevorzugt man Frauen, weil sie sich als Freelancerinnen und Teilzeitkräfte (#Vereinbarkeit) sowieso ganz unten in der Hierarchie drängeln.

Noch wahrscheinlicher ist es, dass den Entscheider:innen gar nicht klar ist, dass sie die eigene Zielgruppengrenze schon längst nach oben überschritten haben. *Whatever.* Vielleicht können die Jungen auch in Ruhe abwarten, bis sich die Alten machttechnisch gegenseitig kannibalisiert haben. Oder, ganz verrückt, man tut sich über alle angeblichen Altersgrenzen hinweg für ein Projekt zusammen, und die Aufgaben und das Geld werden entsprechend der Kompetenz, dem Zeiteinsatz und dem Talent verteilt …?

Ich bin meine eigene Zielgruppe

Möglicherweise machen Alters- und Zielgruppendefinitionen überhaupt keinen Sinn. Es ist die Mutter aller Vorurteile, zu behaupten, dass alle Mitglieder einer Gruppe, die ein Merkmal teilen, grundsätzlich homogen seien. Sind alle People of Colour gleich oder auch nur ähnlich? Alle lesbischen Frauen? Alle Menschen mit einem körperlichen Handicap? Genau das wird aber älteren Menschen unterstellt und als Untergruppe vor allem älteren Frauen. Tatsächlich sind 60-Jährige beispielsweise ihren Wünschen, ihrer Lebenssituation und ihrer Erfahrung nach aber zum Beispiel sehr viel unterschiedlicher als 16-Jährige.

Es gibt keine wissenschaftliche Grundlage für sogenannte Generationenlabels. Willkürlich erdacht und festgelegt werden sie von Menschen, die eine solche Sortierung als Grundlage für ihren Job brauchen – also Marketing- und PR-Profis. Um für ein Unternehmen eine Zielgruppe zu definieren, müssen sie Eigenschaften und Zuschreibungen mitliefern und auf dieser Basis eine passende Verkaufsstrategie entwickeln. Mit individuellen Menschen hat das nichts zu tun.

Genauso wenig wie die altersgefärbte Berichterstattung in den Medien, wo sich gern mal eine Kluft auftut, die eigentlich nicht vorhanden ist. Konflikte zwischen den Generationen eignen sich aber wunderbar fürs Clickbaiting …

Mit meinen fast 60 Jahren habe ich eine Vorliebe für Silent Disco, Brettspiele, veganes vietnamesisches Essen, Souvenirtassen der Royal Family, Haikos, *Big Bang Theory*, handgeschriebene Karten und digitale Kunst. Mit wem könnte ich eine gemeinsame Zielgruppe bilden? Ach, und ich werde wahrscheinlich bis weit über 70 arbeiten. Wie viele Menschen wird es dann geben, mit denen ich diese Merkmale teile?

Viel bedeutsamer für die Identität und die Wahrnehmung eines Menschen als sein oder ihr Alter ist die gesellschaftliche

Schicht, aus der er oder sie kommt, das Geschlecht, die Gene, die geografische Verortung, die Herkunftsfamilie – all das formt unser Wesen, unsere Sehnsüchte, unseren Ausdruck und vor allem unseren Lebensalltag. Sehr viel mehr als das Datum auf der Geburtsurkunde. Wie wir das Alter erleben, hängt davon ab, wie wir darüber denken. Wer Stereotype über das Altern verinnerlicht, wer sich also die Unterstellungen des Ageism aneignet, ist weniger offen und motiviert für Veränderungen und neue Lernprozesse. Das hat eine Studie der Universität von Toronto nachgewiesen.[3]

Wenn wir eine Altersgruppe verlassen, verändert sich lediglich die Zahl, wir lassen keine Eigenschaften, Erfahrungen oder Wünsche in einer Dekade zurück und fangen in der nächsten von vorn an. Im Gegenteil – wir tragen alle Altersphasen unseres Lebens in uns, als Erinnerung, als Wissen und in den Spuren an und in unserem Körper. In den Worten von Chaka Khan: »*I'm every woman. It's all in me.*«

Wie läuft die denn rum?

Ein 50. Geburtstag auf dem Land. Nach Corona war ich länger nicht mehr auf einer Party gewesen und packte mein aktuelles Lieblingskleid in den Koffer, geschnitten wie ein Kimono und mit einer abstrakten japanischen Landschaft in Braun- und Grüntönen. Dazu die passenden grünen Strümpfe und meine goldenen Stiefel. Meine Partystiefel. Als ich mich so meiner Mutter und einer anderen Verwandten präsentierte, erntete ich von meiner Mutter ein euphorisches Kompliment. Meine Verwandte betrachtete mich sehr lange von oben bis unten, mit einem leicht mitleidigen Lächeln, und sagte: »So würde mich Stefan nicht mitnehmen …«

In diesem Satz steckten sehr viele Informationen und Fragen.

Erstens: Wurde ich auf dieses Fest *mitgenommen?* Ja. Folgerte daraus ein Mitbestimmungsrecht der mich Mitnehmenden in Bezug auf mein Outfit? Klares Nein. Generell gilt: Egal, in welcher Konstellation bzw. mit wem ich wo auch immer hingehe, meine Begleitung hat die Wahl zwischen hingerissen sein oder Klappe halten.

Zweitens: Meine über 90-jährige Mutter konnte sich für meine Aufmachung begeistern, weil diese aus ihrer Sicht mein Wesen abbildete. Und weil ich darin eine gute Figur machte. Aus der Perspektive der rund 40 Jahre jüngeren Verwandten überschritt ich mit meiner Aufmachung offenbar eine unsichtbare Grenze. Ich war nicht *altersgerecht* angezogen. Was ist ein angemessenes Outfit für eine Ende 50-Jährige? Warum schweben da welche Vorstellungen im Raum und was haben die mit mir zu tun?

Ich bin 58 und ich trage ein buntes Kleid mit bunten Strümpfen und goldenen Schuhen. Damit mache ich einen Vorschlag, wie eine Frau Ü-50 aussehen kann. Eine von vielen Millionen. Es ist wie die Antwort auf die Frage: *»How to have a beach body?«: Have a body. Go to the beach.* Fertig. Wer will, kann mein Outfit als Impuls betrachten, aber ich fordere damit niemanden zur ungefragten Kritik auf – egal, wie auffällig das Outfit in den Augen einfarbiger Menschen sein mag.

Ich hatte mir bis zu diesem Zeitpunkt wenig Gedanken darüber gemacht, ob mein Aufzug irgendwie oder irgendwo unangemessen sei. Leider fiel mir, einmal darauf gebracht, auf der Party auf, dass der oder die ein:e oder andere tatsächlich irritiert zu sein schien, und ich begann mich zu fragen: *Wie ziehen sich denn andere Frauen in meinem Alter an?*

Meine Freundin mit der Styleberatung empfiehlt die Mode-Influencerin Grece Ghanem, über 1,6 Mio. Follower:innen, Claim: *All about fashion and confidence as style has no age.*

Ja, vielleicht hat Stil kein Alter, aber in diesem Fall eine perfekte Figur. Grece trägt einen weißen Bob über einem durchtrainierten Körper, für den viele 30-Jährige sehr dankbar wären und auf dem alles – bauchfreie Cardigans, ein Tupfenbikini oder ein hautenges orange glänzendes Kleid – sensationell aussieht. So wie auch bei den vielen grauhaarigen Schönheiten in den *»Aging with Grace«*-Accounts, die schon immer schön waren, meistens ehemalige Models mit Stupsnasen, Rehaugen und vollen Lippen, lang gestreckten Hälsen und markanten Kinnpartien. Passend dazu tragen sie fließende Kleider in Hochzeitsfarben: überall Weiß und Creme – Kleidung, Gesicht und Haare. Die Frauen sehen eigentlich aus wie 30-Jährige, die von einer KI mit ein paar Altersmerkmalen versehen wurden. Als Vorbilder sind sie genauso wenig geeignet wie die unter 20-jährigen Topmodels, denen Teenager nacheifern – weil eben nur eine Handvoll Frauen auf der Welt so aussehen. Egal in welchem Alter.

Weiter oben auf der Alterspyramide, ab 70 oder 80, finde ich grellbunte Ladys wie den US-amerikanischen Internetstar Baddie Winkle (3,1 Mio. Follower:innen, Claim: *Stealing your man since 1928*), die auf ihren Fotos in neonfarbenen Latexkleidern und mit lasziver Geste posiert, in den blond gefärbten Haaren stecken ebensolche neonfarbenen Haarspangen. Ein anderes Mal sieht man sie auf einem elektrischen Sitzroller in einem pinken Bikini. Ihre Hater:innen beschimpfen sie als würdelos. Ich finde: Wenn Würde etwas mit Souveränität und Selbstironie zu tun hat, dann altert diese Influencerin mehr als würdevoll.

Und schon stecke ich in einem Rabbit Hole, Insta spült mir lauter *»funny old people«* in die Timeline. Die sich ähnlich ulkig benehmen wie Winkle. Viele versuchen sich an den TikTok-Tänzen oder Sportchallenges ihrer Enkel:innen, meistens sind die auch tatsächlich die Creators hinter den Kanälen. Bei einem Seniorenrennen auf Bobbycars bin ich mir schließlich nicht mehr sicher, ob sich die alten Leute in den Videos wirklich freiwillig zum Affen machen oder ob manche für ein paar Stunden aus dem Pflegeheim entführt worden sind. Wer schützt diese

Alten vor ihren Enkelkindern? Unter Umständen werden hier Persönlichkeitsrechte verletzt – so wie bei den Accounts, auf denen Influencereltern ihre Babys beim Kleckern, Schimpfen oder auf dem Töpfchen vorführen. In beide Richtungen, ganz am Anfang und gegen Ende eines Lebens, scheinen gezielt dokumentierte Albernheiten ein besonders breites Publikum zu finden.

Ich denke über eine Patientenverfügung nach, die festlegt, dass von mir, im besagten Alter, nur dann Aufnahmen gemacht werden dürfen, wenn zuvor per Attest eine Demenzdiagnose ausgeschlossen werden konnte.

Ich mache mir deswegen aber nicht ernsthaft Sorgen, unter anderem, weil ich in den letzten Jahren gelernt habe, dass Angst im Kern nichts anderes ist als eine Projektion in die Zukunft. Und die ist inzwischen so oft anders verlaufen als geplant, dass ich versuche, mit freudiger Erwartung nach vorn zu blicken.

Ich bin etwas älter, ja, aber vor allem bin ich lebendiger denn je. Auch weil ich mir erlaube, Wut zu zeigen, wo ich früher nach innen gegangen bin und keine Grenzen gesetzt habe. Ich muss noch einiges loswerden, sorry, aber ich glaube, ich bin nicht die Einzige, insofern ist dieses Buch auch eine Ermunterung zum gezielten Ausrasten.

Mit meinem Körper habe ich mich weitestgehend versöhnt und bin immer noch sauer auf jeden und alles, was mich von ihm ferngehalten hat. Dazu gehört, noch mal, sorry, auch der längst überfällige, aber leider überfokussierte Hype um die Wechseljahre. Nein, dies ist kein Buch über die Wechseljahre, sondern über die neue Freiheit, die auf uns wartet, wie bei jeder großen Veränderung.

Und für diese Freiheit braucht es Kraft, Zeit und Mut – drei Dinge, die im Moment noch unter Wäschebergen, *mental* und *emotional* Loads begraben werden. Bei diesen Themen bin ich alles andere als ausgesöhnt. Seit 30 Jahren beobachte ich einen mehr oder weniger schleichenden Stillstand, und so langsam reicht es mit der weiblichen Aufopferung, vor allem im Namen der Liebe. Die mit dem Alter immer größer wird, auch weil sie sich nicht immer auf einen einzigen anderen Menschen verlassen muss. Bei der Liebe berufe ich mich auf die Schwarmintelligenz und die Liebesgeschichten der vielen Frauen und Männer, Liebenden, Getrennten, Neugefundenen und Profis, die mir in den letzten Jahren so viel Wertvolles anvertraut haben.

Vielleicht werde ich doch noch Paartherapeutin, wer weiß. Oder ich hoste die erste deutsche Frauentalkshow mit einem Quotenmann, falls Geschlecht in naher Zukunft noch eine Rolle spielt. Im Moment sieht es so aus. Aber sobald Macht, Geld und Ressourcen jeweils zur Hälfte zwischen Frauen und Männern gerecht aufgeteilt sind, können wir uns alle entspannen.

Also in etwa 400 Jahren.

Bis dahin würde ich gern eine Karriere als Grand Old Schachtel ansteuern und mit diesem Buch einen ersten Aufschlag machen. Vorbilder gibt es genug, eine von ihnen hat mir das Leitmotiv für die nächste Lebensphase geschenkt. Und den roten Faden für dieses Buch.

> »Women may be the one group that grows more radical with age.«[4]
> *Gloria Steinem*

2 BIN ICH_MEIN KÖRPER?

Der Weg ins Wasser

Es sind circa 15 Meter vom Badehandtuch bis in die Wellen, vorbei an anderen Handtüchern mit Menschen in allen Formen, Farben und Zuständen. Alle sind mit ihren Klamotten, Sonnencremes, Snacks, Ballspielen, Büchern, iPhones oder mit sich selbst beschäftigt, natürlich wird niemand auf mich achten. Niemand wird registrieren, dass meine Hüften etwas breiter, das Bäuchlein etwas größer oder die blauen Äderchen etwas mehr geworden sind im Vergleich zum letzten Urlaub.

Mir ist völlig klar, dass sich all diese unbekannten Menschen nicht die Bohne für meine angeblichen Makel interessieren, geschweige denn, sie registrieren. Die kleine Schamwelle rollt nur in meinem Inneren, unsichtbar, das Gefühl ist nur für mich ganz allein real. Mein eingeschüchtertes Selbstbild blickt auf straffe, muskulöse, weil jüngere Körper und zieht einen blitzschnellen Vergleich, und noch einen, und noch einen, während ich mich immer eiliger und tapsiger aufs Wasser zubewege.

Und erst als ich, befreit von möglichen Blicken, mit kräftigen Stößen, die ich meinen kräftigen Beinen zu verdanken habe, ins offene Meer tauche, fällt mir wieder ein, seit wann dieser Gang vom Handtuch ins Wasser zu einer Qual geworden ist.

Die ersten Oberschenkeldellen waren schon da, als in meiner Jugend plötzlich für Anti-Cellulite-Cremes Werbung gemacht wurde. Sie waren mir nur vorher nie so ins Auge gefallen.

20 Jahre später versuchte ich die Schwangerschaftsstreifen wegzucremen, und nach 20 weiteren Jahren bin ich bei Anti-Aging-Produkten angelangt, von denen ständig und so viele den

Markt fluten, dass ich damit jeden Quadratzentimeter meines Körpers bearbeiten könnte. Obwohl ich es besser wissen müsste, denn der ganze Schwachsinn hinter den Versprechen der Kosmetikindustrie offenbart sich schon im Begriff »Anti-Aging«. Noch (wer weiß …) gibt es vom Alterungsprozess kein Entrinnen, sodass es überhaupt nichts nutzt, anti – also gegen das – Altern zu sein. Wer der Anti-Logik konsequent folgt und strikt gegen das Altern ist, müsste den Freitod wählen. Die erfolgreichste Marketingstrategie der Schönheitsindustrie basiert aber nicht auf Logik, sondern auf Scham. Diese Industrie hat es mit millionenschwerer PR, mit gefakten Bildern und ständigen Einflüsterungen geschafft, dass wir uns, allein mit uns selbst vor einem Spiegel, betrachten und mit imaginären Gesichtern und Körpern vergleichen, ohne dass uns jemand dazu auffordert. Und uns schämen. Als würde eine Fremde zuschauen und kommentieren. Würde diese Fremde uns als reale Person begegnen und uns so behandeln wie wir uns selbst, könnten wir sie wahrscheinlich wegen Beleidigung anzeigen.

Der Weg vom Handtuch zum Wasser beginnt also schon sehr viel früher – nach dem Aufstehen und vor dem Spiegel. Meinem eher selbstbewussten Verstand ist klar, dass all die unbekannten Menschen am Strand nichts Ungewöhnliches an mir entdecken, unter anderem, weil sie gar nicht danach suchen und mich nicht mal bemerken. Was sie aber deutlich sehen könnten und woran sie womöglich hängen bleiben, ist mein seltsamer Gang zum Wasser. Bei dem ich versuche zu vermeiden, dass mein Bäuchlein zu sehr rauspoppt, die Oberschenkel zu sehr wackeln oder mein minikleines Doppelkinn von der Seite zu sehen sein könnte, mich deshalb möglichst gerade halte und dabei das Kinn nach vorn strecke. Was schon von Weitem deutlich zu sehen ist, sind also nicht irgendwelche Makel, sondern meine Unsicherheit und meine Scham.

An schlechten Urlaubstagen habe ich solche heiklen Strandmomente schon x-mal durchlebt, und deshalb weiß ich auch sehr genau, worüber Ildikó von Kürthy in ihrem neuesten Bestseller schreibt, wenn die Heldin erst gar nicht aufstehen mag von ihrem Handtuch. Aus Angst vor der Strecke bis zum Wasser. Diese Szene trifft sehr genau die Zielgruppe von Frauen Ü-50, die schon als Kind eine Erziehung und Sozialisation zur Scham durchlaufen haben. Ich bin da keine Ausnahme und fühle mich deutlich entlastet, wenn ich nicht die Einzige bin, der es so geht. Es ist aber eine zweite Frage, welche Schlüsse ich aus dieser Prägung ziehe und wie ich deren psychologische und soziologische Folgen bewerte.

Ich sitze mit Ildikó in einem Livetalk für eine Folge meines Podcasts »Lisas Paarschitt«, und das fröhliche und entspannte Gespräch über das Selbstverständnis älterer Frauen kommt etwas ins Stocken, als es ums Schämen geht. Ildikó hadert mit einem Zeitgeist, der aus ihrer Sicht die Forderung erhebt, alles an sich selbst akzeptieren zu müssen, und fordert ein Recht auf die eigene Scham: »Heutzutage muss ich mich dafür schämen, dass ich mich schäme.«[1] Dass jede und jeder das Recht auf eine eigene Schamgrenze haben sollte, halte ich für selbstverständlich und eine Frage der Würde. So weit die gemeinsame Schnittmenge.

Für Ildikó ist Scham beispielsweise ein Ansporn, abzunehmen. Nur: Das Gewicht unterliegt ja (meistens) tatsächlich dem eigenen Willen. Anders als das Alter. Ein Alterungsprozess lässt sich nicht umkehren oder durch Disziplin besiegen. Das bedeutet, dass jede Veränderung an Gesicht und Körper Schamgefühle triggern kann, die sich im Laufe der Jahrzehnte immer mehr intensivieren müssten – je weiter wir, naturgemäß, vom gängigen Jugend-Schönheitsideal abweichen. Ab wann wäre nach dieser Logik der Zeitpunkt erreicht, ab dem man sich nicht mehr vor die Tür trauen sollte? Ab wann käme man vielleicht sogar selbst zu dem Schluss, dass man für andere eine optische Zumutung sein könnte? Nach fünf oder zehn oder erst nach 30 oder 50 Jahren, an denen man jeden verdammten Morgen die ersten Minuten nach dem Aufstehen mit akribischen Vergleichen zu einem früheren Körper-Ich und der Suche nach weiteren Falten, Dellen, Buckeln, Altersflecken, grauen Schamhaaren (in diesem Fall ist das Wort »Scham« in Kombination mit »Haaren« treffend), frischem Bauchfett, Tränensäcken oder Schlupflidern verbracht hat?

Schamscrawling

Noch nie wurde so viel Zeit und Energie verschwendet, um sich am Ende so schlecht wie möglich zu fühlen. Wie viele Frauen verfluchen und beschimpfen sich jeden Morgen selbst, nachdem sie festgestellt haben, dass sie 200 Gramm mehr wiegen als am Tag zuvor? Das entspricht dem Gewicht eines regulären morgendlichen Stuhlgangs. Das heißt, wenn alle Morgenwaagefrauen erst auf die Toilette gingen, sähe ihr Tag vermutlich schon viel freundlicher aus. Angefangen mit dem morgendlichen Wiegeritual wird er jedoch mit jeder Stunde mehr zu ihrem Feind, denn ausgestattet mit dem ersten Dämpfer fürs Selbstwertgefühl, wird die Wahrnehmung zu einer selektiven. Es werden nur noch Defizite ins Hirn gelassen, der Ärger über sich selbst, die Scham, der negative Selbstwert – alles vermischt sich zu einem deprimierten, ängstlichen und/oder aggressiven Gemütszustand, der andere auf Distanz gehen lässt – und schon haben wir die Bestätigung dafür, dass wir nicht attraktiv sind für andere undsoweiterundsofort, und die Katze beißt sich in den Schwanz …

Geht man davon aus, dass junge Menschen Schlüsse aus dem Verhalten älterer Menschen ziehen – und ich wähle an dieser Stelle bewusst nicht den Ausdruck »lernen« –, dann hat es eine gewisse Konsequenz, dass junge Frauen heute schon lange vor der ersten Falte mit der Altersprävention beginnen.

Die garantiert schamfreie Zeit einer Frau beschränkt sich sowieso auf die ersten 25 Jahre, denn genau genommen beginnt der biologische Alterungsprozess bereits in diesem Alter. Wir verlieren nicht nur langsam, aber sicher an Ausdauer, auch optisch machen sich die ersten Veränderungen bemerkbar. Die Haut verliert an Spannkraft – Kollagen, Elastin und Hyaluronsäure nehmen ab.[2]

Seit sich diese wissenschaftliche Erkenntnis auch bei TikTok und Instagram rumgesprochen hat, sieht man dort junge Frauen wie Loren Asad, 25 Jahre, Beauty-Influencerin, rund eine halbe Million Follower:innen, die Anti-Aging-Produkte ausprobieren und anpreisen, O-Ton, frei übersetzt: »Wusstet ihr, dass eure Haut ab 25 Kollagen verliert? Das neue Bounce-Booster Serum von First Aid Beauty hilft, jugendliche Haut zu erhalten und Mimikfalten zu mildern. Damit werdet ihr den ganzen Tag strahlen.« Es darf hinzugefügt werden, dass die betreffende Influencerin aussieht wie eine elfjährige isländische Elfe.

In meinem Alter brauchen die morgendlichen Knitterfalten ganz schön lange, um zu verschwinden, sodass ich manchmal noch im Aufzug, auf dem Weg zum Mittagessen, angesprochen werde: »Na, ausgeschlafen?«

Gleichaltrige mit hartnäckigen Schlaffalten können bei solchen Anekdoten mitlachen, und ich fühle mich gleich weniger allein an den Tagen, an denen ich versuche, den Badezimmerspiegel zu meiden. Und eigentlich ist mir klar, dass meine Beziehungen, meine Kinder, meine Arbeit, fehlende Zeit für mich und Stress viel mehr Einfluss auf meine Selbstwahrnehmung haben als die Zahl meiner Falten. Aber Wissen ist nicht immer fühlbar, und Selbstbeschämung ist ein sehr tief sitzendes Denkmuster, das bei jedem Scroll durch Insta getriggert wird.

Ein Besuch bei Douglas tut's aber auch. Ich habe dort komischerweise noch nie ein Kompliment zu hören bekommen. Dabei wäre meine Vermutung, dass es ein viel geschickteres Marketing wäre, Menschen zunächst einmal zu schmeicheln, um ihnen dann etwas zu verkaufen. Wenn eine der überschminkten Fachverkäuferinnen schnellen Schrittes auf mich zueilt, obwohl ich genau weiß, wo ich meine zu teuren Cremes finde, an deren Versprechen ich so gern glaube, und eigentlich nur so schnell wie möglich wieder raus möchte, weiß ich schon, was kommt: Im nächsten Moment werde ich mit einem neuen Makel oder irgendwelchen Alterserscheinungen konfrontiert. Schon vor dem Hallo fokussiert sie eine bestimmte Stelle, sie legt den Kopf schief und setzt einen leicht mitleidigen Krankenschwesterblick auf. »Hallo, Sie brauchen wahrscheinlich etwas gegen Couperose? Wenn ich mir Ihre Wangen anschaue ...« Auf diese Weise erfahre ich, was ich nie wissen wollte: Meine »Bauernröte«, die mir einen frischen Look verleiht, wie ich bisher fand, besteht offenbar aus geplatzten Äderchen unter der Haut und »braucht dringend eine grüne abdeckende Creme«. Dann kommt sie auf meinen Hals zu sprechen, der in meinem Alter eventuell bald zu Längsfalten neige. Auch dagegen gäbe es von demselben Hersteller ein fantastisches Serum. Und eine neue Augencreme für fortgeschrittene Haut. Macht zusammen 285 Euro. »Da können Sie nix falsch machen.« Meine Creme, die ich eigentlich kaufen wollte, ist noch gar nicht dabei. Das »Schnäppchen« lasse ich liegen, nicht nur wegen des absurden Preises, sondern auch, weil ich nach – zugegeben – sehr vielen Besuchen bei Douglas zum ersten Mal hinfühle, wie es mir nach so einem Verkaufsgespräch eigentlich geht: irgendwie schlecht. Zu Hause vorm Spiegel ziehe ich die Haut meiner Wangen auseinander und nehme meinen Hals unter die Lupe.

Die Verkäuferin hat mich also tatsächlich dazu gebracht, meine angeblichen Defizite aus der Nähe sehen zu wollen und mich selbst mit ihrem kritischen Blick, besser gesagt, dem der Schönheitsindustrie, zu betrachten. Für einen kurzen Augenblick denke ich darüber nach, ob ich vielleicht mit einem Makel herumrenne, der allen anderen ins Auge sticht und nur mir noch nicht aufgefallen ist. Ein Gefühl, als käme man im Restaurant von der Toilette zurück und würde erst nach dem Essen bemerken, dass ein Streifen Klopapier unterm Schuh klebt.

Anders ausgedrückt: Ich habe mich beschämen lassen. Kurz. Bevor ich vorm Spiegel den Rücken gerade mache, einiges Schöne entdecke und mich selbst anlächele: High five, gar nicht so schlecht. Es ist mein Körper, also sind wir Freunde, ich kann fantastische Sachen mit ihm anstellen, und er macht mir oft Freude. Ich habe ihm einiges an Schmerzen und unterdrückten Gefühlen und Giften zugemutet. Er hat mich erst ein einziges Mal im Stich gelassen. Und da hat er sich zu Recht gewehrt. Wir sind quitt.

Trotzdem ist das Gefühl, aus dem Nichts mit Scham geflutet zu werden, nach wie vor jederzeit abrufbar. Es braucht nicht einmal jemanden, der mit dem Finger auf mich zeigt – über die Jahrzehnte habe ich etliche Normen und Standards so weit verinnerlicht, dass ich mich selbst beschämen kann.

Ob ich auf dem Badehandtuch hocke und nicht weiß, wer mich auf dem Weg zum Wasser sehen könnte. Oder in einem Meeting, wo mir erklärt wird, dass die neue Zielgruppe bei Mitte 40 endet. Oder in der Boutique, wo man mir mit einem taxierenden Blick zu verstehen gibt, dass die Stange nur bis Größe 40 reicht. Oder wenn mich jemand ungefragt auf den Zustand meines Halses hinweist und mir anbietet, das entsprechende Foto zu löschen.

Dass inzwischen auch das Alter hinzukommt, ist neu, aber das Gefühl der Scham über alle möglichen angeblichen Makel kenne ich aus allen Lebensjahrzehnten, bis zurück in meine Kindheit, seitdem ich als Mädchen wahrgenommen wurde. Wieso wachsen deine Brüste nicht? Bist du nicht zu jung für Cellulite? Der Tamponfaden schaut raus. Lass mal deine Titten sehen. Kannst du nicht zu Hause stillen? Ist das Kind noch da drin? Trägst du noch Mini? Du traust dich was … *To be continued.*

Scham
Substantiv, feminin
durch das Bewusstsein, (besonders in moralischer Hinsicht) versagt zu haben, durch das Gefühl, sich eine Blöße gegeben zu haben, ausgelöste quälende Empfindung[3]

»Scham ist eines der schmerzhaftesten Gefühle, zu denen der Mensch fähig ist. Und eines der mächtigsten«,[4] schreibt Matthias Kreienbrink in seinem Essay in der *Zeit Online.* »Lange Zeit sah es so aus, als ob sie an Macht verliere«,[5] aber obwohl wir uns schon im letzten Jahrhundert unter anderem von einer rigiden Sexualmoral befreit haben, sieht Kreienbrink ein Comeback des Gefühls in den sozialen Medien, wo sich neue Gesellschaften, Communitys und Subkulturen bilden: »Die Frage, welche Kleidung man trägt, welche Worte man benutzt, wer cool ist und wer nicht, all das wird durch Beschämung kreiert und durchgesetzt.«[6] Durch den Overkill an perfekten Bildern und Inszenierungen auf Insta oder TikTok, durch die vielen Vorbilder, die scheinbar mühelos Follower:innen sammeln, wird es für junge Menschen zu einem Auslöser für Scham, wenn sie einfach nur dem Durchschnitt entsprechen.

Die Soziologin und Schamforscherin Brené Brown beschreibt die Scham als eine Art Netz von unerreichbaren, widersprüchlichen, konkurrierenden Erwartungen. Als eine Zwangsjacke und eine Epidemie unserer Kultur.[7]

Das Perfide an der Scham ist, dass es im Unterschied zur Schuld keine Option gibt, ihr zu entkommen, etwas wiedergutzumachen. Die Scham frisst sich weiter, weil sie sich nicht auf ein Fehlverhalten bezieht, das man korrigieren könnte. Die Scham bleibt, weil sie in einer erlernten Haltung zu sich selbst begründet ist und nur wechselnde Anlässe braucht, um reaktiviert zu werden.

Für Frauen bedeutet das häufig: Alles, was nicht perfekt aussieht (Gesicht, Körper, Klamotte) oder nicht perfekt läuft (Job,

Beziehung, Kinder, Haushalt), kann zum Auslöser für Scham werden.

Brené Brown umkreist das Phänomen in wenigen Sätzen: »Schuld bedeutet: Tut mir leid, ich habe einen Fehler gemacht. Scham bedeutet: Tut mir leid, ich bin ein Fehler.«[8]

Und deshalb fühle ich mich wertlos und isoliert.

»Wenn man die Scham in eine Petrischale füllen würde«, erklärt Brown, »gibt es drei Zutaten, die sie exponentiell wachsen lässt: Geheimhaltung, Schweigen und Bewertung.«[9] Scham ist nie produktiv, sie lähmt und sie macht uns abhängig vom Urteil anderer, oft völlig unbekannter Menschen.

Scham ist ein ausgesprochen intensives Schlechtgefühl, es flutet das limbische System, den Teil unseres Gehirns, der für die Verarbeitung von Emotionen zuständig ist und für das Abrufen von Erinnerungen. Die im Gefühl der Scham enthaltene Drohung lautet: Du bist nicht liebenswert, du hast deinen Anspruch auf Verbindung und Zugehörigkeit verloren, du gehörst nicht mehr zur Gemeinschaft. Für Kinder ist dieses Gefühl deshalb extrem bedrohlich, weil sie auf andere angewiesen sind, um zu überleben. Auf diese Weise wird das Gefühl von Scham zu einem Trauma, das bei Reaktivierung im Erwachsenalter Panik auslösen kann.[10]

Der Weg raus aus der Scham führt aus der Isolation und über andere Menschen, denen wir uns offenbaren, Aber Vorsicht – gerade, weil wir uns in so einem Moment eine Blöße geben, uns maximal verletzlich zeigen, ist es von großer Bedeutung, wem wir uns anvertrauen. Brown hält es für sehr wichtig, genau zu überlegen, wer unsere Geschichte verdient hat. Wer ist empathisch, achtsam, loyal und nah genug, um unsere Scham in den Arm zu nehmen?

Aus diesem Grund werde ich meine Erlebnisse wohldosiert über die Seiten verstreuen und mich dabei eher nicht von innen nach außen stülpen. Während sich das Thema selbst durch alle Kapitel zieht, denn auch Sexualität, Job und Mutterschaft bieten reichlich Stoff für Selbst- und Fremdbeschämung – bis hin zu der Art von Öffentlichkeit, an die sich viele Frauen meiner Generation noch nicht gewöhnt haben. Oder die sie eher vorsichtig und aus einer Defensive für sich nutzen.

Instascham und Botoxstolz

Instagram zum Beispiel wandelt sich erst zaghaft zu einem Kanal für Frauen Ü-40, und es ist vielleicht den überwiegend jungen Influencerinnen dort geschuldet, dass ältere Frauen oft mit einer »Das können wir auch«-Attitüde aus der Deckung kommen. *Auch wir sind schön, stark, modisch, feministisch und busy,* so könnte man viele Auftritte verstehen, als ob es darum geht, den Beweis anzutreten, dass wir in denselben Kategorien mithalten können. Statt unsere eigenen Claims zu sichern.

Zu meinem Profil gehört weder Schönheit noch Jugend, das überlasse ich sehr gern der jüngeren Generation, und trotzdem verliere ich manchmal meinen Kompass zwischen den Hochglanzbildern.

Wenn ich mich vor meine kleine Amateurausrüstung setze, um ein Instareel aufzunehmen, erwische ich mich oft dabei, dass ich beim ersten Check vor dem Start unwillkürlich ein wenig Faceyoga mache, um das Kinn zu straffen – ein winziger, kaum spürbarer Schamanfall, bevor ich die Kamera antippe. Und dann kommt manchmal, nicht immer, ein Filter drüber – für den ich mich ebenfalls schäme, weil ich das Gefühl habe, meine Altersgenossinnen zu verraten.

Auch wenn diese Gefühle vorübergehend sind, weiß ich, dass sie universell und altersübergreifend immer wieder auftauchen.

Insofern bin ich der 30-jährigen Autorin, Moderatorin, Feministin und Influencerin Sophie Passmann dankbar, wenn sie ganz offen schreibt: »Ich fing wie die meisten Frauen an, mich für mein Aussehen zu schämen, als ich in die Pubertät kam.«[11] Sobald sie mit 20 im Fernsehen zu sehen war, gesellten sich die Kommentare der Männerrechtler hinzu, und irgendwann ließ sie sich von ihrer Dermatologin die Lippen aufspritzen, was ihr »genau zwei Wochen irgendwie gefiel«[12]. Danach wartete sie darauf, dass sich der Filler wieder auflöste, und es hagelte Interviewanfragen, weil die Kombination aus Feministin und Schönheitseingriff ausreichend exotisch erschien. Das wiederum fand Passmann doof, weil dieser »vermeintliche Widerspruch« nichts anderes sei als eine »Variation der (…) Annahme, dass schöne Frauen nicht schlau sind und schlaue Frauen nicht schön sein wollen können«.[13]

Diese Annahme kenne ich natürlich, und sie hat ihren Ursprung in der Tatsache, dass unsichere Männer sowohl vor schönen als auch vor klugen Frauen Angst haben. Die Kombi aus beidem löst allerdings so starke Unterlegenheitsgefühle aus, dass Männer versuchen, ihre patriarchale Restmacht mit Aggression und Angriff zurückzuerobern. Wenn die betreffenden Frauen dann auch noch gesellschaftlich oder finanziell erfolgreich sind, wird eine Hexenjagd draus.

Anzunehmen, dass Frauen, die sich im Namen der Schönheit einem Eingriff unterziehen, denselben Reflex auslösen, setzt voraus, dass auch offensichtlich nachgebesserte Schönheiten als solche wahrgenommen und angesichts ihrer Attraktivität beschämt werden sollen, um die männliche Unsicherheit auszugleichen. Aber auch wenn das Ergebnis – Aggression und Häme – dasselbe ist, verhält es sich in diesen Fällen genau umgekehrt. In ihrem Bemühen, sich einem Ideal anzupassen, nehmen die Frauen erhebliche finanzielle und zeitliche Investitionen und sogar Schmerzen sowie Narben in Kauf. Damit kapitulieren sie vor der Macht eines willkürlichen Ideals (das gerade durch seine Unberechenbarkeit so wirkmächtig ist) und stärken den männlichen Anspruch auf Deutungshoheit. Die Frauen zeigen sozusagen Bauch, auch wenn sie mit dem Eingriff ihr Selbstbewusstsein stärken wollen.

Ich kann nicht beurteilen, ob eine Korrektur den gefühlten Selbstwert hebt, dazu müsste ich mich im Kopf der betreffenden Frau umschauen können, und es wäre anmaßend, einer anderen Frau ihr neues Selbstbewusstsein abzusprechen. Aber ich bin sehr skeptisch bei der Frage, ob schönheitsbehandelte Frauen beim jeweiligen Gegenüber tatsächlich einen selbstbewussteren Eindruck machen als vorher. Chirurgische und auch minimalinvasive Eingriffe sind meistens wahrnehmbar, egal, wie teuer oder aufwendig sie waren, und sei es nur aus dem Augenwinkel. Dem Betrachtenden kann das unbewusst eine Bereitschaft zur Anpassung und Unterordnung unter willkürlich erschaffene Ideale vermitteln. Das heißt, aus patriarchaler Sicht könnten die »verschönerten« Frauen unsouverän und machtlos wirken, und dieser Eindruck könnte vor allem bei den machtlosen Vertretern des Patriarchats einen Beißreflex provozieren. Auf der anderen Seite, bei den mächtigen Unsicheren zeigt sich unter Umständen der umgekehrte Reflex: Diese Männer könnten sich durch die offensichtliche Anpassung an die Vorgaben eines männlich geprägten Schönheitsideals besänftigen lassen. Sie hätten auf eine Art gewonnen. Um sich danach gelangweilt abzuwenden.

Sophie Passmann vermutet etwas anderes hinter dieser Sanftheit: »Meiner Erfahrung nach ist die Gegenleistung von Männern, die man als Frau für Attraktivität bekommt, ein Mindestmaß an Respekt, und zwar nur dann, wenn man einer bestimmten Idee von Attraktivität entspricht.«[14]

In männlich geprägten Systemen, die auf Konkurrenz und Machtkampf ausgelegt sind, ist die Reaktion auf Unterwerfung aber niemals Respekt, sondern allenfalls der altbekannte patriarchale Beschützerinstinkt gegenüber den Schwachen und Ohnmächtigen. Frauen. Anders ausgedrückt: Man tritt nicht nach, wenn der andere schon am Boden liegt. So ließe sich auch erklären, dass Passmann schildert, sie bekäme weniger Hate-Kommentare, seit sie sich um ihr Äußeres kümmere.

Aber abseits dieser These werfe ich drei Jahrzehnte Erfahrung mit öffentlichen Auftritten in den Ring: Die Kommentare gibt es für das, was man sagt als Frau, nicht für das Aussehen, während man es sagt, auch wenn sich die Hater darauf beziehen. Weil das einfacher und zielsicherer ist, als auf den Inhalt des Gesagten einzugehen. Den die meisten Hater auch gar nicht verstehen oder verstehen wollen.

Sophie Passmann ist bei ihrer Einschätzung ungewohnt pessimistisch, und ich fühle mich als Ältere so, als würde sie mit einem großen Spagatschritt über die letzten 30 Jahre hinwegsteigen: »Frauen haben nicht die Wahl, ob sie auf ihr Äußeres reduziert werden, sie haben lediglich die Möglichkeit, einen Umgang damit zu finden, der für sie möglichst ressourcenschonend ist.«[15]

Vielleicht hilft es, eine Frau zu befragen, die das Problem ganz los ist. Und zwar nicht, weil sie inzwischen über 70 ist, sondern weil sich Maren Kroymann bereits vor Jahrzehnten als lesbisch geoutet und fortan einen interessanten Verhaltensumschwung bei den Männern in ihrem Umfeld bemerkt hat, wie sie in einem Podcast erzählt: »Das war das vorweggenommene Altern – seit dem Moment, als ich mich als lesbisch geoutet habe. Im Grunde fühle ich mich mehr respektiert und ernst genommen, seit ich nicht mehr mit Männern zusammen bin. Es ist eine andere Art von Kontakt, und ich muss mich auch nicht mehr bemühen. (…) Das ist wirklich eine Befreiung, in dem Moment wo ich bin, wie ich mich fühle, bin ich auch viel erotischer und fühle mich attraktiver als früher. Dass ich gar nicht mehr definiert bin durch etwas, das vorgegeben ist, macht mich viel lockerer.«[16]

Was ein Hinweis darauf wäre, dass es die Sexualisierung von Frauen ist, die den Unterschied macht. Wenn Männer – die dazu neigen – keine Chance haben, den Kontakt zu Frauen in irgendeiner Weise zu sexualisieren, weil eine Frau aus diesem Kontext aussteigt, scheint sich das Verhältnis zu normalisieren. Nun kann nicht jede Frau lesbisch werden (auch wenn ich großes Interesse hätte), aber vielleicht hilft das Wissen über diese Dynamik, Männer öfter mal vor den Kopf zu stoßen, wenn sie es selbst nicht merken. Ich muss bis heute schmunzeln, wenn ich an einen Kollegen aus der Journalistenschule denke, der dort im Raucherraum, also vor einer ganzen Reihe von Mitschüler:innen, einen kleinen Vortrag darüber hielt, welche der Frauen in der Schule er auf welche Art und Weise für attraktiv hielt, wobei er in meiner Anwesenheit auch über mich sprach und sinngemäß sagte, ich sei fraglos hübsch, aber für seinen Geschmack zu weiblich. Von den anderen Jungs kam vorsichtiges Gekicher, dann Stille. Ich habe den Kollegen direkt angeschaut und ihm mit Schmollmund geantwortet, dass er mir in diesem Moment das Herz brechen würde, weil ich natürlich von Anfang an nur in ihn verknallt gewesen sei – und das, obwohl er mit seiner geringen Größe, dem Babyspeck und den Kulleraugen so gar nicht meinem Ideal eines Mannes entspräche. Damit hatte ich dann die Lacher beider Geschlechter auf meiner Seite.

Es ist bis heute zu beobachten, dass sich viele Männer, ohne auch nur eine Sekunde darüber nachzudenken, die Freiheit nehmen, Frauen zu kategorisieren und zu bewerten, ganz unabhängig davon, wie sie selbst bei einer umgekehrten Notenvergabe abschneiden würden. Damit nehmen sie für sich eine Definitionsmacht in Anspruch, die ihnen natürlich nicht zusteht, aber der Trick dabei ist, dass ihnen die Selbstverständlichkeit des Übergriffs Macht verleiht. Jedes Mal mehr, wenn sie unwidersprochen bleibt. Eine Macht, die auch jede Frau spontan an sich reißen könnte, dafür müssten sie sich aber im wahrsten Sinne des Wortes ermächtigen. Oder, in den Worten der Schriftstellerin Alice Walker: »Die meisten Menschen geben ihre Macht auf, indem sie denken, sie hätten keine.«[17]

Was passiert, wenn sie sich ihrer Macht bewusst werden – siehe #MeToo und das nächste Kapitel.

Aus Kroymanns Sicht sei das Älterwerden für zwei Bevölkerungsgruppen am schwersten, nämlich für heterosexuelle Frauen und für schwule Männer, weil beide so sehr nach ihrem Körper beurteilt würden.[18] Unter Lesben, sagt sie, zähle das Alter positiv auf die Attraktivität ein, sowohl wegen der Reife als auch wegen der aus der Erfahrung hergeleiteten Autorität. Bisher habe sie nur sehr selten beobachten können, dass sich Männer von diesen zwei Eigenschaften bei einer Frau angezogen fühlten. Als große, dafür umso populärere und öffentliche Ausnahme erwähnt sie das Ehepaar Macron. Brigitte Macron war die 40-jährige Lehrerin des damals 15-jährigen Emmanuel Macron, als sich die beiden verliebten. Bis heute ist Brigitte Macron beispiellosen Hate-Kommentaren im Netz ausgesetzt, was dem Paar noch mehr Strahlkraft verleiht – ein gemeinsamer Feind stärkt den Zusammenhalt. Und vielleicht liefert der Ärger über diese Diskriminierung etwas zusätzliche Entschlossenheit.

In diesem Sinne mache ich eine weitere Option auf, die Hoffnung, Lebensqualität und gute Laune verspricht: Die Wut über das generationenübergreifende Kategorisieren nach Fuckabilty könnte Frauen eine Menge Energie liefern für die eigenen Ziele, für klare Konturen, für kluges Netzwerken und coole Guerilla-Aktionen. Alles besser, als vor der ständigen Notenvergabe einzuknicken und womöglich noch unter Frauen in Konkurrenz zu gehen.

Wenn ich morgens in den Spiegel schaue, blickt mir die 15-Jährige, die 25-Jährige, die 35-Jährige und die 45-Jährige entgegen, und mein heutiges Ich möchte sie alle umarmen. Ich mag mein Gesicht. Mehr als in allen Jahrzehnten zuvor.

Wenn ich Passmanns Thesen folgte, bliebe mir aber nur noch die Option, meinen Kopf in der Kloschüssel zu entsorgen, denn mit 58 Jahren bin ich ja genau 33 Jahre von dem biologischen Turning Point entfernt, ab dem ich mit Botox oder Fillern hätte anfangen müssen, um das Steuer noch mal rumzureißen. Da dieser Weg versperrt ist und unter anderem meine Kinnkontur und/oder meine Augenlider sowieso schon der Schwerkraft nachgegeben haben, bleibt mir wiederum nichts anderes, als zu kämpfen. Für meine jetzige und alle früheren Lisas, die meine Kontur ausmachen.

Gegen eine Schönheitsindustrie, die davon lebt, uns Defizite an die Backe zu quatschen – weit über die scheinbaren Mängel hinaus, die wir aus der Pubertät und den Jahren danach sowieso schon mitgenommen haben.

In einer anderen These behauptet Passmann sinngemäß, dass die alltäglichen und anerkannten Schönheitskorrekturen wie Besuche bei der Kosmetikerin oder beim Friseur nicht weniger weibliche Verzweiflung offenbarten und die diversen »Schönheitspraxen« nichts anderes seien als ein weiterer Ort, an dem Frauen nur verlieren könnten.[19]

Der Vergleich hinkt, wenn man sich die Bilder im Netz anschaut, die zeigen, was passiert, wenn ein Filler Blutgefäße verstopft und Gewebe absterben oder anschwellen lässt. Oder wie es aussieht, wenn Botox einen Gesichtsnerv lahmlegt oder eine Neuropathie auslöst. Hyaluroncremes, Friseurbesuche und Nagelstudiotermine mögen teuer und zeitaufwendig sein, aber sie verwandeln niemanden in Frankensteins Schwester.

Die Verunstalteten treffen sich aber nicht in öffentlichen Selbsthilfegruppen, sondern anonym, in Foren und in den Kommentaren. Nach einem Klick ploppen alle erdenklichen Hormeldungen auf, die sich nicht mehr weglächeln lassen: Dellen in der Stirn nach Botox, Hängelider nach Botox, schiefes

Lachen nach Botox, Lymphstau der Augen nach Botox, Beulen nach Botox. Oder Hyaluronfiller, die nie verschwinden, sondern irgendwann absacken und unter die Haut wandern. Die Beschreibungen zu Hautinfarkten und Nekrosen spare ich mir. Eine Google-Bildersuche sagt mehr als tausend Worte …

Lächellähmung und andere Lügen

Verglichen mit diesen Bildern, hat die Autorin Katja Lewina vielleicht noch Glück gehabt, aber nur auf den ersten Blick. Eigentlich wollte sie ihr Zähneknirschen mit Botox behandeln lassen, aber beim ersten Aufwachen nach der Behandlung war klar, dass das Gift noch mehr lahmgelegt hatte: »Solange ich keine Regung zeigte, sah es normal aus. Doch beim leisesten Anflug eines Lächelns verzerrt es sich zu einer skeptischen Grimasse. Wollte ich lachen, zeigte es neben gebleckten Zähnen höchstens Hohn oder Abscheu, vielleicht beides – so genau war das nicht mehr auszumachen.«[20]

Welche Rolle ein Lächeln spielt, merkt Lewina im Laufe der nächsten Wochen, in denen sie trotzdem zu Partys, Essenseinladungen oder Dates geht. Sie leidet nicht nur an den falschen Zuschreibungen der anderen, die ihr eingefrorenes Gesicht provoziert (unter anderem ist die neue Freundin ihres Bruders der Meinung, dass sie sie nicht leiden könne …), sie vermisst auch die vermehrte Endorphinausschüttung, die ein Lächeln in ihr selbst erzeugt.

Um vorstellbar zu machen, wie Begegnungen mit anderen Menschen unter den Bedingungen einer Lächellähmung ablaufen, zitiert sie den Psychologen Albert Mehrabian, der schon in den 60er-Jahren nachgewiesen hat, dass in der Kommunikation von Gefühlen der Inhalt nur zu 7 Prozent eine Rolle spiele, die Stimme zu 38, aber die Mimik zu 55 Prozent. Was wir formulieren, ist also komplett nachrangig gegenüber dem Gesichtsausdruck in diesem Moment.

Der minimalinvasive Eingriff hat für Katja Lewina – bis die Wirkung hoffentlich wieder nachlässt – einen maximalinvasiven Einfluss auf ihr Leben.

Der Anschein und die Wirkung eines Gesichts verändern sich aber auch deutlich, wenn ein solcher Eingriff geglückt ist. Ich habe noch keinen Test gemacht, aber ich gehöre zu den Menschen, die sich zwar kaum einen Namen, aber Gesichter sehr gut merken können. Ich erkenne bekannte Darsteller:innen in den abwegigsten Rollen, auch in verschiedenen Lebensjahrzehnten und hinter fast jeder Maskierung. Ich habe mit dieser Art Super-Recognizer-Skill schon so einige Familienwetten beim Home Cinema gewonnen.

Das bedeutet gleichzeitig, dass ich Traurigkeit oder Wut, Verachtung, Hoffnung, Anspannung und Nervosität oder allgemein eine *Hidden Agenda* in einem Gesicht, das vielen anderen einfach nur lächelnd, entspannt oder sympathisch erscheint, ganz gut herauslesen kann. Auf Nachfrage bekomme ich die jeweilige Deutung häufig bestätigt, auch wenn ich mich sehr selten vorwage, weil es meistens einen guten Grund gibt, eine Emotion vor einer Person zu verstecken, ob bewusst oder unbewusst, und eine Anspielung auf das, was der oder die andere nicht zeigen möchte, kann zu Recht als Übergriff gedeutet werden.

Wenn der offenkundige Gesichtsausdruck nicht zur Mimik passt, die ich wahrnehme, also zu dem, was ich aus der Bewegung der restlichen Gesichtsmuskeln herauslese, bin ich irritiert und schaue manchmal so lange und genau hin, dass sich das Gegenüber unwohl fühlt. Was nicht meine Absicht ist, aber ich starre einfach weiter, während mein Gehirn versucht, die Infos aus dem Gesicht des Gegenübers richtig zusammenzusetzen. Währenddessen zögere ich auch mit einer Reaktion, oder ich setze einen vorübergehenden Gesichtsausdruck auf, der zur Situation passt, und überlege weiter.

Mein kleines Talent lässt mich auch jedes Mal stutzen, wenn einzelne Gesichtsmuskeln lahmgelegt sind und sich nicht mit allen anderen zu einem Lächeln oder einem aufmerksamen Gesichtsausdruck koordinieren. Was naturgemäß zu den Nebenerscheinungen einer Botoxbehandlung und anderer Eingriffe gehört. Wenn ich diese Dissonanz bei einer Bekannten oder Kollegin bemerke, muss ich mit meinen Gedanken aus der nonverbalen Kommunikation aussteigen und mir selbst versichern, dass die Irritation von dem Schönheitseingriff herrührt. Aber es bleibt das Gefühl, dass die andere mir nicht mit derselben Offenheit oder Verletzlichkeit begegnet, die ich selbst oft gar nicht verbergen kann. Auch wenn diejenige einen solchen Eindruck nicht beabsichtigt, löst er bei mir eine verschwommene und leicht unangenehme Empfindung aus. Meine Spiegelneuronen erwarten einen adäquaten Gegenwert. Und wenn die Mikromimik des Gegenübers geizig bleibt, registriere ich unbewusst ein Ungleichgewicht.

Neben der Furcht vor den Folgen eines Eingriffs und vor den Unfällen, die mir im Netz, auf Insta oder YouTube begegnen, ist es die Angst vor diesem eingeschränkten Ausdruck, der den Kontakt mit anderen Menschen verändern könnte. Ähnlich wie bei einem Locked-in-Syndrom – pardon für die Übertreibung – würde ich mir Sorgen machen, ob ich mich mit der reduzierten Mimik nonverbal noch angemessen verständlich machen könnte.

Und weil ich weiß, dass es nicht dabei bliebe. Ich scheue den Dammbruch. Wenn ich mir zum Beispiel Hyaluronfiller unter die Augenringe oder in die Nasolabialfalte (bin ich die Einzige, die findet, dass dieser Begriff sich anhört wie etwas Geografisches im Zusammenhang mit Erdbeben?) spritzen lasse, was sollte mich davon abhalten, den neuesten Trend auszuprobieren und mir Fett aus der Wangenregion entfernen zu lassen? Um mein Gesicht zu verschmälern? Was ist das anderes als eine ästhetische Annäherung an den Tod, der bekanntlich hohlwangig aus der Wäsche schaut? Ganz zu schweigen von den Problemen beim Kauen? Wer sich schon mal von innen in die eigene Wange gebissen hat, weiß, wovon ich spreche.

Kältetote Fettzellen

Fett kann man sich inzwischen aber auch wegfrieren lassen. Kein Scheiß. Pardon für den umgangssprachlichen Anhang, aber ich war für einen Moment der festen Überzeugung, dass die Angestellte in einem Wellnesshotel mich auf den Arm nimmt. Passend dazu herrschten im Norden gerade eisige Minustemperaturen, während ich drinnen in Saunahandtücher verpackt auf einer Fango-Packung lag, um meinen Nacken zu lockern. Was ohne Verkaufsgespräch entspannter gewesen wäre, aber mit Verweis auf mein kleines Bäuchlein musste die Wellnessbeauftragte unbedingt erklären, wie man mühelos überschüssiges Fett loswird – ganz ohne Planks oder Sit-ups.

»Weil wir ja alle mit dem Älterwerden etwas die Form verlieren …« Das war bis dato gar nicht klar, aber danke für den Hinweis.

Habe ich schon erwähnt, dass ich das »Krankenschwester-Wir« hasse? Mit dem mich schon so manche Frau im Namen der Menopause zwangssolidarisiert hat, die noch mal zehn oder 15 Jahre älter ist als ich.

Da ich in die Tücher gewickelt war wie in eine Zwangsjacke, konnte ich nirgendwohin und lauschte mit geschlossenen Augen ihren Ausführungen. »Die Kryolipolyse ist ein effizientes Verfahren zum nichtinvasiven Bodycontouring.« Übersetzt und zusammengefasst lässt sich der folgende Vortrag auf ein paar Sätze einkürzen: Meine kleine Schwabbelzone würde mit einer Art Saugglocke angehoben und dann bei vier Grad schockgefroren werden. Die kältetoten Fettzellen würden dann von meinem

Körper abgebaut werden. Macht pro Sitzung 500 bis 600 Euro, Behandlungsdauer sechs bis zwölf Wochen. Die Hochglanzbroschüre zeigt eine Art Mischung aus Fitnessstudio und Unfallambulanz. Ein echtes Schnäppchen? Vielleicht reicht es auch, wenn ich mich mit dem Bauch ausgiebig im Schnee wälze?

Weniger riskant ist es allemal, wenn man bedenkt, welche Folgen die Schönheitsbehandlung haben kann. »Ein Supermodel ist nicht wiederzuerkennen«, lautete eine der Überschriften, als sich das kanadische Model Linda Evangelista im Februar 2022 der Presse offenbarte. Fünf Jahre zuvor habe eine *CoolSculpting*-Behandlung sie »brutal entstellt«[21] und »dauerhaft deformiert«[22], sie sei »nicht wiederzuerkennen«[23]. Statt die Fettzellen aufzulösen, habe die Prozedur bei ihr das genaue Gegenteil bewirkt: Die behandelten Fettzellen an ihrem Kinn, ihren Schenkeln und am Torso hätten sich vergrößert und verhärtet, am Ende seien sie taub geworden, mehrere Operationen seien ergebnislos geblieben. Evangelista sagt, Kryolipolyse habe »ihren Lebensunterhalt zerstört und sie in eine schwere Depression gestürzt«[24]. Eine der meistfotografierten Personen der Welt zog sich komplett aus der Öffentlichkeit zurück und lebte als Einsiedlerin. Bis sie schließlich den Schritt an die Öffentlichkeit wagte, weil sie so nicht mehr leben wollte – »versteckt, in Schmerz und Scham«[25]. Gleichzeitig verklagte sie die südkalifornische Firma ZELTIQ Aesthetics, Inc., die hinter der Marke *CoolSculpting* steckt, auf 50 Millionen Dollar Schadensersatz. »Ich hoffe, ich kann mich von der Scham befreien«, schreibt Evangelista, »und anderen in einer ähnlichen Situation helfen.«[26]

Die Zahlen der Menschen, die sich einem CoolSculpting unterziehen, schwanken zwischen 900 000 und acht Millionen (Zahlen der Anbieter), aber die Methode scheint als Alternative zur Fettabsaugung immer populärer zu werden.

Obwohl auch diese, inzwischen »herkömmliche« Methode manchmal Unregelmäßigkeiten nach sich zieht, denn wenn die

Kalorienzufuhr dieselbe bleibt und am Bauch beispielsweise keine Fettzellen mehr wuchern können, plustern sich die verbleibenden Fettpolster umso mehr auf. Für das Ergebnis gilt manchmal dasselbe wie für die lahmgelegten Gesichtsmuskeln: Der Anschein irritiert, weil sich Verschlankungen und Aufrundungen nicht immer zu einem stimmigen Gesamtbild zusammenfügen.

Gemacht oder nicht gemacht – das ist hier die Frage ...

Eventuelle Asymmetrien, OP-Unfälle und Spätfolgen können jüngere Generationen offenbar nicht abschrecken. Im Gegenteil. Für Botox- und Fillerbehandlungen verzeichnet die Branche gerade in der Gruppe der 18- bis 30-Jährigen die größten Umsatzzuwächse.

Ich gebe zu, dass mich diese Entwicklung nachhaltig irritiert, weil ich in dem besagten Alter (und ich glaube, ich kann in diesem Fall für die Mehrheit der Frauen meiner Generation sprechen) nie auf die Idee gekommen wäre, dass ich irgendwelchen altersbedingten Mängeln vorbeugen müsste. Zumal heute so viel mehr globale und gesellschaftspolitische Entwicklungen greifen, die einem jungen Menschen Sorgen bereiten könnten, unabhängig vom eigenen Alterungsprozess. Aber vielleicht ist genau das der Grund? Angesichts unkontrollierbarer Klimakrisen, Kriege und Epidemien verspricht die Kontrolle über das eigene Aussehen und den eigenen Körper womöglich etwas innere Stabilität?

Den drastischen Anstieg bei Schönheitseingriffen vor allem unter jungen Frauen erklären sich Schönheitsprofis wie der plastische Chirurg Artur Worseg mit der retuschierten Selfie-Kultur in den sozialen Medien: »Instagram, Facebook, Tinder – da entstehen ja ganz merkwürdige Bilder von sich selbst. Vor zwei Tagen war eine Frau hier, die wollte den Busen gemacht haben. So schnell wie möglich. Sie hat mir erzählt, sie habe den Mann ihres Lebens gefunden und wolle ihn treffen. Leider hatte sie ihm über Monate nur bearbeitete Fotos geschickt.«[27]

Es ist nicht schwer in diesem Beispiel die überwältigende Scham zu erkennen, die eine Frau dazu bringt, sich ausschließlich auf bearbeiteten Fotos zu präsentieren, zu der sich dann weitere Schamgefühle gesellen, weil sie den Flirt im Netz mit diesen Bildern belogen hat. Und nun soll sich die Biologie der Lüge angleichen.

Immer mehr Patientinnen zeigen beim Vorstellungstermin ihre eigenen überarbeiteten Fotos. Ihr Gesicht soll nach der Operation so aussehen wie unter einem Insta-Filter. Analog zu den User:innenzahlen wachsen die Anfragen in den Praxen der Schönheitschirurgen: »Es kommen Leute, die wären früher zum Friseur gegangen«, erzählt Artur Worseg, »heute wollen sie operiert werden. Ich könnte Tag und Nacht durcharbeiten.«[28]

Bei Menschen, die sich mindestens eine Stunde am Tag mit einem vermeintlichen Makel beschäftigen, den andere kaum wahrnehmen, spricht man von einer körperdysmorphen Störung (KDS). Der Psychologe Oliver Sündermann erforscht das Phänomen und bestätigt, dass Menschen, die oft in den sozialen Medien unterwegs seien, eher zu KDS neigten. Und leider landeten die Betroffenen eher beim Schönheitschirurgen als im Wartezimmer eines Therapeuten oder einer Therapeutin: »Vor 20 Jahren wollte man so aussehen wie (…) Angelina Jolie, heute will man so aussehen wie sein perfektes Selfie.«[29]

Die Hemmschwelle für solche Eingriffe wird auch durch Kampagnen gesenkt, für die gern junge, prominente und feministische Role Models angeheuert werden. Ein Unternehmen wie Merz Aesthetics, das sogenannte minimalinvasive Eingriffe wie Botox und Filler anbietet, tritt dabei auf, als würde es sich um eine gesellschaftspolitische Charity-Aktion handeln. »Merz startet Female-Empowerment-Initiative mit Tijen Onaran. Für eine Aufklärungskampagne zu Schönheits-OPs hat Merz Aesthetics nicht nur Medizinerinnen gewonnen, sondern auch Frauenrechtlerinnen wie Tijen Onaran.«[30]

»Eitelkeit ist nicht zwingend eine schlechte Eigenschaft«,[31] ist Onarans erstes Argument in einem *VOGUE*-Interview, in dem sie versucht, den Widerspruch aufzulösen. Tijen Onaran ist inzwischen Jurorin in »Die Höhle der Löwen« und ein mediales Schwergewicht: Gründerin, Investorin, Speakerin, Influencerin, Buchautorin – und Feministin. In ihren Posts auf LinkedIn und Instagram geht es um sexistische Klischees, Vorurteile und Frauendiskriminierung in der Wirtschaft, und ich bin begeisterte Followerin – aber als Feministin, die ich genauso bin, muss ich bei dieser Nummer dazwischengrätschen. Onaran ist eine der *Female Aesthetic Pioneers,* also eine Art Vorkämpferin für das Recht von Frauen auf selbstbestimmte Schönheitskorrekturen. Die Betonung liegt auf »selbstbestimmt«, denn so wird diese bizarre Allianz verkauft. Angelehnt an den Slogan der Frauenbewegung im Kampf um ein Recht auf Abtreibung, lautet der Claim sinngemäß: »Mein Körper gehört mir«. Für Onaran hieße das also sinngemäß: Filler und Nervengifte unter die Haut zu lassen, bewegt sich auf derselben Ebene wie »Ob ich Sneakers trage oder hohe Schuhe. Ob ich mich nackt zeigen möchte (…) Wenn ich mich gerne mit Schönheit, schönen Dingen oder Sachen, die mich schön machen, beschäftige, ist das auch eine Form der Selbstentfaltung«.[32] Die Unternehmerin ist der Meinung, es habe etwas Toxisches, wenn immer wieder gesagt würde: »Du musst jetzt zufrieden sein.«

Man muss sowohl den missionarischen Eifer der ehrgeizigen Influencerin bewundern sowie ihren geschickten Versuch, die weibliche Kapitulation vor einem normativen und fragwürdigen Schönheitsideal und den Interessen einer (weltweit) 400 Milliarden Dollar schweren Branche als einen Akt von

Selbstbestimmung und weiblichem Empowerment zu verkaufen.

Wer sich die feministischen Filler leisten will, muss zumindest finanziell über ein gehöriges Maß an Selbstbestimmung verfügen, denn die Kosten für eine regelmäßige Unterfüllung von Lippen und Falten belaufen sich auf ein zusätzliches Teilzeitgehalt. Auf jeden Fall hat die Kampagne zur monetären Souveränität der Unternehmerin Onaran beigetragen, und für die diversen minimalinvasiven Eingriffe der Firma Merz Aesthetics muss sie im Gegensatz zu anderen Frauen vermutlich auch nicht zahlen.

Grundsätzlich halte ich es für eine begrüßenswerte Entwicklung, dass Feministinnen mit ihrem Engagement Geld verdienen. Womit ich hadere, ist die Tatsache, dass die Kampagne wie jede Werbung der Schönheitsindustrie auf die Scham der Frauen zielt und ihnen vermeintliche Defizite einredet, um noch mehr Umsatz zu machen und auch Durchschnittsverdienerinnen Tausende von Euros aus der Tasche zu ziehen. Denn die Behandlungen gibt es natürlich auch gegen Ratenzahlung.

Es gehe darum, Schönheitseingriffe zu enttabuisieren, heißt es von Onaran. Dass solche Eingriffe angesichts der Umsatzzahlen ein Tabu seien, kann nur als Scherz gemeint sein. Aber sicher spricht nicht jede Frau gern darüber, und genau da setzt die Kampagne an: Wenn eine Botoxbehandlung ebenso selbstverständlich zum Shopping-Erlebnis gehört wie der Kauf von Sneakern und darüber hinaus sogar als ein emanzipatorischer Akt der Selbstbefreiung gilt, wenn es den Unternehmen gelingt, diese letzte Hürde einzureißen und ihre teuren Eingriffe als eine Art Kampf zu verkaufen, dann gibt es kein Halten mehr. Auch beim Geldfluss.

»In der Position zu sein, andere beschämen zu können, bedeutet, Macht zu haben«,[33] sagt Christian von Scheve, Leiter des Arbeitsbereichs »Soziologie der Emotionen« an der Freien Universität Berlin.

Bin ich bald eine ästhetische Zumutung?

Und wenn erst mal die Jüngeren überzeugt sind, die die frohe Botschaft auf Insta und TikTok weitertragen, dann gelten die normal gefalteten Älteren demnächst als ästhetische Zumutung.

Ich bin ja noch eine Ecke jünger als Madonna oder Cher (das nennt man einen Vergleich auf Augenhöhe, von wegen Empowerment) und noch nicht schönheitsoperiert, aber in meinem Alter hatten die beiden die ersten Bearbeitungen ja schon hinter sich. Nehmen wir mal an, ich versuche jetzt so schnell wie möglich gleichzuziehen und halbwegs aufzuhalten, was die Schwerkraft bis dato angerichtet hat, dann müsste ich mit Botox in der Stirn anfangen, über eine Lippenaufspritzung zu einer Kinn- und Halsstraffung, von da oben einmal die Brüste anheben, den Bauch straffen, den Po zum Brazilian Butt ausstopfen (obwohl, an der Stelle habe ich genug für zwei … Bei Bedarf bitte melden), die Schenkel absaugen lassen etc. Bis ich bei den Füßen angekommen bin – ja, auch die kann man aufspritzen –, müsste ich an der Stirn schon wieder nacharbeiten lassen. Wie wäre es mit einem Crowdfunding, liebe Tijen Onaran, für Frauen in meinem Alter? Damit wir auch übermorgen noch ins Freibad dürfen.

Inzwischen fühle ich mich mit meiner Unversehrtheit zunehmend allein, denn der Trend zum Eingriff hat sich so weit durchgesetzt, dass viele Menschen, denen ich begegne, offenbar davon ausgehen, dass ich mich schon längst unters Messer gelegt habe. Wie bei einer Mammografie … Da outete sich die Röntgenassistentin als Frau tv-Fan, und während ich mit freiem Oberkörper vor ihr stand, fragte sie mich ohne großen Vorlauf, ob meine Brüste »gemacht« seien, weil man dann nicht viel vom Gewebe sehen könne. Meinem Kopfschütteln schien sie nicht wirklich zu trauen, und nachdem in der Aufnahme keine Silikonkissen auftauchten (gibt es tatsächlich Frauen, die in so einer Situation lügen?), konnte sie sich die nächste Frage offenbar nicht verkneifen: »Aber gestrafft, hm?« Am Ende musste ich ihr versprechen, ein Autogramm zu schicken (nein, die habe ich bei Arztterminen nicht immer dabei), im Gegenzug verzichtete sie auf ein Selfie mit mir vor dem Mammografiegerät.

Vielleicht werde ich jetzt albern, aber mich würde wirklich interessieren, ob männlichen Kollegen so etwas auch passiert. Zum Beispiel bei der Darmspiegelung: »Ist der Po gemacht?«

Andere Situation, derselbe Verdacht: Meine Friseurin ist im Urlaub, ich probiere ausnahmsweise einen fremden Salon aus und registriere, wie die Angestellte meine Ohren auf beiden Seiten mehrfach nach vorne biegt, ohne zu schneiden, und dabei ihre Lesebrille aufsetzt. Auf meine Frage, ob ich ihr helfen könne, fängt sie an zu kichern: »Ich wollte nur mal schauen, ob man diese feinen Narben sehen kann.« …

Der letzte »Nein-ich-hab-noch-nichts-machen-lassen-wirklich-nicht-Termin« liegt noch nicht lange zurück, ein Fotoshooting für ein Porträt. Beim Abschminken danach spricht mich die Maskenbildnerin an: »Und jetzt verrätst du mir aber noch, was du hast machen lassen, ja?«

»Nichts.«

»Ja, schon klar, ich weiß. Aber jetzt sag mal. Ich erzähl's auch niemandem.«

»Ist so. Ich würde es dir auch sagen, wenn es etwas zu erzählen gäbe.«

»Hör mal, das ist doch heutzutage kein Grund mehr, sich zu schämen. Komm, raus damit.«

»Wirklich nicht! Was soll ich noch sagen? Du kannst mir das ruhig glauben.«

Schweigen.

»Okay, ich find's ein bisschen albern von dir, wir sind hier ja schließlich unter uns, aber gut.«

Am Ende stand der Vorwurf, dass mein Verhalten unsolidarisch sei, weil ich zu der Fraktion gehöre, die anderen erzähle, sie würde ganz viel Wasser trinken, sodass die anderen »gemachten« Frauen sich dann schlecht fühlten.

Von einem meiner männlichen Gegenleser wurde ich bei dieser Passage darauf hingewiesen, dass ich mich auf den Vorwurf der Eitelkeit vorbereiten müsse, da ich mit diesen Anekdoten unterstreichen würde, dass ich auch ohne Botox oder Filler für jünger gehalten würde. Gleichzeitig beschämte ich aus seiner Sicht andere Frauen in meinem Alter, die im Gegensatz zu mir Schönheitseingriffe hätten machen lassen, weil sie beim »genetischen Roulette weniger Glück hatten«. Worauf ich anfange, mich zu verteidigen, indem ich behaupte, dass mir mein Alter sehr wohl anzusehen sei, was ja schließlich auch schwer in Ordnung sei, und nur die Unterstellung dazu führe, dass ich anders wahrgenommen würde undsoweiterundsofort. Und schon stecke ich mittendrin im Beauty-Hamsterrad, das vor allem Frauen in einer lebenslangen Endlosschleife aus Vergleichen, Rechtfertigungen und Demütigungen festhält.

Man könnte die sich widersprechenden Haltungen gegenüber (älteren) Frauen so skizzieren: Wer nichts machen lässt, sollte sich für seine Falten und Hängelider schämen. Wer seine Altersspuren beseitigen lässt, sollte sich angemessen für den Eingriff schämen, ihn aber auch nicht leugnen, denn das bietet wiederum Anlass für Scham bei den Frauen, die sich vor der Scham über ihr altersgemäßes Aussehen retten können, indem sie auf die »gemachten« Frauen zeigen, denn mit Botox und Co. ist es »ja auch keine Kunst, jünger auszusehen«.

Aus dieser Nummer kommt man ab 50 im Grunde nicht mehr raus – egal, ob man etwas machen lässt oder nicht. Und wie so häufig bleiben die Frauen auch bei dieser Diskussion unter sich, verpulvern viel wertvolle Energie und haben am Ende immer noch nicht mehr Geld oder Macht. Im Gegenteil.

Wenn man den Blickwinkel der Schönheitsindustrie einnimmt und diese Logik zu Ende denkt, ist der Alterungsprozess gleichzusetzen mit einer todbringenden Erkrankung – und nicht mit einer natürlichen Entwicklung, die nebenbei ja auch ein wichtiger Reifeprozess ist.

Müssten jüngere Frauen nicht längst einen Horror davor haben, das Menopausenalter zu erreichen? Denn abgesehen vom unausweichlich steten Verfall ab 25 drohen dann noch beschämende Schweißattacken, Depressionen und unkontrollierte Gewichtszunahme.

Eine Studie der Uni Bern hat festgestellt, dass das Erleben der Wechseljahre entscheidend von der Kultur abhängt. Die Veränderungen belasten viele, »auch aufgrund der vorherrschenden jugendbezogenen Attraktivitäts- und Leistungsnormen«[34], sagen die Forscher:innen. Anders ausgedrückt: Je größer der Schönheitsdruck, desto größer die Scham, desto mehr Beschwerden. Was sagt das über *unsere* Kultur aus? Was macht das mit Frauen in den Wechseljahren, die in dieser Kultur leben? Und die im Leben ja noch ein paar andere Dinge zu tun haben, als sich zu schämen …

Woman on Crossfire oder: Ich bin mehr_als meine Hormone

Serpentinen und Selbstwahrnehmung

Ich hasse es, mich übergeben zu müssen. Nichts Schlimmeres als das widerwärtige, sich zuspitzende Gefühl, wenn ein Mageninhalt den Rückwärtsgang einlegt und langsam die Speiseröhre hochkriecht. Dieser Moment, in dem mein Körper mir die Entscheidung darüber abnimmt, was in mir drinbleiben darf und was nicht. Schon als Kind war ich empört über diese Art der naturbedingten Fremdbestimmung und verstört über das Eigenleben meiner Magenmuskeln. Obwohl mir klar war, dass es mir hinterher wahrscheinlich besser gehen würde. Meistens habe ich das Leiden auch noch unnötig verlängert, indem ich flach atmend und regungslos auf dem Rücken lag und versuchte, den Brechreiz so lange wie möglich hinauszuzögern. Um dann im letzten Moment aufzuspringen.

Im Italienurlaub mit meinen Eltern war das keine Option. Im Auto auf dem Weg über den höchsten Gebirgspass der Ostalpen mussten wir fast nach jeder Serpentine stoppen, damit ich mich kurz aus der Tür lehnen und auf den Grünstreifen kotzen konnte. Meine jüngere Schwester machte sich irgendwann einen Spaß daraus, die Würgegeräusche nachzuahmen.

Das war der Start in meinen ersten Urlaub mit Regelblutung. Es war nicht meine erste Periode, aber noch hatte ich keine Ahnung vom weiblichen Zyklus, geschweige denn, wie sich eine Blutung ankündigte und was man gegen die Beschwerden tun konnte. Meine Generation hat zu diesem Thema ausschließlich geflüstert oder geschwiegen. Der Schritt in die Fruchtbarkeit löste weder Freude aus, noch wurde er gefeiert, und die Reaktion meiner Mutter würde ich heute als genervt-mitleidiges Lächeln einordnen, denn nun hatte mich der Fluch ereilt, dem keine Frau entkommen kann. Eine Bewertung, die ich unbewusst übernommen habe.

Ich bekam unförmige Monatsbinden in die Hand gedrückt und ein paar warme Worte, die im Kern besagten: Es ist scheiße, es tut oft weh, versuch das zu ignorieren und auszuhalten. Natürlich meinte sie es gut, sie wollte mich wappnen für eine Erfahrung, die sie selbst gemacht hatte. Die sogenannten weiblichen Beschwerden hatten aus Sicht der damaligen Medizin und Gesellschaft einen ähnlichen Leidenswert wie Verdauungsstörungen – und verdienten deshalb auch keine besondere Aufmerksamkeit.

Auf dieser Fahrt über die Alpen war ich überzeugt davon, schwer krank zu sein, denn ich hatte genauso wenig wie meine

Mutter etwas vom prämenstruellen Syndrom (PMS) gehört und konnte meine Beschwerden also überhaupt nicht einordnen. Im Gegensatz zu anderen Kotzerlebnissen wurzelte die Übelkeit tief in meinem Unterleib, und jedem Spucken ging ein ausgedehnter Krampf voraus. Ich dachte an »Aliens – Die Rückkehr« und an Krebs und war bereit zu sterben, wenn ich so verhindern konnte, auch nur eine einzige weitere Kurve durchfahren zu müssen. Zumal jedes Mal der ganze Körper mitging, denn wir reden von der Zeit vor dem Einführen einer Gurtpflicht für die Rückbank eines Autos.

Da sich die Fahrt durch meinen Zustand sowieso schon verlängerte, wurden auch keine (Ketten-)Raucherpausen mehr eingelegt, schließlich gab es im Auto Aschenbecher, und lenken konnte man auch mit einer Hand. Die Fenster mussten dabei allerdings geschlossen bleiben, denn meine Mutter bekam schnell einen Zug im Nacken, trotz 35 Grad Außentemperatur. Klimaanlagen gab es noch genauso wenig wie Rückbankgurte. Ich will nicht übertreiben – vielleicht doch –, aber heute würden aufmerksame Mitbürger:innen wahrscheinlich das Jugendamt einschalten.

Auf jeden Fall spüre ich beim Schreiben dieser Passage noch heute eine latente Übelkeit in mir aufsteigen. Natürlich hat die Serpentinen-Challenge auch eine gewisse Abhärtung mit sich gebracht, die ich bei späteren Backpackingreisen oder in manchen Jobsituationen gut brauchen konnte. Auf der anderen Seite der Medaille musste ich mir so etwas wie eine gesunde körperliche Selbstwahrnehmung später unter großen Mühen selbst beibringen …

In diesen Ferien lernte ich also das prämenstruelle Syndrom kennen, ohne den Begriff oder das damit beschriebene Phänomen zu kennen. Mir war noch nicht klar, dass von da an das Auf und Ab der Hormone mein Leben strukturieren würde, zumindest aus Sicht der Medizin – und später auch aus Sicht der Gesellschaft –, sodass sich jedes Verhalten und dessen Deutung irgendwie daraus ableiten ließ. Meistens hinter vorgehaltener Hand, versteht sich, denn ich selbst war in diesen unterschiedlichen hormonellen Zuständen ja nicht wirklich rational ansprechbar: Wenn ich in der Pubertät gegen elterliche Kleidungsvorschriften, erzwungene Kirchgänge oder Ausgehverbote rebellierte – lag das an meinem anschwellenden Hormonpegel. Woran sonst? Wenn ich mit der RAF sympathisierte, zur Anti-AKW-Demo fuhr, zum Tanzen ins Jugendzentrum oder einen Mofaführerschein machen wollte und es darüber einen Riesenstreit gab – war mein hormoneller Ausnahmezustand schuld. Was sonst? Wo doch mein älterer Bruder im Vergleich immer so zurückhaltend und vernünftig war. So vernünftig, dass er schon als Teenager einen Segelflugschein machen durfte und – gern auch mal besoffen – nach Hause kam, wann er wollte.

Schachtelkranz und Torschlusspanik

An meinem 25. Geburtstag wurde die Haustür meiner Eltern (in meiner Abwesenheit) mit einem Schachtelkranz geschmückt. Das ist ein niedersächsischer Ritus, der auf diese subtile Art und Weise auf das gesellschaftlich festgelegte Ablaufdatum für junge Frauen hinweist. Wer mit 25 Jahren nicht unter der Haube ist, gilt als alte Schachtel, die Gefahr läuft, zur Ladenhüterin zu werden. Aus Sicht der Bewohner:innen meiner Heimat war es also höchste Zeit, einen Mann zum Kinderkriegen zu finden. Damals flog ich als Stewardess quer über den Globus, und dabei fiel mir durchaus der ein oder andere Mann in den Schoß, allerdings ohne dass ich danach gesucht hätte.

Während ich auf die 30 zuging, stellte ich einige davon auch meinen Eltern vor. Da es sich um relativ kurze Romanzen handelte, unter anderem mit einem Musiker, einem Tennislehrer und einem Segelprofi, und nicht um den erhofften Piloten oder einen Manager, wurde mir irgendwann eine unreife Neigung zu »verkrachten Existenzen« unterstellt. Die wären ja alle ganz nett, hieß es, aber doch kein »Heiratsmaterial« und überhaupt – dieser häufige Wechsel. Was stimmte denn nicht mit mir? Willst Du jetzt ewig so weitermachen? Eine Erklärung konnte nur sein, dass ich mich in meiner hormonbedingten Torschlusspanik immer wieder dem Falschen an den Hals warf.

Mit Mitte 30 habe ich dann doch noch die Kurve bekommen, inzwischen als freie Journalistin, und erlebte angesichts der ersten Schwangerschaft eine überwältigende Rücksichtnahme, die so weit ging, dass fast alle Aufträge ausblieben, weil mir die Anstrengung nicht zuzumuten war. Und irgendwie hatte sich angeblich auch meine Erzählweise verändert … Vielleicht durch meinen Zustand?

In der Stillzeit war ich sehr viel allein mit meinem Säugling und an manchen Tagen überfordert, aber wenn die Bude dann aussah wie Sau und ich angesichts des Schlafmangels und der Überlastung schnell in Tränen ausbrach, war das nicht der Überforderung geschuldet – sondern der Hormonumstellung. Dieses innere Kopfschütteln und die Zweifel an meiner mentalen Stabilität als junge Mutter wurden natürlich nie ausgesprochen, im Gegenteil. Da war diese übervorsichtige Ansprache, sanft formulierte Vorschläge, Verständnislosigkeit, begleitet von einem verständnisvollen Lächeln – die mich aus dem Stand extrem aggressiv machen konnten. Aus der Sicht meiner Umgebung passte diese Wut wiederum sehr gut zum postnatalen Hormonstatus … Weshalb mir eigentlich niemand richtig zuhörte. In dieser Zeit hatte ich oft ein Lebensgefühl wie unter Wasser bei dem Versuch, mich mit Tauchzeichen verständlich zu machen.

In der Rushhour der Kleinkindphase war ich durch Job und Familie so sehr im Stress, dass ich weder mich selbst noch irgendwelche Meinungen über mich wahrnahm.

Wenig später, ab Mitte 40, rutschte ich in die nächste schwierige Phase, in der mir – ebenfalls unausgesprochen – Probleme mit meinem Alter, meinem Gewicht und/oder mit meinen Gefühlen unterstellt wurden. Zum Beispiel, wenn ich versuchte, mich bei Vertragsverhandlungen oder mit eigenen Ideen durchzusetzen.

Schwer zu sagen, ob es sich dabei um die typische »Mutti-kann-nix« Diskriminierung handelte. Vielleicht hatte mich zu diesem Zeitpunkt auch schon die Prämenopause voll im Griff …

How to set women on fire

Was ist das, die Prämenopause? Der lange Vorlauf zur Menopause. Was passiert da? Zum Beispiel Hitzewallungen, trockene Scheide, plötzliches Erröten oder Schlafprobleme. Eigentlich alles, was auch für die Zeit nach der letzten Regelblutung vorausgesagt wird. Wann das anfängt? Tja, vielleicht erst zwei Jahre vor der letzten Blutung, mit etwas Pech kann es aber auch zehn Jahre vorher losgehen. Das weiß keiner so genau.

Wer diese Phase heil übersteht, wird spätestens ein Jahr vor der letzten Regel von Symptomen durchgeschüttelt. Denn dann beginnt die Perimenopause – der High Noon der Wechseljahre, sozusagen. In dieser Zeit läuft der Zyklus endgültig aus dem Ruder, die Blutungen bleiben aus oder sind extrem stark, die Brüste schwellen an, und manche Frauen schwemmen im Ganzen auf, weil sie überall Wasser einlagern.[35]

Rund zwölf Monate *nach* der letzten Regelblutung beginnt die Postmenopause, und dann werden unter Umständen die Knochen oder die Haut durch die abstürzenden Hormone porös – ganz zu schweigen von der Psyche. Wem das nicht reicht – was Symptome betrifft, wären da zum Beispiel noch vermindertes Reaktionsvermögen oder nachlassende motorische Geschicklichkeit im Angebot. Hm. Wohlgemerkt – all das kann, es muss aber nicht passieren. Trotzdem klingt es so, als sollte man uns den Führerschein abnehmen.

Obwohl ich lediglich Infos aus Artikeln und Interviews zusammenfasse, scheint es vielleicht so, als würde ich heillos übertreiben. Aber das kann mir keiner übel nehmen, denn das *Drama Department* gehört angeblich auch in diese Zeit, sodass ich mich beim Ausrasten auf das genervte Verständnis meiner Umgebung verlassen kann. Wenn man schon zur Zumutung wird, dann aber auch richtig. Finde ich. Nach dem Motto: Ist der Ruf schon ruiniert, leidet es sich ungeniert.

Habe ich schon erwähnt, dass sich diese letzte Phase theoretisch über zehn bis 15 Jahre erstrecken kann? Mal schnell alles zusammenaddiert, kommt man auf einen Zeitraum von 25 Jahren zwischen 40 und 65, in denen wir potenziell gehandicapt sind. Eigentlich umfasst diese Zeitspanne die kreativsten und produktivsten Jahre unseres Lebens, weil der größte Kleinkindstress hinter uns liegt und wir uns wieder auf unser Können und auf eigene Ziele fokussieren können. Endlich paart sich Kompetenz mit Lebens- und mit Berufserfahrung. Stattdessen droht hier angeblich eine Abbruchkante.

Nach Pubertät, Torschlusshormonpanik und zwei Schwangerschaften befinde ich mich jetzt mitten in einer 25 Jahre langen Phase als Mängelwesen, das von allen möglichen Krankheitszeichen geplagt wird. Eine Liste von über 30 Symptomen, die zusammengenommen ausreichen, um für längere Zeit auf einer Intensivstation zu landen. Angesichts dieser Drohkulisse könnte ich von Ohnmachtsgefühlen überwältigt in einen vegetativen Alarmzustand gleiten. Was natürlich wiederum als Wechseljahressymptom gilt. Wer kann da am Ende noch unterscheiden zwischen den psychologischen und kognitiven Schäden, die solche Szenarien auslösen, und den Folgen eines Hormonmangels?

Die allgemeine Alarmbereitschaft beim Thema Wechseljahre löst in mir den Wunsch aus, ab und zu ein Schild hochzuhalten, auf dem eine weitere wichtige Statistik verkündet wird: »Rund ein Drittel der Frauen durchschreiten die Wechseljahre **ohne Beschwerden.** Bei einem weiteren **Drittel** sind die Symptome der Wechseljahre so leicht, dass die Frauen **keine Behandlung** für nötig halten.«[36]

Ich sehe ein, dass die Medizin alle Wahrscheinlichkeiten benennen muss, nicht nur, um die eigenen Statistiken sinnvoll zu führen, sondern auch, um Fehldiagnosen zu vermeiden. Für Ärzt:innen und Hilfe suchende Frauen ist es beruhigend zu wissen, dass beispielsweise hinter vermehrtem Stolpern und kognitiven Lücken im Alter ab 40 nicht gleich ein Hirntumor stecken muss. Aber vielleicht sind diese Zeittabellen nicht unbedingt geeignet, um sie unkommentiert den Medien und der Industrie zu überlassen, die damit nebenbei das uralte Klischee von der schwitzenden und zänkischen Frau neu befüllen, diesmal wissenschaftlich fundiert und mit nahezu unendlicher Ausweitung der Gefahrenzone: Bis zu 25 Lebensjahre, in denen allein in Deutschland rund acht Millionen Frauen ins Visier der Pharmariesen geraten – die geübt und gewieft darin sind, Frauen in jeder Phase ihres Lebens an irgendetwas kränkeln zu lassen.

Fraglos ist eine umfassende Aufklärung rund um die Wechseljahre wichtig und überfällig, endlich dominieren Ärztinnen mit ihrer Expertise zur Gendermedizin die Debatten. Trotzdem habe ich im Schwung der Kampagnen den Eindruck, dass sich ungewollt ein Bild verfestigt, wonach Frauen wieder auf ihre Körper und scheinbar unkontrollierbaren »Körpersäfte« zurückgeworfen werden. Wie lässt sich verhindern, dass ein umgekehrter Effekt entsteht, durch den vor allem ältere Frauen nur noch mit dieser Übergangszeit und ihren wechselnden »Zuständen« identifiziert werden? Was ist mit ihren beruflichen, ihren gesellschaftspolitischen, ihren familiären Rollen? Die britische Kulturhistorikerin Elinor Cleghorn beschreibt in ihrem Buch »Die kranke Frau«, wie die Medizin im Laufe ihrer Geschichte »das Frausein und den Frauenkörper so massiv pathologisiert, dass die Unpässlichkeit der Frau in Gesellschaft und Kultur zum Normalzustand wurde«.[37]

Chiacracker oder Cremant

Die Wechseljahre- und Ernährungsberaterin, der ich in einem der Podcasts für ältere Frauen lausche, erzählt, dass sie zum Frühstück eine Schüssel mit selbst fermentiertem Spinat, ein paar Chiacracker und ein Stück dunkle Schokolade gehabt habe. Sie meide Restaurants und Essenseinladungen, weil ihre Ansprüche an das Essen sich selten mit dem Angebot überschnitten. Man will ja auch keine Gastgeber:in überfordern. Und da die Wachstumshormone, die die Erneuerung unserer Haut- und Haarzellen steuern, nur im Schlaf ausgeschüttet werden, geht die Expertin um 21 Uhr ins Bett. Auch am Wochenende. Damit entfallen wohl auch die meisten Veranstaltungen. Konzerte? Theater? Tanzen? Kino oder Home Cinema? Ein Abend mit Freund:innen?

Mag sein, dass man mit dieser Art Selbstgeißelung länger lebt und besser aussieht – aber, wofür noch mal? Für ein Leben wie im Seniorenheim?

Die Wechseljahre-Expertin verdient mit ihren Beratungen inzwischen gut Geld, zu Recht, wie viele ihrer Kolleginnen auch, und sie wurde in einem Wechseljahre-Podcast interviewt. Die vielen verschiedenen Angebote zur Beratung und ein Format, das sich ausschließlich den Wechseljahren widmet – all das wäre vor einigen Jahren undenkbar gewesen. Eine sensationelle Entwicklung, wenn man bedenkt, dass das Thema bis dahin mehr oder weniger unterm Ladentisch gehandelt wurde. Aber inzwischen kann ich kaum noch eine Apotheke betreten, ohne dass mir mindestens eine MineralstoffEnzymBiotinYamswurzelGinkgoNachtkerzenölMönchspfefferMischung unter die Nase gehalten wird. Um meine Vitalität oder meinen Nervenstoffwechsel zu boostern – für läppische 49,90 die Packung. Das sind fünf Flaschen Crémant oder eine 45-Minuten-Massage … Ich weiß, wofür ich mich entscheiden würde.

Die weibliche Biologie ist ein Selbstbedienungsmarkt für Profiteure, die es schaffen, Frauen entweder Angst oder irgendeinen Mangel einzureden – im Hintergrund immer das Versprechen: Du könntest dich so viel jünger fühlen und so viel jünger aussehen, wenn du es nur – bezahlen – wolltest! Nicht nur Schönheit, sondern auch Alter ist ab jetzt ein selbst gewähltes Schicksal und nichts, womit man leben muss.

Ich habe zurzeit immer öfter das Bedürfnis, beide Mittelfinger gleichzeitig auszufahren, wenn jemand mein Verhalten oder meine Wahrnehmung mit einem Hormonbild erklären möchte. Was bestimmt mit dem Überschuss an Testosteron zusammenhängt, der seit der Menopause durch mein Blut rauscht … Gut möglich, dass ich mich in einer Filterbubble aus aufgeklärten Ü-40erinnen bewege, aber meine gelegentliche Gereiztheit wird zurzeit vor allem von einem Overload an Informationen zu den Wechseljahren getriggert. Überfordert fühle ich mich aber nicht von den vielen neuen Fakten und den Aktivistinnen, die großartige Arbeit leisten, sondern von dem Tempo und der Ausschließlichkeit, mit der diese Aufklärungswelle alles andere überrollt. Als gäbe es ab Mitte 40 keine anderen Probleme oder Missstände.

In meinem Job und in meiner Peergroup ist es kaum möglich, den Social-Media-Accounts, den Podcasts, den Workshops, den Kampagnen und Dokus zu entkommen, die anklagen, aufklären, fordern, und ich beobachte viele Frauen, die sich endlich eine angemessene Lebensqualität zurückerobern und vom Arbeitgeber Rücksicht verlangen, wenn die Wechseljahresbeschwerden einen normalen Arbeitsalltag unmöglich machen. Als Feministin macht mir jedoch gerade diese Fokussierung auf körperliche Bedürfnisse und Beschwerden von älteren Frauen Sorgen, denn der Gender Care Gap, die Lohn- und die Rentenlücke bleiben davon unberührt. Ich frage mich, ob wir uns vielleicht in diesem Raum verlieren, auch in der Wahrnehmung durch die Politik und die Gesellschaft, statt gegen eine chronische Schräglage zu rebellieren, die unsere Lebensqualität auch ohne Hormonmangel deutlich und nachhaltig verschlechtert.

Meine Ambivalenz bei diesem Thema hängt aber nicht an den Missständen selbst, die zweifelsohne auf beiden Seiten da sind, sondern an der medialen Vermittlung.

Zeit für eine faktengestützte Eloge auf die Wechseljahre reloaded!

Die überfällige Revolution

Es ist ein Skandal, dass Wechseljahre im Medizinstudium faktisch keine Rolle spielen. Dass Medizinstudent:innen nichts darüber erfahren, welche atypischen Symptome – von Haarausfall über Gelenkschmerzen bis Herzbeschwerden – durch ein Hormonungleichgewicht ausgelöst werden können. Die Anhaltspunkte für einen Wechseljahreschub schwanken ebenso wie die Hormone, und es braucht manchmal einen geschulten Adlerblick, um die Strukturen im Chaos zu erkennen.

Als bei mir nach einer langen Pause plötzlich wieder heftige Blutungen auftraten, habe ich zunächst einen Abstrich machen lassen müssen und ein endlos langes Wochenende darüber gegrübelt, was eine Krebsdiagnose für meine Familie und meinen Job bedeuten würde. Bis das Ergebnis zurückkam und klar wurde, dass es sich um eine Hormonschwankung handeln musste. Offenbar war mein Zyklus noch einmal angesprungen, meine Gebärmutter hatte auf Empfängnisbereitschaft umgestellt, und dann kamen besonders starke Abbruchblutungen. Mit der richtigen Aufklärung hätte ich mir das Katastrophen-Kopfkino ersparen können.

Um sich und den eigenen Körper besser zu verstehen, verweise ich auf die wenigen Jeanne d'Arcs der Aufklärung wie die Präsidentin der deutschen Menopause Gesellschaft Dr. Katrin

Schaudig oder Anke Sinnigen, die die Plattform »wexxeljahre« gegründet hat, oder Dr. Sheila de Liz, die ebenfalls ein Standardwerk über die Wechseljahre geschrieben hat.

Leider müssen die betreuenden Frauenärzt:innen oft selbst in ihre Weiterbildung investieren, und nicht jede hat dafür Zeit und Ressourcen – oder bringt genug Idealismus auf, der vom System nicht belohnt wird. Im Gegenteil. Es erfordert viel Zeit und Empathie, um sich in das Leben der Patientin einzuarbeiten: Lebensumstände, Beziehung, Familie, Beruf, Stressfaktoren … Grundlage sind zunächst mal lange Gespräche. Für die eine niedergelassene Ärztin nicht mal zehn Euro abrechnen kann. Jede Investition in ein Gerät wie Ultraschall oder Röntgen bringt deutlich mehr Geld. Ärztinnen, die von ihrer Arbeit leben möchten, sind gezwungen, diese Beratungen als IGeL-Leistung anzubieten. Auch diese Tatsache ist eine Zumutung für alle Patientinnen, denn so wird nebenbei ein Zweiklassensystem etabliert: Die Lebensqualität Ü-40 hängt an den finanziellen Möglichkeiten der jeweiligen Frau.

Aus der Zumutung wird ein Skandal, wenn man gegenüberstellt, wie fürsorglich unser Gesundheitssystem Potenzprobleme behandelt. Sämtliche Kosten für die Diagnose einer erektilen Dysfunktion werden von den gesetzlichen Krankenkassen übernommen – Leistungen wie Beratungen, Röntgenbilder oder Laboruntersuchungen.

Eine ältere Frau, die unter Libidoverlust leidet, bekommt als Reaktion oft ein verschämtes Schulterzucken. Sofern sie sich überhaupt traut, ihr Anliegen in Worte zu fassen. Vielleicht hängt diese Praxis mit dem patriarchalen Fokus auf Penetration zusammen und mit der Gewissheit: Unlust auf weiblicher Seite ist kein mechanisches Hindernis für den Akt des Eindringens, während eine fehlende Erektion diese Sexvariante unmöglich macht. Nebenbei: Penetration ist nur eine Spielart partnerschaftlichen Sexes, und – Stichwort »Orgasmus Gap« –

bei Oralsex nähert sich die Orgasmuswahrscheinlichkeit für die Frau hundert Prozent an. Bei penetrativem Sex liegt die Quote bei 18 Prozent …

Das Augenmerk des Systems konzentriert sich also auf die Erektionsfähigkeit des Mannes und damit auf den vermeintlichen Verlust der Männlichkeit, während Frauen bei Verlust ihres Begehrens nicht auf fachlich-adäquate Hilfe hoffen können. Ganz zu schweigen von anderen massiv lebenseinschränkenden Symptomen wie Depressionen oder Rheuma, die ebenfalls mit Hormonchaos zusammenhängen können.[38]

Vielleicht hängt es mit der Erwartung an Frauen zusammen, die oft selbst der Meinung sind, dass alle Symptome und Leiden im Zusammenhang mit ihrer Fruchtbarkeit und Nicht-mehr-Fruchtbarkeit schicksalhaft zu ihrem Dasein als Frau gehören. Die sie allein meistern und irgendwie aushalten müssen.

Tatsächlich werden Frauen als Patientinnen auch außerhalb der Gynäkologie grundsätzlich anders wahrgenommen als Männer. Obwohl sie unter einer größeren Schmerzempfindlichkeit leiden, wird Schmerz bei Frauen »eher als konstruiert oder übertrieben wahrgenommen«. Passend dazu bekommen sie auch seltener passende bzw. ausreichende Medikamente verschrieben.

Eva macht's vor

Während sich so mancher Mann vor einer Zahnreinigung eine Betäubungsspritze geben lässt, wird die Leidensfähigkeit von Frauen ihrer biologischen und seelischen Grundausstattung zugeschrieben. Vielleicht schimmert hier immer noch die biblische Strafe für den Sündenfall durch? Herausgefallen aus dem Paradies, weil sie dem Apfel, der Erkenntnis, nicht widerstehen konnte, soll Eva und mit ihr das ganze weibliche Geschlecht in Zukunft »unter Schmerzen gebären«. Das hat sie nun von ihrer dreisten Sinnlichkeit.

Mit etwas Lust am Weiterspinnen ist nicht schwer zu erraten, was mit Eva passiert wäre, wenn sie ein paar Geburten lebend überstanden und das für damalige Verhältnisse biblische Alter der Wechseljahre erreicht hätte. Unter Umständen wären Wechseljahresbeschwerden dann nichts anderes als die gerechte Strafe gewesen, diesmal nicht für zu viel, sondern für zu wenig Erotik – und für Evas »Nutzlosigkeit« als unfruchtbare Frau.

Das ist natürlich reine Spekulation, aber es fällt auf, dass von Frauen im Klimakterium bis heute erwartet wird, tough und still zu leiden, um ihre sensiblen Mitmenschen zu schonen, die sich schwertun mit den Nebenwirkungen von Alterungsprozessen. Viele Frauen wollen daraus »keine große Geschichte« machen – eine der Qualifikationen für eine »Powerfrau« (die Idiotie dieses Begriffs erschließt sich, wenn man ihn umgekehrt auf Männer anwendet: Powerman – Batman oder Hulk?). In dieser Rolle ist sie der spiegelbildliche Gegenentwurf zum Klischee von der jammernden Alten.

Stilles Abhärten wurde auch mit der Nazi-Ideologie zur weiblichen Tugend erklärt. Deutsche Mütter sollten kampfbereite Soldaten großziehen. Wenn das Kind schrie, lautete der Rat: »Dann, liebe Mutter, werde hart!« Der Ratgeber der nationalsozialistischen Ärztin Johanna Haarer »Die deutsche Mutter und ihr erstes Kind« gehörte bis in die 80er-Jahre des letzten Jahrhunderts zu den Standardwerken in der Säuglingspflege. Das Bild einer Mutter, die das Schreien ihres Säuglings bewusst ignoriert, birgt die Vorstellung, dass sie verweichlicht, sobald sie den Bedürfnissen ihres Kindes nachgibt – und damit auch ihrem eigenen Wunsch nach emotionaler Nähe zum Kind. Diese verhärtete Mutter hat folglich auch die Qualen einer Geburt möglichst stoisch zu ertragen.

Dieser verquere Anspruch lässt sich möglicherweise auf einen weiteren, noch älteren Irrglauben zurückführen: Ende des vorletzten Jahrhunderts (ab 1870) wurden Tausende von sogenannten Hysterikerinnen in die Nervenheilanstalten und Krankenhäuser Europas eingewiesen. Da man keine organischen Ursachen für das Leiden fand, wurde den Frauen Simulation unterstellt, was wiederum als Beleg für ihre Unglaubwürdigkeit betrachtet wurde.[39]

Dieses Zerrbild scheint bis heute nachzuhallen, denn es gibt mehrere Studien, die belegen, dass Frauen im Vergleich zu Männern weniger angemessene Schmerzbehandlungen erhalten, bei ähnlichen Symptomen und insbesondere bei chronischen Schmerzen, weil ihnen aufgrund geschlechtsspezifischer Stereotype unterstellt wird, dass die zu Übertreibung neigten.[40]

In der gleichen Tradition bewegen sich die Ratschläge von vielen Gynäkolog:innen, die ihre älteren Patientinnen mit dem Satz nach Hause schicken: »Da müssen Sie jetzt durch«, wenn diese sich mit Wechseljahressymptomen vorstellen. Warum eigentlich? Weil das Leiden jetzt nicht mal mehr einen »reproduktiven« Sinn mit sich bringt wie die Wehen bei einer Geburt?

Dazu passend sind manche Frauen durchaus stolz darauf, die Symptome der Hormonumstellung ganz ohne Medizin zu bewältigen. Wahrscheinlich nicht ahnend, dass diese Haltung möglicherweise ein Stück Lebensqualität kosten kann, wenn die Frauen als Folge des Hormonmangels Rheuma oder Diabetes entwickeln.

Zur Wiederholung: kann. Nicht muss. Auf der anderen Seite gibt es bisher keine Studien zu den Langzeitwirkungen einer Hormonersatztherapie. Das alles entspricht dem Wissensstand heute und sollte im Gespräch mit Expert:innen abgewogen werden, die über die feinen Verästelungen der verschiedenen Therapien viel mehr wissen als ich.

Sind das die Wechseljahre oder: Ist das Leben ein Arschloch?

Es sind naturgemäß nie Mütter mit kleinen Kindern, die den Weg in die Praxis der Wechseljahre-Expertin Dr. Anne Scheffler-Gumm finden. Deshalb staunte die Ärztin nicht schlecht, als eine Patientin vor ihr saß, die einen Säugling im Arm hielt. Eine Patientin mit Wechseljahressymptomen. Die Frau hatte keine Fruchtbarkeitsbehandlung hinter sich, und das Kind war auch nicht adoptiert.

Die Geschichte hinter dieser ungewöhnlichen Begegnung war eine Liebesgeschichte. Die frischgebackene Mutter hatte nach einer langen Beziehung mit anschließender Trennung einen anderen Mann kennengelernt. Eine neue Liebe, die ihren Hormonhaushalt so weit durcheinandergewirbelt hatte, dass ihr Körper praktisch einen Reset gemacht und die letzten vorhandenen Eier aktiviert hatte. Die Frau war mit Mitte 40 noch mal schwanger geworden, direkt danach kam die Abbruchkante – und sie rutschte mit Volldampf in die Wechseljahre.[41]

Daraus lässt sich folgende These ableiten: Wenn so eine Verliebtheitsphase eine Frau aus dem Stand hormonell verjüngen kann, dann müssten umgekehrt schwierige Ereignisse und Lebensumstände das Gegenteil auslösen.

In der Lebensphase mit Teenagerkindern zu Hause, jüngerer Konkurrenz im Job, möglicherweise einer Trennung, die mit der Sorge um hilfsbedürftige Eltern zusammenfällt, ist im Leben einer Frau auch ohne Hormonschwankungen schon die Hölle los. Mit den entsprechenden Folgen für Gemüt, Körper und Gesundheit – von Schlaflosigkeit über erhöhten Blutdruck bis hin zu einer handfesten Depression, die von der Frau unter Umständen als Wechseljahressymptome gelesen werden. Zumindest berichten Gynäkologinnen häufig von Patientinnen, die im ersten Gespräch eine Selbstdiagnose stellen: »Mir geht's scheiße, ich glaube, das sind die Hormone.« Die entsprechenden Tests liefern dann aber kein passendes Ergebnis. »Es gibt immer mehr Frauen, die glauben, alle Probleme in ihrem Leben hängen an den Hormonen«,[42] bestätigt die Expertin Katrin Schaudig. Ein Scheißjob, miese Bezahlung, rebellierende Teenager oder ein:e Egoist:in als Partner:in lösen sich aber nicht in Wohlgefallen auf, nur weil wieder Östrogene gebildet werden.

Es gehört zur ganzen medizinischen Wahrheit, dass Frauen, die nicht nur darauf ausgerichtet sind, immer zuerst die Bedürfnisse aller anderen zu erfüllen, auch besser mit eventuellen Wechseljahresbeschwerden umgehen können. In diesem Sinne bedeutet Vorbeugung in Bezug auf die Wechseljahre, dafür Sorge zu tragen, dass die Familienarbeit und die emotionale und organisatorische Betreuung der Kinder nicht an einem allein kleben bleibt. Denn zu den Folgeschäden gehört nicht nur wirtschaftliche Abhängigkeit vom Partner, fehlende Wertschätzung zu Hause und draußen, sondern auch eine ungeheure Wut. Nicht nur auf alle anderen, die gern auf die mütterliche Aufopferungsbereitschaft vertrauen, sondern auch auf sich selbst. Dass man den ganzen Scheiß mitmacht. Oder, im schlimmsten Fall rückblickend, über Jahrzehnte mitgemacht hat. Nach so einer langen Strecke reicht allein diese Wut aus, um vielleicht sogar ernsthaft krank zu werden. Für Herzrasen, Schwindel oder Heulanfälle reicht es in jedem Fall immer.

Vielleicht sind solche Symptome auch die adäquate Reaktion auf existenzielle Ängste? Auf die Frage: Was passiert, wenn ich mich trenne? Auf eine unfaire Arbeitsteilung, verpasste Jobchancen, drohende Altersarmut, auf fehlende Wertschätzung im Job, zu Hause. Auf den ewigen elterlichen Machtkampf: Wer darf seine beruflichen Pläne verfolgen, oder auch nur: Wer darf am Wochenende mal allein raus?

Es ist nicht immer sinnvoll, das Problem im eigenen Hormonhaushalt zu suchen, wenn sich die beratende Frauenärztin schon bei der Schilderung der Lebensumstände fragt: Warum lässt sie sich das gefallen?

Wutmamis oder: Naschen am Büfett

In jedem Urlaub in einem Hotel suche ich mir meine Lieblingswutmama aus und beobachte sie heimlich. Manche Frau, die zu Hause allen den Po hinterherträgt, merkt vor allem im Urlaub, dass sie ihr Leben verwirkt hat. Weil sogar die Aushilfskräfte am Frühstücksbüfett mehr Pausen haben als sie. Im Alltag ist die 80 zu 20 Arbeitsteilung zu ihren Ungunsten oft nicht sichtbar, aber wenn sie das Kleinkind zum dritten Mal umziehen und eincremen muss, die Windel wieder voll ist und das Geschrei groß, weil es keine Pfannkuchen gibt …, während alle anderen um sie herum friedlich am Strand herumlungern oder entspannt ihre Cocktails schlürfen, fällt die ständige Care-Arbeit auch anderen auf. »Wie gut, dass ich das hinter mir habe«, höre ich oft von meinen Miturlauberinnen. Manche denken auch: »Selbst schuld, wenn die mit so kleinen Kindern in Urlaub fährt.« Komischerweise denken die wenigsten: »Wo ist denn der Vater, damit die Mutter mal chillen kann?« Weil die meisten intuitiv wissen, wer von den beiden zu Hause für (fast) alles zuständig ist und was passiert, wenn der Vater dann trotzdem versucht, das Kind zu beruhigen – und genauso kommt es auch in diesem Fall: im Restaurant eines großen Hotels, in dem alle zum Büfett hin- oder von dort zurückströmen. Das Kind eines französischen Paares hat einen dieser Wutanfälle, Hunger oder Übermüdung oder Überforderung oder alles zusammen, bei dem es nicht sagen kann, was es will, außer, dass die Mutter bei ihm bleiben und als Liebesbeweis diese chaotischen Gefühle aushalten soll, bis es sich wieder in den Arm nehmen lässt. Eine lange und laute Prozedur, die nicht alle anderen Gäste gelassen hinnehmen, was die Eltern zusätzlich unter Druck setzt.

Die Mutter macht sich auf den Weg zum Büfett, worauf das Kind noch lauter nach ihr schreit, der Vater bietet ihm etwas zu essen an, aber darum geht es jetzt nicht, also klettert die Kinderstimme noch eine Oktave höher, sodass die Mutter mit einem viertel vollen Teller zurückgeeilt kommt. Diese Szene wiederholt sich bei fast jeder Mahlzeit, auch am Pool darf sie sich kaum entfernen, am Strand kann sie nur mit Kind ins Wasser.

Es ist nicht zu übersehen, wie die Dynamik des Paares sich im Laufe der Urlaubstage verändert, dass die Mutter immer öfter mit angespanntem Gesicht auf ihren Teller starrt, das Paar sich anschweigt. Das Kind spürt die Anspannung zwischen den beiden und wird noch ängstlicher, was wiederum die Frequenz der Schreianfälle erhöht.

Irgendwann versucht die Mutter gegenzusteuern und in einer Art Crashkurs das ihr anhaftende Kind an den Vater zu heften. Sie probiert eine Umkehr der traditionellen Arbeitsteilung in diesem Urlaub zu erzwingen, um endlich Zeit und Raum für sich zu haben. Sie übersieht bewusst die genervten Blicke der anderen Gäste und setzt eine verschlossene Miene auf, die zu sagen scheint: »Sprich mich ruhig an, aber sei auf alles gefasst …« Irgendwann zieht sie allein ihre Bahnen im Pool, an allen anderen vorbei, während das Kind irgendwo nach ihr schreit, ein Blick wie Stahl … Sie geht allein an den Strand, und später lässt sie das Kind im Restaurant am Boden neben dem Stuhl des Vaters sitzen, nach »Maman« schreiend. Der Vater rotiert und blickt sich entschuldigend um. Zu diesem Zeitpunkt scheint bei »Maman« bereits ein wenig Rache mitzuschwingen. Ihre demonstrative Sanftmut wirkt angesichts seiner Hilflosigkeit fast provokativ. Sie geht allein und gefasst zum Büfett, lässt das Geschrei hinter sich.

Und dort treffe ich sie. In einer Lücke zwischen zwei verlassenen Büfetttischen, an der Wand lehnend, neben sich kleine Teller mit verschiedenen Vorspeisen. Ich sehe fasziniert zu, wie sie eine nach der anderen genussvoll verzehrt. Ich muss schmunzeln. Sie hebt den Blick vom Teller, sieht mich an, begreift, dass ich auf Anhieb verstehe, wir beide lachen – und grüßen uns von da an bei jeder Begegnung im Hotel mit einem augenzwinkernden Grinsen. Ich bin ihre heimliche Komplizin, wir beide gegen den Rest der Hotelgäste, während sie sich ein wenig aus der Aufopferung für das Kind befreit und die Schonhaltung gegenüber ihrem Partner abschüttelt.

Gut möglich, dass diese Französin am ersten Tag nach dem Urlaub wieder in ihre alte Rolle zurückgekippt ist. Vielleicht hat sie aber auch ihr Leben umgekrempelt und ist nun den ganzen Tag aus dem Haus, während ihr Partner den Job zurückgefahren hat und das Kind irgendwann nach »Papa« schreit. Das ist zumindest meine Fantasie.

Ich könnte auch schreiben: meine Sehnsucht. Oder meine innere Exit-Option, denn es fällt mir angesichts des Dauerbrenners »faire Aufgabenverteilung im Alltag« zunehmend schwer, nicht auszurasten. So wie bei einem Dutzend weiterer Themen, die sich durch die Jahrzehnte schleppen. Eigentlich gibt es aber auch gar keinen Grund für Zurückhaltung. Mittelalten Frauen wird ja sowieso unterstellt, dass sie zur Furie neigten, also können wir das Klischee auch gleich vollständig ausfüllen und unsere gerechte Wut kultivieren. Um endlich mal mehr als ein paar Trippelschritte nach vorn zu kommen. Oder, in den schlichten, aber umso kraftvolleren Worten von Pink: *»I wanna get in trouble, I wanna start a fight.«*

3 BIN ICH_WÜTEND?

Who run the world? Girls?

In Island steht die Welt still: geschlossene Banken, Schulen und Kitas; Krankenhäuser und Pflegeheime im Notbetrieb. Sogar die damalige Ministerpräsidentin schließt sich an. Der bisher größte Streik dieser Art, ein 24-Stunden-Streik der Frauen rockt das ganze Land, die Hälfte aller Bürgerinnen ist auf den Beinen. Übertragen auf Deutschland wären das über 20 Millionen streikende Frauen.

Und das in einem Land, das die Gleichstellung gleichsam zur Vollendung geführt hat: Island wird vom Weltwirtschaftsforum jedes Jahr zum Spitzenreiter beim Thema Gleichstellung gewählt, seit 14 Jahren: der höchste Anteil arbeitender Frauen, Vorreiter bei der geteilten Elternzeit und der Frauenquote für Vorstände.[1]

Trotzdem sind die isländischen Frauen stinksauer. Diese Wut hat sie nicht nur zu den Pionierinnen der weltweiten Emanzipation gemacht, sondern zu den *Breaking News* rund um den Globus. An einem sonnigen Tag im Oktober 2023, während die Medien über einen neuen Flächenbrand im Nahen Osten berichten, lenken die Frauen von Island die weltweite Aufmerksamkeit für eine Weile auf die Straßen von Reykjavík, wo Ärztinnen, Pflegerinnen und Verkäuferinnen zu Beyoncé die Massen rocken: »*Who run the world? Girls!*«

Die Kinder auf den Schultern der Väter, die als Zaungäste dabei sein dürfen, werden diesen historischen Tag nicht vergessen, weil sie die Hauptstadt ihrer legendär abgeschiedenen und wilden Insel noch nie so erlebt haben. Ein Meer von lachenden, wütenden, vibrierenden Frauen.

Ich war sicherlich nicht die Einzige, die grinsend und staunend vorm Bildschirm saß – denn diese Bilder gingen einmal um den Globus. Unter anderem, weil die Weltlage zu dieser Zeit kaum Aufbauendes zu bieten hatte.

Zur gleichen Zeit war die Revolte der Frauen im Iran abgeflaut, nachdem das Regime sie mit größtmöglicher Brutalität niedergeschlagen hatte. Aber die Wut schwelt weiter, bis heute. Ich bekomme immer wieder Symbolbilder in meine Timelines gespült, für die eine Frau alles riskiert, wie das einer jungen Frau ohne Kopftuch, mit bunt gefärbten Haaren, die den haushohen Bildern der Religionsführer an den Hauswänden beide Mittelfinger entgegenstreckt. Von dort sind es nur zwei Klicks zu den Videos des Volksaufstands im Herbst vor zwei Jahren, der bis in alle Provinzen reichte. Frauen. Leben. Freiheit. Beobachtende glauben, dass der Iran einem Pulverfass gleicht, dass ein Funke genügt, um die Frauen wieder auf die Straße strömen zu lassen, eine Verhaftung, eine Ermordung oder Hinrichtung. So wie im September 2022, manchmal schwelge ich für einen Moment in diesen Bildern, um mich inspirieren zu lassen von dem Mut, der Kraft und der Wut: In den Straßen Irans reißen sich Frauen den Schleier von den Köpfen und laufen singend durch die Straßen, sie fahren mit wehender Mähne Motorrad, obwohl ihnen das sogar *mit* einem Schleier verboten ist. Eine Studentin stellt sich an einer Kreuzung auf ein Auto, johlt und tanzt, voller Wut und Lebensfreude – bis sich ein Auto mit Sittenwächtern nähert, die herausspringen und die Solodemonstrantin mit brutaler Wucht herunterzerren. Im Gegensatz zu ihren Peinigern hat die junge Frau keinen Gummiknüppel, um zurückzuschlagen. Ihre Waffe ist das Video, das in der einen Minute entstanden ist, in der sie allen Mut zusammengenommen hat, um auf ein Autodach zu springen, so wie andere Mitstreiterinnen ihre Schleier verbrannt haben oder fluchend, mit wehenden Haaren, auf einem Motorrad einen Wagen der Sittenpolizei überholen. Lauter Videos, die viral gingen und sicherlich viele andere ermutigt haben, sich dem Regime entgegenzustellen.

Was würde wohl passieren, wenn man die Frauen im Iran mit Waffenlieferungen unterstützen würde und die junge Frau im Video auf einem Panzer tanzen könnte, den sie selbst steuert? Um danach in aller Seelenruhe das Zielrohr auf einen Sittenwächterkonvoi zu richten und einen Warnschuss auf der Haube zu platzieren. Und danach vielleicht einen Treffer … Die Frage bleibt rhetorisch, weil Frauen selten mit Waffen ausgestattet werden, geschweige denn Polizeischaften oder Heere befehligen. Schon gar nicht im Nahen Osten.

Die übergreifende Frage wäre: Sollten sich die Lebenswelten von Frauen und Männern weltweit weiter angleichen – wird es dann so weit kommen, dass genauso viele Frauen im Gefängnis landen oder Kriege und Genozide anzetteln wie Männer? Würden wir auch unter gleichgestellten Bedingungen das friedfertigere Geschlecht bleiben? Wenn es gut läuft, wissen wir in rund 150 Jahren mehr.

In der Zwischenzeit könnte der friedfertige Zorn beider Bewegungen, auf Island und im Iran, Inspiration und Vorbild werden für den Rest der Welt. Für eine kreative und entschlossene Wut, die ohne Waffen auskommen muss und trotzdem ganze Länder auf den Kopf stellt. Wenn mir im Job oder im Alltag manchmal der Mut fehlt, mich durchzusetzen oder abzugrenzen, vertiefe ich mich eine Zeit lang in die iranischen oder isländischen Videoclips im Netz.

Bis wir wissen, ob Frauen anders vorgehen würden, wenn sie über Waffen und Ressourcen verfügten, ob sie aus Wut kämpfen, unterdrücken, morden würden, könnten wir uns dem Gefühl an sich annähern und es uns zurückholen, uns mit ihm versöhnen, es vielleicht sogar produktiv nutzen? Nachdem es so oft für patriarchale und gewalttätige Zwecke herhalten musste – und gegen uns gerichtet war.

Wut ist ein überlebenswichtiges Gefühl, auf das Frauen nicht verzichten sollten, wenn sie Vorzüge genießen wollen, wie die Psychologieprofessorin und Wutforscherin Ursula Hess sie beschreibt: »Wo Wut auf ein Problem fokussiert ist, hat sie sehr viel positive Energie und gibt uns die Kraft, den Willen und den Optimismus, ein Problem zu lösen.«[2]

Robbis Wutmonster

Eines der Lieblingsbücher meiner Kinder hieß »Robbi regt sich auf« und handelt von einem Jungen, der wutgeladen aus der Kita nach Hause kommt und vom Vater aufs Zimmer geschickt wird, weil er so aggressiv ist. Allein in seinem Raum, entlässt Robbi den Wutanfall mit einem lauten Schrei als rote Riesenwolke aus seinem weit geöffneten Mund, und schwups verwandelt sich die Wolke in ein großes rotes Wutmonster, das rot lodernd vor ihm steht und fragt, was nun für ihn zu tun sei. Robbi lässt dem Monster freien Lauf und sieht zu, wie es langsam, aber sicher schrumpft, während Spielzeuge zerlegt und Regale umgekippt werden. Am Ende passt das Wutmonster in eine kleine Box und findet seinen Platz im Regal. Das Robbi wieder aufbaut. Plötzlich ist da Mitgefühl für all die Gegenstände und Spielzeuge, die das Wutmonster lädiert hat, und Robbi ist erschöpft, aber friedlich. Während ich das Buch vorlas, konnte ich fühlen, wie meine Kinder Robbis Anfall inklusive Erlösung mit durchlitten und sich ihre Muskeln anspannten und entspannten.

Beim Vorlesen fiel mir zunächst gar nicht auf, dass es sich bei Robbi vielleicht nicht ohne Grund um einen Jungen handelt … Ich erinnere mich an Hunderte von Szenen auf Spielplätzen, Kindergeburtstagen, in der Kita, auf dem Pausenhof und in vielen Urlauben, in denen ich kleine und größere Jungs beobachten konnte, wie sie ihr Wutmonster befreiten und dabei nicht nur gegen Türen traten oder Tennisschläger zerlegten, sondern auch andere Kinder verschreckten. Wutzwerge, die mit ihrem Körper andere Kinder unter sich begruben oder Erwachsene beim Um-sich-Schlagen zu Fall brachten. Nicht dass die Mädchen im Kleinkindalter grundsätzlich weniger aggressiv wären, aber bei ihnen werden eventuelle Ausraster schneller und nachhaltiger unterbrochen. Bei Jungs ist sehr viel häufiger zu beobachten, dass die Eltern es laufen lassen in der Annahme, es handele sich um einen wichtigen Schritt in der Entwicklung ihres Kindes. Vielleicht hat schon dieses frühe stereotype Feedback einen Impact auf die Wutentwicklung, denn wenig später geht es bei Jungs und Mädchen in verschiedene Richtungen. Bei Kindern unter 14 Jahren belegt die polizeiliche Kriminalstatistik: Vier von fünf Gewalttätern sind männlich. Bei den 14- bis 18-Jährigen liegt die Zahl noch höher. Natürlich entwickeln sich kindliche »Raufbolde« nicht automatisch zu Tätern, aber die gängigen Erwartungen der Erwachsenen an ein sogenanntes geschlechtstypisches Verhalten können die Hemmschwelle für körperliche Auseinandersetzungen deutlich senken.

Noch bedeutsamer ist die andere Seite der Medaille, denn Jungs und Männer werden generell sehr viel öfter Opfer von Gewalt. Durch Männer.[3] Hier schließt sich der Kreis. Die Erfahrung des Verletztwerdens gehört zu jedem Männerleben, insbesondere während und nach der Pubertät, wenn Hackordnungen vor allem über Niederlagen und Demütigungen festgezurrt werden.[4]

Seit Jahrzehnten gleichen sich die Szenen: Körperliche Auseinandersetzungen zwischen Jungs werden reflexhaft kommentiert: »Der braucht das« oder »Jungs sind halt Jungs«, oft unabhängig von Stadt oder Land bzw. soziokultureller Herkunft. Auch im sogenannten Bildungsbürgertum sollen Söhne oft zu möglichst männlichen Männern erzogen werden. Eine traditionelle Vorstellung von Männlichkeit bietet die bequemste

Chance, wenigstens diese eine Identität anzunehmen, wenn es an Ideen zur Individualisierung oder an Bestätigung mangelt. Mit dem Gefühl, ein ganzer Mann zu sein, müssen aggressive Impulse dann nicht mehr hinterfragt oder umgeleitet, sondern einfach nur ausgelebt werden.

Was will ich, was kann ich? – diese Fragen sind am schnellsten mit folgenden Worten zu beantworten: »ein Mann sein«.

Natürlich gibt es auch eine breite Gegenbewegung, die diese Art stereotypische Zuschreibungen verurteilt und in witzige Posts verwandelt und damit das Internet vollschreibt. Denn tatsächlich: Wer ohne Klischeebrille hinschaut, entdeckt männliche und weibliche Attribute bei *beiden* Geschlechtern und in derselben Häufigkeit über Männer und Frauen und alle Geschlechter und Identitäten dazwischen oder daneben verteilt.

Meinen Hang zur Quartalscholerikerin zum Beispiel würden viele wahrscheinlich als eher männlich bezeichnen, weshalb ich sehr gut bei Robbi andocken kann und hier und da mal mein Wutmonster an die Luft lasse. Dabei bin ich aber immer bemüht, den Schaden möglichst gering zu halten und nicht weiter aufzufallen, indem ich mich vor allem allein und in geschlossenen Räumen bzw. an Gegenständen austobe, die mir gehören. So habe ich bei meiner Therapeutin viele Kissen verprügelt, die ich mit ihrer Erlaubnis behandeln durfte wie meine eigenen. Leider ließ sich nicht jeder Ausbruch bis zur nächsten Therapiestunde aufschieben. Meine Küche trägt viele Spuren solcher Wutanfälle, bei denen ich möglichst viel Krach machen musste: scheppernde Spülmaschinen- und knallende Schranktüren. Am Ende gab es vielleicht geringfügige Sachschäden, aber andere Personen blieben verschont. Das war nicht immer so.

Ausflippen

Ich war ein Mädchen mit langen Zöpfen und einer Kassenhornbrille. Jeden Morgen saß ich vor meiner Mutter auf einem Stuhl, während sie versuchte, meine langen, krausen Haare zu zwei möglichst glatten Strängen zu bändigen, die direkt an den Haarwurzeln ansetzten, sodass mein Hinterkopf juckte, weil die geflochtenen Haare an der Kopfhaut zogen. Am Scheitel und an der Stirn gab es immer ein paar kurze Kraushaare, die sich nicht einfangen ließen und in alle Richtungen abstanden. *To cut it short:* In Tateinheit mit der Brille, den damals typischen Kragenkleidchen und langen Wollstrumpfhosen sah ich ziemlich bescheuert aus. Lange bevor der Begriff »Mobbing« im Vokabular der Schulbehörden auftauchte, rannte ich vor Jungs weg, die auf dem Schulhof »Deckel hoch, Wasser kocht« spielten. Was bedeutete, dass sie in der Pause möglichst nah an einem Mädchen vorbeirannten und ihm mit ebendiesem Schlachtruf den Rock hochrissen. Wie immer bei organisierten Attacken gab es ein Alphaäffchen, das potenzielle Opfer ausspähte und mit einem Testlauf aus Verbalattacken mürbemachte. Ich war beispielsweise eine »Brillenschlange« oder eine »Planschkuh«. Manchmal baute sich der kleine Chef auch vor mir auf, beugte den Kopf und zeigte auf meine Füße: »Du hast da was.« Während ich brav nach unten schaute, versetzte er mir mit dem gekrümmten Finger eine »Nasenschelle«, bei der mein Kopf plötzlich hochgerissen wurde. Um sich dann über meine Blödheit schlapp zu lachen. Ich bin jedes Mal drauf reingefallen. Aber gleichzeitig wuchs hinter meinem juckenden Scheitel ein Wutknäuel, das sich bei manchen Angriffen bereits bemerkbar machte, indem es die Blutzufuhr in den Kopf abschnitt, sodass mir schwindelig wurde vor Zorn. Ich wusste, mein Moment würde kommen. An einem sonnigen Tag vor den Schultoren der Grundschule. Direkt nach Schulschluss.

Ich war damit beschäftigt, meine Schultasche zu schultern, und klemmte mir eine Hand ein, weil die Gurte nur schwer über die neue Jacke passten. Diese offene Flanke nutzte das Alphaäffchen für eine Rempelattacke, und ich ging zu Boden, ohne mich richtig abstützen zu können. Unter dem Gelächter der Deckel-hoch-Gang. Ich kann mich daran erinnern, dass ich lange im Liegen verharrte, bis das Gelächter sich legte, und es gab für mich keinen Zweifel, was ich nach dem Aufstehen tun würde.

In der kurzen Zeit hatten sich zwei Gruppen gebildet – Mädchen auf der einen, Jungs auf der anderen Seite, und es trat eine kurze erwartungsvolle Stille ein, während ich meine Schultasche in die rechte Hand nahm und wieder auf die Beine kam. Ich stand direkt vor meinem Lieblingsfeind, holte mit der Tasche weit aus und ließ sie in einem langen Schwenk auf den Kopf meines Gegenübers runterkrachen. Offenbar nicht nur einmal, aber danach verschwimmt die Erinnerung, weil die Wut meinen Kopf flutete. Später erzählte man mir, dass mich sowohl Jungs als auch Mädchen von beiden Seiten anfeuerten, bis das Alphaäffchen nicht mehr aufstand und die Mädchen mich umringten und umarmten.

Für den Rest des Schuljahres konnte ich mich frei und fröhlich auf dem Schulhof bewegen, Gummitwist und Fangen spielen. Mein Lieblingsfeind wich sogar meinen Blicken aus und hielt ebenso Abstand wie die anderen Jungs aus seiner Gang. Ich kann mich auch nicht an ein Nachspiel erinnern. Mein Sieg fühlte sich an, als hätte ich ihn für alle davongetragen. Wie ich später erfuhr, hatte es Lehrerinnen gegeben, die auf meiner Seite gestanden und es geschafft hatten, eine Beschwerde der Eltern des Jungen abzubiegen. Woraus ich heute schließe, dass das Schulhofmobbing nicht an ihnen vorbeigegangen und mein Widersacher ihnen wohl schon länger aufgefallen war.

Ohne die Geschichte romantisieren zu wollen, denke ich heute, dass der Vorfall vielleicht so etwas war wie eine erste Erfahrung mit Frauensolidarität. Und die Erfahrung, dass ich mich wehren kann, ganz allein, ohne Rückendeckung.

Meine Mutter bekam von meinen Schulhofdramen nichts mit. Alle Tage außer Sonntag saß sie im Büro unseres Landhandels oder dirigierte das Ent- und Beladen der Lkws auf dem Innenhof. Entweder hetzte sie an uns vorbei, oder sie verschwand hinter der Schreibmaschine, rechnete und telefonierte. Als Kinder kamen wir selten auf die Idee, an die Milchglasscheibentür zu klopfen, denn dahinter fand das wichtigere, das erwachsene Leben statt. Ein Streit oder eine Demütigung war auf jeden Fall kein ausreichender Grund, um einen Erwachsenen zu behelligen. Ich will nicht übertreiben, aber man musste schon aus der Nase bluten oder Schlimmeres, um einen Anlass zu haben, an die Tür des Büros zu klopfen. Für meine Schmerztoleranzgrenze waren diese unfreiwilligen Übungen in Selbstdisziplin durchaus wertvoll, zu den Nebenwirkungen gehörte allerdings auch hier eine katastrophale Selbstwahrnehmung. Und die Tatsache, dass ich mein Mobbingproblem, für das es damals noch keinen Begriff gab, schon gar keinen englischen, gar nicht wirklich als Problem betrachtete, sondern als den normalen Alltag eines Schulmädchens mit Brille und geflochtenen Zöpfen. Der Schulhof war die Wildnis, und ich war auf mich gestellt. In der Hierarchie dieses Biotops standen laute Jungs ganz oben und unattraktive Mädchen ganz unten. Da würde meine Mutter mir auch nicht helfen können. Dachte ich. Was auch immer ich ihr hätte erzählen können – in meinem Kopf lautete die vorweggenommene Antwort: »So sind Jungs eben.« Vielleicht noch ein: »Ärger dich nicht!«

Meine weitere Schulzeit fiel in die späten 70er-Jahre, und einige der vermeintlichen Gewissheiten und Gewohnheiten wurden langsam ausgeschlichen. Es gab das sozialkritische Grips-Theater für Kinder mit seiner Kampfansage an Geschlechterklischees. Mädchen und Jungs trugen dieselbe Haarlänge und dieselben Latzhosen, und sie spielten tatsächlich zusammen. Anders als auf dem Schulhof fand sich im Innenhof unseres

Hauses jeden Tag eine Truppe zusammen, die keine feste Hierarchie kannte. Die nicht nur aus beiden Geschlechtern, sondern auch aus Kindern mit ganz unterschiedlichen sozialen Hintergründen bestand. Die eine hatte einen arbeitslosen Säufer zum Vater, der andere einen Arzt, es waren sogenannte Gastarbeiterkinder dabei, und alle zusammen haben sich angesichts all des spannenden Scheiß, den man unbeobachtet anstellen konnte, am wenigstens dafür interessiert, ob es sich bei dem Kind, das bei diesem Scheiß mitmacht oder ihn anzettelt, um einen Jungen oder ein Mädchen handelte.

Mitte der 70er lag eine gewisse Aufbruchstimmung in der Landluft, Nachrichtenbilder über die RAF und die Frauenbewegung hatten auch die Provinzwelt erreicht, in der mein Vater zur Jagd ging, während meine Mutter mit dem Sonntagsbraten beschäftigt war. Die Mütter taten sich noch schwer, aber die Mädchen durften plötzlich stark sein und eine große Klappe haben. Natürlich gab es auch Barbienachmittage, an denen neidisch auf die Barbiewohnmobilausstattung der Freundin geschielt wurde, aber draußen wurden öfter mal die Fäuste in die Hüften gestemmt. Sogar die Sonntagsbratenmütter haben uns mal ein »Lass dir nichts gefallen!« zugeflüstert. Geflüstert wohlgemerkt, aber immerhin. Nicht dass die Mädchen keinen Gegenwind bekamen oder sich nicht gegen die Jungs behaupten mussten, aber die Auseinandersetzungen waren nun durchaus auf Augenhöhe und meistens respektvoll.

Ein Privileg, das ich rund 40 Jahre später für selbstverständlich halten wollte, als meine Tochter die Grundschule besuchte und – sich wiederholendes Schicksal? – von einem Klassenkameraden gemobbt wurde, der ihr regelmäßig im Schulflur oder auf dem Schulhof auflauerte. Der Junge hatte eine ganze Gang um sich geschart, die ihm mehr oder weniger alles nachmachte, wenn er sich ein Opfer ausgesucht hatte. Meine Tochter wurde von dieser Clique beleidigt und lächerlich gemacht, Turnbeutel und Schulzeug wurden versteckt oder weggeworfen, sie wurde über den Hof geschubst oder am Schulranzen herumgerissen. Bei einem Treffen mit dem Schuldirektor wurde mir zu verstehen gegeben, dass meine Tochter den betreffenden Jungen ja »durchaus auch mal provozieren würde« und man jetzt abwarten müsse, ob sich die Situation ändere, wenn die Eltern des Jungen wie versprochen auf ihn einwirkten. Zusammengefasst passierte also nichts, offenbar fühlte sich niemand dafür verantwortlich, meine Tochter zu beschützen, und ich begann, nach einer anderen Schule zu suchen. Meine Tochter war mutiger und klarer als ich, sie wollte bleiben und sich wehren. Sie war der Meinung, dass der Junge die Schule verlassen müsse. Ich hätte einen Anwalt einschalten, mir den Jungen selbst oder seine Eltern vorknöpfen können. Stattdessen bin ich dazu übergegangen, meine Tochter direkt vorm Schultor abzuholen und ab und zu auch in den Pausen auf dem Schulhof aufzutauchen, wohl wissend, dass ich die entscheidenden Momente dennoch verpassen würde.

Da es keine Konsequenzen gab, fühlte der Junge sich sicher in seiner Rolle und verfolgte meine Tochter weiter. Es kam der Tag, an dem sie sich körperlich wehrte und zurückschubste. Kräftig genug, um den Mobber zum Weinen zu bringen. Der nach Hause fuhr, um sich von seiner Mutter trösten zu lassen.

Was danach passierte, lässt sich nur begreiflich machen, wenn man den Gedanken zulässt, dass sich in den 30 Jahren nach meinem High-Noon-Erlebnis in der Grundschule nichts an den Stereotypen über weibliches und männliches Verhalten geändert hat. Im Gegenteil, sie haben sich weiter verfestigt. Denn im Gegensatz zur Reaktion meiner Lehrerinnen in den 70er-Jahren wurde mir mitgeteilt, dass ich mich mit meiner Tochter wegen ihres »Verhaltens« bei einer Schulpsychologin vorstellen sollte. (Ich hätte in diesem Gespräch vielleicht den sprichwörtlichen Raum zwischen Reiz und Reaktion nutzen können, um nicht ausfällig zu werden, aber …) Diesmal erlaubte ich mir die überfällige Wutrede, die wohl schon beim ersten Gespräch mit der Schulleitung angemessen gewesen wäre. Ich weiß heute nicht mehr genau, was ich gesagt habe, aber es war eine Weichei-Beleidigung in Richtung Schulleitung dabei und einige Ausführungen zur Pathologie des Mobbers und seiner Eltern. Mit diesem Auftritt habe ich mir den Ruf einer *Furie* erarbeitet, so wurde es später an mich herangetragen, und das Verfahren wurde sozusagen eingestellt.

Der seltsam altmodische Begriff »Furie« stammt eigentlich aus der römischen Mythologie und hält sich in der Alltagssprache genauso hartnäckig wie der Mythos der angeborenen Prügelneigung bei Jungs. Laut Duden ist die Furie eine rasende, wütende, Furcht und Schrecken verbreitende Rachegöttin. Gleichzeitig assoziiert man mit »Furie« etwas Hysterisches, Wahnhaftes. Anders ausgedrückt: Mit mir stimmte etwas nicht. Einfach weil ich meine Wut gezeigt und eine klare Ansage gemacht hatte. Mit meiner Tochter stimmte etwas nicht, die Mutter des Jungen galt ebenfalls als durchgeknallt, weil sie mit einer Anzeige bei der Schulbehörde gedroht hatte – nur der Junge als Auslöser des ganzen Dramas verhielt sich von Anfang an, wie man es gemäß männlichem Stereotyp von ihm erwartete: wie ein Junge.

Weitere zwölf Jahre später passt die allgemeine Analyse der Wutforscherinnen erschreckend gut zu der damaligen Situation, die Zitate könnten aber im Grunde genauso aus den 70er- oder 90er-Jahren oder aus dem Beginn des nächsten Jahrtausends stammen. Das Klischee scheint die Jahrzehnte unverändert überdauert zu haben oder sogar eine Art Revival zu erleben. Ursula Hess sieht nach wie vor einen breiten gesellschaftlichen Konsens, wenn Jungs sich prügeln, weil Jungs halt Jungs sind: »Bei Mädchen ist das undenkbar und wird umgehend sanktioniert. Wenn sie sich prügeln, ist das Entsetzen groß, sie werden sofort getrennt und sollen ihre Probleme mit Worten lösen.«[5] Oder sie sind ein Fall für die Psychologin …

Als seien sie von Natur aus mit einer besseren Impulskontrolle ausgestattet oder als wären sie synaptisch gar nicht in der Lage, heißen, brennenden, überwältigenden Zorn zu empfinden, der sich Bahn brechen muss.

Lächeln gegen Wutfalten

Fühlen Frauen weniger oder eine andere Wut als Männer? Auch darauf hat die Forschung eine Antwort: Das Vorurteil, Wut sei eine »männliche Emotion«, ist schon im letzten Jahrhundert widerlegt worden. Frauen werden ebenso oft und genauso intensiv zornig wie Männer,[6] aber die daraus resultierenden Gefühle unterscheiden sich deutlich. Männer schöpfen Kraft aus ihrem Zorn und fühlen sich machtvoller, während Frauen eher Ohnmacht empfinden.[7]

Der Unterschied kommt bei erwachsenen Frauen durch einen Widerspruch zwischen Gefühl und Mimik zum Tragen: »Viele Frauen haben zum Beispiel gelernt, gleichzeitig zu lächeln, wenn sie wütend sind«,[8] bestätigt die Therapeutin und Wut-Expertin Almut Schmale-Riedel. Diese Reaktion reflektiert auch nach innen, denn die Frauen können ihre eigene Wut nicht spüren. Was sie wahrnehmen, ist der Gedanke an Wut, aber nicht die Emotion selbst. Sie sind von ihren eigenen Empfindungen entkoppelt, weil nicht sein kann, was nicht sein darf.

Die Warnung vor meiner eigenen Wut hat mich schon als Teenager erreicht, also genau in der Phase, in der ein Mädchen gegen anerzogene Benimmregeln rebellieren könnte. Ich weiß nicht, wie oft ich vor allem von älteren Frauen den Spruch zu hören bekam: »Wenn du so oft wütend bist, kriegst du ganz früh Falten.« Ich erinnere mich daran, dass ich bei solchen Ansagen ein wenig erschrak und bewusst meine Augenbrauen hochzog, um meine Zornfalte auf der Stirn auszubügeln. Gedacht habe ich aber etwas anderes: *Wenn ich dann nicht so wie du in einem Scheißleben und einer Scheißehe feststecke, ist es mir das wert.*

Im Laufe der Jahrzehnte habe ich Hunderte von Situationen erlebt, in denen Frauen in der Medienbranche bei Beförderungen – trotz besserer Qualifikation – mehrere Male übergangen oder nach erfolgreichen Projekten nicht einmal namentlich genannt wurden. Ich habe beobachtet, wie Produzentinnen bei Ausschreibungen heimlich ausgebootet oder auf ein unterirdisches Honorar runterverhandelt wurden. Ich habe miterlebt, wie die Ideen von Frauen verschwanden und unter dem Namen eines Kollegen wieder auftauchten. Kurzum – wie die harte Arbeit und die Kreativität von Frauen vielen Männern zu einem Erfolg bzw. einer Karriere verholfen haben, ohne dass die betreffenden Kolleginnen einen Cent oder auch nur irgendeine Anerkennung bekommen hätten. Ganz zu schweigen von dem Klassiker: unzählige Konferenzen, in denen der Impuls einer Kollegin ignoriert und eine Viertelstunde später von einem Mann aufgegriffen wurde, der dann dafür auch noch Beifall bekam.

In den meisten dieser Fälle war die Reaktion der betroffenen Frauen nicht Ärger oder Wut, sondern Trauer und Enttäuschung. Nicht wenige von ihnen haben sich für Tage ins Bett verkrochen, um zu verhindern, dass ihnen irgendjemand das überwältigende Gefühl der Demütigung ansehen kann. Um zu heulen, statt zu wüten. Weil sie sich nichts anderes erlaubt haben. Frauen haben nicht nur gelernt, ihre Wut zu unterdrücken, sie sind oft gar nicht in der Lage, etwas anderes zu empfinden als die vergleichsweise sanften Gefühle, die ihnen die Gesellschaft zugesteht – und auf die ihre Umgebung dann auch wohlwollend reagiert. Eine ängstliche, traurige oder hilflose Frau darf mit Aufmerksamkeit und Unterstützung rechnen – wohingegen eine wütende Frau zumeist erleben wird, dass ihre Umgebung sich abwendet.

Wut-Expertin Almut Schmale-Riedel schaut zurück auf ihre Fälle der letzten Jahre: »Die wenigsten kommen und sagen: Ich bin so wütend, weil mein Mann, meine Familie, mein Chef … Sie sagen viel eher: Es macht mich so unendlich traurig, wie er mit mir umgeht.«[9]

Um die »abgewöhnte« Emotion in den Griff zu bekommen, gehen Frauen verschiedene Umwege. Selbst wenn sie ihren inneren Zustand richtig deuten, drücken sie ihre Wut seltener unmittelbar aus, sondern schwenken um auf alternative Gegenschläge wie Lästern oder Diffamieren. Oder sie verbieten sich, überhaupt zu reagieren, auch *Self-Silencing* genannt. Frauen lenken sich mit Ersatzhandlungen wie Aufräumen von ihren eigenen Gefühlen ab, was wiederum bedeutet, dass sie sich von dem potenziell konstruktiven Ziel ihrer Wut – eine Verbesserung ihrer Lebensumstände, zum Beispiel – noch weiter entfernen und der Wut auslösende Frust weiterwächst.

Männer, die ihren Ärger ausdrücken, gelten als durchsetzungsfähig. Es wird ihnen in den meisten Fällen zugestanden, dass sie mit ihrem jeweiligen Anliegen recht haben. Männer zeigen ihren Zorn also nicht nur unmittelbarer und offener als Frauen, sie können sogar darauf hoffen, damit ihr Standing zu verbessern, statt sich selbst zu schaden wie Frauen in derselben Situation. »Frauen haben dafür keine Erlaubnis«, sagt die Therapeutin Schmale-Riedel, »ihre Wut wird weniger akzeptiert.«[10]

Ist das am Ende auch der Grund dafür, dass Gewalt ein mehr oder weniger männliches Monopol ist? Ist die unterschiedliche Nähe der Geschlechter zu Gewalt ein Ausdruck unterschiedlicher Gefühlsverarbeitung? Und ist das unterschiedliche Verhalten Symptom einer nach wie vor andersgearteten Gefühlssozialisation? Steuern die Hormone und die körperliche Ausstattung auch die Empfindung von Zorn? Oder ist der Ausdruck von Zorn möglicherweise einfach eine Frage der Macht? Schon in der Antike galt Zorn als ein bewährtes Mittel, um seine Ehre wiederherzustellen – allerdings nur für diejenigen, die über eine Ehre verfügten und sie damit auch verlieren konnten. Folgerichtig hatten Frauen und Sklaven keine Möglichkeit, ihre Aggressionen nach außen zu tragen.[11]

Männer ergreifen bis heute sehr viel öfter die Gelegenheit, auf einer politischen Bühne oder im Netz oder am Arbeitsplatz ihrem Ärger Luft zu machen. Im Laufe der Jahrhunderte müssten sie allein durch diese Geübtheit mehr Wutkraft und Durchsetzungsvermögen entwickelt haben. Auch weil sie für das Artikulieren ihres Zorns im öffentlichen Raum mit Billigung bis hin zu Applaus rechnen dürfen, flankiert von 2000 Jahren Patriarchat. Im Gegensatz dazu provozieren wütende Frauen, unabhängig von ihrem Anliegen, unter Umständen eine wütende Gegenreaktion – auch als Antwort auf die innere Selbstermächtigung, die jeder Artikulation von Wut vorangeht. In der unbewussten Wahrnehmung beider Geschlechter, die eben auch beide patriarchal geprägt sind, fehlt ihnen dazu die Legitimation.

Diss-Tracks und Mad Women

Widerstand gegen diese inoffizielle Zwangsjacke regt sich auf vielen Social-Media-Kanälen – zum Beispiel von Frauen, die Maskulinisten und andere Idioten vorführen. Oder auf den digitalen und analogen Bühnen der Musikwelt. Gleichzeitig ist die Musikbranche in ihren Anforderungen an Frauen so widersprüchlich wie kaum eine andere. Ein sexy empowertes Image ist gern gesehen, dazu eine Prise sexuelle Provokation und Porn Culture, aber ein gewisser weiblicher Klischeerahmen darf nicht verlassen werden, ohne dass die Künstlerin kübelweise mit Kritik und Häme überschüttet wird. Die emotionale Palette für Frauen in der Branche ist ebenso eng gesteckt wie widersprüchlich: traurig ja, aber nicht depressiv; kindliches Freuen ist gewollt, aber nicht zu ekstatisch, dafür gern begleitet von ein paar bescheidenen Tränen, und die schwierigste Disziplin: Popdiven dürfen durchaus ihre Wut raushauen – sollten dabei aber bitte cool bleiben.

Diesen Spagat hat Britney Spears 2007 nicht mehr geschafft. Legendär ihr Wutanfall, in dem sie sich eine Glatze rasierte und anschließend mit einem Schirm auf das Auto eines Paparazzos losging. Spears hatte im Vorlauf zweifellos Probleme mit Drogen und einem Sorgerechtsstreit gehabt, Themen, die manch männlichen Kollegen aus der Musikbranche eher populärer gemacht haben, aber in ihrem Fall eine mediale Hetzjagd auslösten. Die eigenhändige Vernichtung ihres blonden Markenzeichens würde ich aus heutiger Sicht als den mutigen Versuch einer Befreiung aus der Zwangsjacke verstehen. Als einen Angriff auf ihre Ausbeuter, deren Möglichkeiten, sie weiter auszunutzen, sie mit diesem Akt sabotiert hat. Nach den vielen Jahren, in denen sie an den langen blonden Haaren als jungfräuliche Bombshell von Produzenten und dem eigenen Vater durch jede Arena und jede Show geschleift und permanent bevormundet wurde, erschien mir dieser Vorfall als der zwar hilflose, aber begreifliche Versuch einer Gegenwehr.

Seitdem sie ein Teenager war, sei sie von oben bis unten angeschaut worden, und die Leute sagten ihr, was sie von ihrem Körper hielten, schreibt Britney Spears in ihrem Buch »The Woman in Me«. Sich den Kopf zu rasieren war ihre Art, damit umzugehen und sich zu wehren.[12]

Britney Spears' Wut war angemessen und angebracht. Es war die Presse, die aus ihr eine Art kranke Systemsprengerin gemacht hat. Ich kann aus dem Vorfall nichts Verrücktes ableiten, was man dagegen durchaus als verrückt bezeichnen könnte, ist alles, was danach passierte: Spears wurde in eine psychiatrische Klinik zwangseingewiesen und im Anschluss gegen ihren Willen entmündigt. Ihr Vater wurde als Vormund eingesetzt, und mehrere Gerichtsklagen seiner Tochter, um an dieser Situation etwas zu ändern, blieben erfolglos – bis die Vormundschaft 2021 nach 13 Jahren aufgehoben wurde.

Mag sein, dass Spears aus dieser Zeit eine Klatsche mitbekommen hat, aber angesichts eines Kanye West, um nur ein männliches Beispiel zu nennen, der eine diagnostizierte bipolare Störung und allerlei antisemitische und sexistische Entgleisungen vorweisen kann, könnte man sich fragen, wer von beiden zwangseingewiesen werden sollte – auch, um das Umfeld zu schützen. Wer seine Wut ohne Konsequenzen ausleben darf und wer nicht, hängt auch auf dieser Bühne maßgeblich vom Geschlecht ab.

Aber 15 Jahre nach Spears' »Outburst« ist eine Garde junger Sängerinnen groß geworden, die sich nichts mehr gefallen lässt und die sich wehrt, bevor sich irgendetwas aufstauen kann. Taylor Swift hat ihren Produzenten öffentlich rundgemacht, als dieser die Rechte an ihren ersten Songs an den falschen Inverstor verkaufte. Und so wie andere Kolleginnen vor ihr kultiviert auch Swift das Genre der Break-up-Songs, in denen Musikerinnen die Chance nutzen, ihren Verflossenen nicht nur ein paar Flüche hinterherzuschicken, sondern vor allem ihre eigene Version der gemeinsamen Geschichte. Ohne Namen zu nennen, versteht sich, was sowieso überflüssig ist, denn auch wenn selten Details an die Öffentlichkeit gelangen, ist es für den Rest der Welt vollkommen klar, wer mit wem zusammen war oder ist. Die Details folgen dann oft in Form eines neuen Songs. Wie in einer erweiterten Version ihres Liedes »All Too Well«, in der Taylor Swift die Welt wissen lässt, dass es offenbar ihr Ex Jake Gyllenhaal ist, der sie immer wieder anruft, um sie zu »brechen«, und zwar *»casually cruel«*, frei übersetzt: »mit beiläufiger Grausamkeit«. Im selben Song erfährt man, dass sie ihm zu jung gewesen sei, was nicht ohne Ironie sei, denn während sie, Taylor, immer älter würde, *»your lovers stay my* *age*«, blieben »deine (Gyllenhaals) Lover weiterhin in meinem Alter«.[13]

Swifts Long-Version ihres Hits wurde allein im Jahr 2021 über 100 Millionen Mal aufgerufen. Im Anschluss griffen ungezählte Swift-Fans ihren Ex Gyllenhaal auf seinem Social-Media-Account an und überzogen seine Posts mit Hasskommentaren.[14]

Ein sogenannter Diss-Track der Popsängerin Shakira, in dem sie nicht nur ihren Ex-Mann, Profifußballer Gerard Piqué, sondern auch dessen neue Flamme vorführt, »Du hast einen Ferrari gegen einen Twingo, eine Rolex gegen Casio getauscht«, hatte 63 Millionen Aufrufe in 24 Stunden.

Im Vergleich zu den Break-up-Songs eines Rappers wie Eminem, der darüber fantasiert, wie er seine Ex-Frau tötet, äußern sich die weiblichen Superstars deutlich subtiler, aber wie dey, (non-binäre) Musik- und Kulturwissenschaftler:in L. J. Müller, in deren Buch »Sound und Sexismus: Geschlecht im Klang populärer Musik« erklärt, machten Trennungssongs inzwischen einen auffällig großen Anteil an den populären Songs vieler Sängerinnen aus: »Sängerinnen treten hier verstärkt selbstbewusst abgrenzend auf, statt verletzt und verzweifelt, wie dies in der Vergangenheit oft der Fall war.«[15] Und sie blicken sehr klar und klug auf die bewährten Muster, die Frauen in Schach halten sollen. Taylor Swift spricht in Interviews zum Beispiel darüber, was Frauen und Männer in der Musikindustrie unterscheidet – Statements, in denen sich Millionen Frauen auch außerhalb ihrer Branche wiederfinden: »Das, was ein Mann macht, gilt als strategisch. Eine Frau, die genau dasselbe macht, ist berechnend. Einem Mann ist es erlaubt, zu reagieren, eine Frau kann nur überreagieren.«[16]

Fake-Lächeln und Emotionsarbeit

Wut als ungefilterter und direkter Gefühlsausdruck scheint also ein mehr oder weniger männliches Privileg zu sein. Männer, die sich öffentlich über etwas aufregen, unterstreichen damit eine stereotype Vorstellung von Männlichkeit und werden in der Tendenz mehr respektiert als Frauen. Sie setzen sich auch öfter Situationen aus, in denen es Ärger geben könnte. Die Forscherin Agneta H. Fischer stellte in einer Studie aus 2000 fest, dass Männer sich eher und mit einer gewissen Kampfbereitschaft auf Konflikte einlassen.[17]

Der Wutausbruch eines Mannes zieht oft Stille nach sich und strahlt Macht aus – allein schon durch die Anmaßung und den Raum, den der Wütende mit einer souveränen Selbstverständlichkeit einnimmt. Ein Privileg, das Frauen selten ungestraft für sich in Anspruch nehmen.

Insgesamt, in der offiziellen Firmen-Policy vieler Unternehmen und auf Social Media, geht der Trend natürlich in die diametral entgegengesetzte Richtung. Alle möglichen neuen Führungsstile werden ausprobiert und hier und da auch etabliert – gleichzeitig bleiben die fein verteilten Mikroaggressionen und wohldosierten Explosionen als männliches Machtinstrument im Einsatz. Wenn ich die Berichte aus mittelständischen Unternehmen und Familienbetrieben zugrunde lege, hat sich seit dem letzten Jahrhundert kaum etwas getan. Wer wissen will, welche Abgründe sich auch noch im Jahr 2023 in einem großen Medienunternehmen auftun, muss sich nur an die Reichelt-Affäre beim Springer Verlag erinnern.

Weniger grobschlächtig funktioniert ein anderer, uralt-patriarchaler Trick: das Framen einer Argumentation aus einer vermeintlich objektiven Perspektive, bei der die These des Mansplainers als wissenschaftlich gestützte und sachlich richtige

Position vertreten wird, obwohl es sich lediglich um eine bestimmte Sichtweise handelt. Die männlich geprägte Perspektive wird gleichgesetzt mit Objektivität. Alle abweichenden Meinungen und Analysen müssen sich dann an dieser Objektivität messen lassen und werden als zu emotional oder irrational oder zu einseitig abgestempelt. Was eigentlich nichts anderes ist, als die versteckte Abwertung einer Person, der damit unterstellt wird, dass sie eher Gefühle und nicht bewiesene Einschätzungen schildere, statt zu argumentieren.

Diese Taktik ist anspruchsvoller und schwer zu identifizieren, aber in ihrer Aggressivität vielleicht sogar noch wirksamer und schädlicher als öffentliche Brüllattacken, bei denen sich der Brüllaffe zumindest selbst disqualifiziert – auch wenn so ein Benehmen selten Konsequenzen für ihn hat. Oder hatte.

In meiner Anfangszeit als Journalistin hatte noch jede Redaktion einen Choleriker, meistens ein Vorgesetzter, der mindestens zweimal pro Woche einen Auftritt im Büroflur hatte. Zum Beispiel mit einem Schreiben in der Hand – damals wurden Mails noch ausgedruckt –, das in einer ausholenden Drohgeste über dem Kopf geschwenkt wurde, dazu verkündete der frisch inthronisierte Hauptabteilungsleiter: »So was schreibt die mir nur einmal!«, woraufhin seine ihm unterstellten Redakteure eilfertig aus ihren Bürohöhlen gerannt kamen, um ihre Gefolgschaft zu demonstrieren und ihn für den Rest des Ausrasters in sein Büro zu begleiten – Choleriker brauchen ein Publikum. Damit war dann auch die Rangordnung unter den Jungs bestätigt, und gleichzeitig wurde sichergestellt, dass die freien Mitarbeiter:innen, in der Mehrheit Frauen, fürs Erste ausreichend eingeschüchtert waren.

Das Vokabular mancher Chefs, mit denen ich in meiner Ausbildung zu tun hatte, rutschte auch mal deutlich unter die Gürtellinie. Je näher das Medium der Skandalpresse war, desto eher bewegte es sich in Richtung Genitalien.

Während eines Praktikums bei einer Boulevardzeitung fand

ich mich in einem Großraumbüro mit freien Mitarbeiter:innen wieder, das durch eine Glaswand vom Büro des Ressortleiters getrennt war. Die Architektur des Raums schien den einzigen Zweck zu haben, hinter der Scheibe eine tagtägliche Inszenierung abzuziehen, die alle Mitarbeiter:innen vor der Scheibe in Schach halten sollte. An meinem ersten Tag schlug der Ressortchef in seinem Glaskasten mit einem zusammengerollten Manuskript auf den Schreibtisch und brüllte: »Was hat die tumbe Möse denn jetzt schon wieder für einen Scheiß abgeliefert?!« Auf meiner Seite, vor der gläsernen Trennwand (die sprichwörtliche Glasdecke als Glaswand), schauten nicht mal alle hoch – ob aus Angst oder weil sie sich in einem Maße an solche Szenen gewöhnt hatten, dass sie das Gebrüll als eine Art menschlichen Baulärm verbuchten.

Ich habe die Männer in ihrem Kasten auch nie wirklich arbeiten sehen, sondern ihnen immer nur dabei zugesehen, wie sie die Arbeit anderer bewerteten.

Wutdeckel und Surface Acting

Im Gegensatz zu Trauer oder Angst, beides Gefühle, die oft mit Zweifeln oder Ambivalenz einhergehen, ist Wut nie indifferent, sondern klar und zielgenau. Sie nimmt ihre abschreckende Wirkung in Kauf und schließt mit ein, dass Menschen sich abwenden oder auf Distanz gehen. Wütende gehen im selben Moment darüber hinweg, dass sie die Stimmung sprengen, dass sich andere als Zeug:innen eines Wutausdrucks schlagartig unwohl fühlen und als stumme Zuschauer:in von eigenen Gefühlen aufgewühlt werden. Der eine bekommt Angst, die andere überfällt vielleicht Neid – auf eine Reaktion, die sie sich selbst nie zugestehen würde. Auf den Raum und die Präsenz, die sich jemand in ihrer Gegenwart herausnimmt, während sie selbst ihre Wut eher relativieren würde. Anders ausgedrückt: weil sie sich selbst nicht ernst genug nimmt. Eine Eigenschaft, die Mitmenschen zu angenehmen und umgänglichen Zeitgenoss:innen macht – manchmal aber auch zu tickenden Zeitbomben, wenn die verdrängte Wut eine gewisse Füllmenge überschreitet. Wer dann doch explodiert, bietet meistens keinen sozialverträglichen Anblick und wird erst recht nicht mehr ernst genommen.

Bei Beobachter:innen eines Wutausbruchs laufen manchmal alle möglichen körperlichen Reaktionen ab, ohne dass die eigene Wahrnehmungsschwelle überschritten wird. In so einem Moment reagiert der Bauch, die Luft wird schwerer, die Schulterblätter ziehen sich automatisch zusammen. Und oft mischt sich in das Unwohlsein und die Genervtheit eine unbewusste Erinnerung an die vielen Male, in denen wir uns selbst übersehen, übervorteilt, zu Unrecht angegriffen gefühlt und keinen Ton gesagt haben. Ob in der Bahn, an der Supermarktkasse oder bei einer Konferenz, neigen Frauen eher dazu, die Lippen aufeinanderzupressen und aufkommende Gefühle runterzuschlucken.

Weil wir wissen, wie wir von den meisten wahrgenommen werden, wenn wir uns einen Ausraster gönnen. Wir möchten nicht als hysterisch oder »zu emotional« abgestempelt werden. Wir ahnen, dass wir mit einem von Wut getragenen Anliegen nicht durchkommen. Dass wir als Reaktion auf unseren Zorn keine Stille, sondern umso mehr Ärger provozieren, weil wir uns ermächtigen, etwas zu tun, was uns gemäß herkömmlichem Rollenverständnis nicht zusteht: Raum erobern und drum herum eine klare Grenze ziehen.

Diese Selbstermächtigung scheitert manchmal auch daran, dass wir es nur schwer ertragen können zu sehen, wie der oder die andere sich angesichts unserer geballten Wut zusammen- oder zurückzieht. Frauen erliegen dem eigenen Anspruch, ihrem Gegenüber am besten jedes mögliche Unbehagen und jede

Zurückweisung zu ersparen. Es gehört häufig zu unserer erlernten Rolle, dafür zu sorgen, dass andere sich wohlfühlen. Wir sind geübt darin, zu besänftigen, zu vermitteln, zu trösten, zu ermuntern und zu ermutigen, Spannungen auszugleichen, und müssen deshalb nicht nur unsere eigene Scheu überwinden, Ärger auszudrücken, sondern auch die Skrupel, damit unangenehme Gefühle bei anderen loszutreten.

Und bei Menschen, die diese Scheu nicht kennen, suchen wir schnell nach Erklärungen, warum das so ist. Wir halten dem oder der anderen schnell alle möglichen Gründe zugute, die einen Ausraster rechtfertigen könnten: Stress im Job, emotionale Überforderung oder uns selbst. Was könnten wir gesagt, getan haben, was stimmt nicht mit uns? Unsere Rücksicht auf rücksichtsloses Verhalten geht manchmal so weit, dass wir sogar auf einen klaren Angriff mit einem eingefrorenen, aber eben doch mit einem Lächeln reagieren.

In der Psychologie gibt es einen Begriff für diese scheinbar friedliche Maske: »*Surface Acting*«. An der Oberfläche, mit unserer Mimik, signalisieren wir Entspannung, während es in uns drin brodelt. Wir täuschen rollenkonforme Gefühle vor und unterdrücken unsere Verwirrung oder unseren Ärger, um den Erwartungen an das »friedliche Geschlecht«, also an uns selbst, gerecht zu werden. Eine Strategie, die uns daran hindert, Grenzen zu ziehen und unsere Ziele zu erreichen, denn Wut ist die wichtigste Emotion, um Kraft zum Handeln und Durchhalten bereitzustellen. Sie soll uns helfen, eine belastende oder ungerechte Situation zu verlassen, in der wir schlecht oder unfair behandelt werden – einen Job zu kündigen, eine Beziehung zu beenden.

Als langjährige Gewohnheit kann das Fake-Lächeln sogar krank machen, denn das Schauspielern verhindert auf Dauer einen Zugang zu den eigenen Gefühlen. Eine Unterscheidung zwischen dem, was ich wirklich fühle (aber unterdrücke), und dem, was ich lediglich vorspiele, wird immer schwieriger und endet in vielen Fällen in einem Burn-out und/oder in einer Depression.[18]

Eine Studie der Pennsylvania State University und der University of Buffalo konnte einen Zusammenhang nachweisen zwischen vorgetäuschten Emotionen und verstärktem Alkoholkonsum nach Feierabend.[19] Die ständige Emotionsregulation, um unliebsame Gefühle zu unterdrücken, schmälert die kognitive Leistung und die Willenskraft, wie verschiedene Experimente zeigen. Es ist nicht schwer zu erahnen, welchen Einfluss diese Nebenwirkungen auf ein selbstbestimmtes Leben haben.

Ein »Wutlächeln« ist Teil unserer Sozialisation und wird von beiden Geschlechtern als eine zivilisatorische Variante der Wut betrachtet, das »Zusammenreißen« als charakterveredelnde Übung – die allerdings vor allem von Frauen erwartet und auch praktiziert wird. Im Laufe der Jahrzehnte habe ich solcherart verkrampftes Schmunzeln schon tausendfach auf den Gesichtern von Frauen beobachten können. Nicht nur bei Politikerinnen, auch bei Kolleginnen oder Managerinnen, auf Job-Konferenzen, bei Servicepersonal, Schaffnerinnen, Kassiererinnen, bei Frauen in Talkshows, bei privaten Frauenrunden und unter Freundinnen. Die untere Gesichtshälfte spannt sich an, sodass die Wangen leicht angehoben sind und ein Lächeln imitieren, das auf halber Strecke erstirbt, denn die Augen ziehen sich gleichzeitig zusammen, und die Lippen werden schmal.

Erst recht, wenn wir explizit dazu aufgefordert werden.

Jemand drängelt sich an der Kasse vor, ein Kollege fährt uns über den Mund, in der Bahn nutzt einer die Enge und greift uns an den Po – und wir bekommen nach einem solchen Vorfall, der zu Recht Ärger auslöst, zu hören: »Lächel doch mal!« Obwohl das Gegenüber in diesem Moment genau wahrnimmt, dass und auch, warum wir wütend werden. Die Aufforderung, in so einem Moment zu lächeln, ist nichts anderes als ein Eingriff in unsere innere Souveränität, die Anforderung, über unser eigentliches Gefühl hinwegzugehen, es zu verdrängen und uns damit selbst zu verletzen. Die adäquate Reaktion auf diese passiv-aggressive Aufforderung wäre eigentlich eine Ohrfeige.

Ich bin oft überrascht über die Wucht des Gefühls, das sich hinter dieser scheinbar freundlichen Maske verbirgt, und beeindruckt von der ausdauernden Disziplin der Frauen, die nichts entweichen lassen. Ebenso erstaunt es mich, wie schwer es sowohl Männern als auch Frauen fällt, diesen Ausdruck richtig zu lesen.

Unsere angeborene Fähigkeit, Gesichter zu deuten, wird im Laufe der Jahre offenbar von Stereotypen überlagert, wie Studien zeigen konnten: Zeigt man erwachsenen Menschen neutrale Frauengesichter, werden sie als »unterwürfig« oder »verängstigt« beschrieben, während das Antlitz einer zornigen Frau von den meisten als traurig empfunden wird. Die erlernten Schablonen greifen sogar, wenn es darum geht, Männer und Frauen überhaupt zu unterscheiden. Legt man den Testpersonen androgyne Gesichter vor, die man keinem Geschlecht eindeutig zuordnen kann und die einen wütenden Ausdruck zeigen, werden sie von Männern und von Frauen eher als männlich interpretiert.[20]

Das lächelnde Wutgesicht hat sich mir schon als Kind eingeprägt. Heute weiß ich, dass dieser Ausdruck immer dann auftauchte, wenn es um Konstellationen und Situationen ging, in denen Frauen sich anpassen mussten, um etwas zu erreichen. Und ich habe mir als junge Frau einen Job gesucht, für den die Erziehung zur demonstrativen Freundlichkeit die beste Voraussetzung war.

Emotionsarbeit in der Economy Class

Ich erinnere mich bis heute, 30 Jahre nachdem ich mich durch den Job als Flugbegleiterin gelächelt habe, an den Muskelkater im Kiefer, lange bevor wissenschaftliche Arbeiten zu dem Thema entstanden sind. Leider führte meine »Emotionsarbeit« für die Fluggesellschaft nicht immer zum gewünschten Erfolg. Denn oft wurde es auch genauso wahrgenommen – als Fake-Lächeln. Was die schlechte Laune häufig weiter verschlechterte, weil sich der Betreffende unabhängig von Verspätungen, falschem Sitzplatz/Essen/Sitznachbarn auch noch verarscht fühlte.

Ich habe darum nicht nur meine Mimik, sondern auch meine innere Einstellung den Anforderungen an meine Servicetätigkeit angepasst und mir vorgestellt, die Passagiere gehörten zu meinem erweiterten Verwandtenkreis – der ja auch häufig aus Menschen besteht, die man eher meiden würde, wenn sie nicht zur Familie gehörten, aber trotzdem irgendwie mag. Eine andere strategische Fantasie betraf eine mögliche dramatische Notlandung und die Tatsache, dass sich in den einschlägigen Katastrophenfilmen am Ende immer alle wertschätzten und anfreundeten, weil sie nur gemeinsam überleben konnten. Wenn ein Passagier also stinkig wurde, stellte ich mir vor, dass er nach einer Notlandung in der Wildnis für mich nach Wasser suchen oder Kleintiere als Nahrung für uns erlegen würde.

Das Konzept ging auf und trug mich sechs Jahre lang durch den Joballtag. Ich wäre nie auf die Idee gekommen, meine »Emotionsarbeit« als solche zu betrachten, geschweige denn meine besonders feinfühlige Wahrnehmung für die Bedürfnisse anderer als gefakt zu betrachten.

Meine damalige Gefühlsmanagementstrategie hat inzwischen ebenfalls ein offizielles Framing: *»Deep Acting«* gehört zum Schulungsrepertoire der Dienstleistungsbranche, denn dort wird Glaubwürdigkeit beim Dauerstrahlen erwartet, auch wenn eine Angestellte dafür ihre Gefühle zurechtbiegen muss. Oder auf Schulungsdeutsch: Die ursprüngliche Empfindung wird der Situation angepasst, sodass Ausdruck und Gefühl übereinstimmen.[21]

Meine gesamte Kindheit und Jugend über habe ich meine Wahrnehmung für die Bedürfnisse anderer geschult, um Anerkennung oder Zuneigung von Erwachsenen einzusammeln. Als Grundschulkind habe ich noch das Knicksen gelernt, als wäre jeder Besuch bei Verwandten eine Audienz bei der Queen. In einem Dienstleistungsjob fühlte ich mich später darum wie ein Fisch im Wasser, ein Empathie-Coaching wäre bei mir folglich überflüssig gewesen.

Trotz meines anerzogenen Talents konnte ich natürlich nicht jede Situation retten, und ohne dass ich es bewusst wahrnahm, setzte eine innere Erosion ein, an deren Ende ich vor einem Psychiater saß, der zusammenfasste: »Sie sind nicht depressiv, Sie sind im falschen Job. Da schlummert noch was anderes, und das klopft jetzt an.« Ich kann mich leider nicht an den Namen des Psychiaters erinnern, aber ich werde ihm für immer dankbar sein.

Willkommen im Deutsche-Bahn-Wutraum

Nach einem Gefrierlächelvorfall liege ich manchmal nachts wach und geißele mich mit allen möglichen schlagfertigen Antworten und sonstigen Reaktionen, die mir vielleicht hätten einfallen können. Wenn ich auf die besagte Attacke gefasst gewesen wäre. Was selten der Fall ist. Es sei denn, es handelt sich um das Hoheitsgebiet der Bahn. Angesichts der Tatsache, dass sich Bahnfahrten in Deutschland zu einem »Versteckte-Kamera-Event« entwickeln, muss man sich auf eine Atmosphäre der Angriffslustigkeit einstellen.

Um die eigenen Erwartungen dem aktuellen Zustand der Bahn anzupassen, könnte man den Fahrplan des Unternehmens wie ein Trial-and-Error-Experiment betrachten: Wir probieren mal eine Verbindung aus und warten, was passiert. Sofern der Zug nicht ausfällt. Dementsprechend fährt schätzungsweise jeder zweite Fahrgast sowieso schon mit einem erhöhten Adrenalin- und Cortisolpegel Bahn, zumal die Zahl der möglichen Trigger durch defekte Gleise, Züge und Stellwerke sowie fehlendes Personal exponentiell gestiegen ist. Für die Häufung physischer und verbaler Übergriffe auf Schaffner:innen kann man schlecht das Personal selbst verantwortlich machen – die Aggression liegt in der Luft und wird bei Gelegenheit auch gern mal an Mitreisenden ausgelassen. Ich möchte noch weitergehen und behaupte, dass sich die Abteile der Bahn zu einer Vielzahl inoffizieller Rage Rooms, auf Deutsch »Wuträume«, entwickelt haben.

In ihrer ursprünglichen Funktion und Bedeutung sind das liebevoll eingerichtete Räume, inklusive Deko und Geschirr, in denen ein zahlender Gast für 250 Euro mit einem überdimensionierten Hammer zertrümmern kann, was ihm oder ihr vor die Nase kommt. Um Dampf abzulassen. Ich gehe davon aus, dass es sich um Sperrmüll handelt, was das Vergnügen in meinen Augen etwas schmälert, aber anders wäre es wahrscheinlich gar nicht mehr bezahlbar. Solche Etablissements werden übrigens zu 70 Prozent von Frauen besucht. Woraus man den Schluss ziehen könnte, dass Frauen ihren Aggressionen vor allem dann freien Lauf lassen, wenn sie die Schäden schon vorab zahlen dürfen. Außerdem soll niemand verletzt werden, und sie möchten sichergehen, dass jemand das Chaos wieder aufräumt. Das sind Bedingungen, die sich in einem durchschnittlichen Haushalt nur schwer umsetzen lassen.

Gemessen an dem Grad der Zerstörung, den Frauen in den professionellen Rage Rooms hinterlassen, und ihrer Zahlungsbereitschaft für ein vergleichsweise kurzes Vergnügen, dürfte der Pegel an unterdrückter Wut gesundheitsgefährdend hoch sein. Was würde wohl passieren, wenn die Wut-Kundinnen ihr eigenes Zuhause inklusive Bewohner:innen in einen Rage Room verwandeln könnten …?

Die Bahn ist vergleichsweise preiswerter und einfacher verfügbar, auch wenn das Mobiliar in der Regel heil bleibt. Dafür stehen, wie gesagt, menschliche Blitzableiter:innen zur Verfügung. Und das Geschlechterverhältnis unterscheidet sich deutlich: Auf 100 wütende Männer in den Rage Rooms der Deutschen Bahn kommen 0 wütende Frauen. Zumindest tragen sie ihren Ärger nicht nach außen – so weit das Ergebnis meiner persönlichen Stichprobe von circa 60 Fern-Bahnfahrten pro Jahr, plus diverser Kurzstrecken. Vielleicht, weil sie erkannt haben, dass weder die Angestellten noch irgendwelche Mitreisende für den Zustand von Zügen und Gleisen verantwortlich sind? Die Mehrheit des Personals ist sogar schwer in Ordnung. (Wer mir nicht glaubt, schaue sich bitte die Zugtänze auf dem Insta-Account von @elena_uhlig an.) Bahnreisenden Männern müsste das grundsätzlich auch klar sein, was allerdings bedeuten würde, dass sie diese Tatsache bewusst ignorieren, um jederzeit einen Anlass zu haben, sich abzureagieren.

Ich weiß nicht, wie oft ich in der Bahn schon hektisch meine Laptopkopfhörer hervorgekramt habe, wenn ein Mitfahrender sich einen Schaffner, gern auch eine Schaffnerin, vorgeknöpft und dabei das ganze Abteil übertönt hat. Manche Eiferer legen sich auch mit Mitreisenden an, die naiv genug sind, einen solchen Schlagabtausch gewinnen zu wollen. Wie ich. Ich habe – meistens – Spaß am spontanen Geplänkel mit Fremden und denke mir erst mal nichts Böses.

Es fing ganz harmlos an. Mit einem Telefonat in einem Großraumabteil der Bahn, in dem ein Aufkleber an der Wand klarstellte, dass Handygebrauch ausdrücklich erlaubt sei. Ich bemühte mich trotzdem, leise zu sprechen, konnte aber schon nach kurzer Zeit aus dem Augenwinkel beobachten, wie ein Mitreisender zwei Sitzreihen vor mir unruhig wurde und sich immer wieder zu mir umdrehte. Eigentlich hätte der Abstand gereicht, um mein Telefonat geflissentlich überhören zu können. Während ich versuchte, bei dem Schwiegermutterproblem einer Freundin zu helfen – »Wenn sie dauernd unangemeldet vor der Tür steht, geht das zu weit, finde ich« –, fing der neugierige Gast vor mir an, mein Gespräch zu kommentieren: »Also, ich würde es mir mit der lieber nicht verderben.« Die Bemerkungen aus dem Off kamen auch bei meiner irritierten Freundin an. Irgendwann switchte ich um auf Dreieckskommunikation und gab die Tipps des Mitreisenden an meine Freundin weiter: »Ich soll dir sagen, dass du sie nach Rezepten fragen sollst. Das stimmt sie friedlich.« Und ich dachte mir mit meiner Freundin sogar kichernd ein paar Extra-Fragen für unseren unbekannten Zuhörer aus: »Ihr Mann kommt oft satt nach Hause – was, wenn sie herausfindet, dass er heimlich bei seiner Mutter isst?« So weit, so lustig.

Unser Bahnbeziehungscoach hatte irgendwann offenbar das Ende seiner Reise erreicht, ich konnte sehen, wie er zusammenpackte – und in dem Moment, in dem er mit seinem Gepäck an meinem Platz vorbeiging, wurde mir klar, dass er sein Feedback zu unserer Konversation komplett anders gemeint hatte, als meine Freundin und ich es gedeutet hatten. Er beugte sich nämlich blitzschnell zu mir herunter, so weit, dass der Rucksack in seinen Nacken rutschte, ich seinen Bieratem riechen konnte und mein Handy in den Schoß fallen ließ, um die Hände hochnehmen zu können, während er mich anzischte: »Es interessiert keinen Arsch, was ihr dämlichen Bitches euch zu erzählen habt«, richtete sich wieder auf und sprintete Richtung Ausgang.

Dieser Vorfall steht in einer langen Reihe von Erlebnissen in der Bahn, die mal amüsant, mal weniger amüsant waren. Die meisten habe ich vergessen, aber diese Szene ist im Detail bei mir hängen geblieben – aus mehreren Gründen. Ich halte sie für ein passendes Fallbeispiel, um eine grundsätzliche Schräglage zu beleuchten: Als sich dieser Mitreisende zu mir herunterbeugte, unterschritt er deutlich die übliche Distanzzone von einer Armlänge und war mit seinem roten Gesicht direkt vor meinem. Er hegte die klare Absicht, mich zu bedrohen und zu demütigen. Die Art, wie er mich angegangen war, hatte etwas von einer gut geplanten kleinen Rache, und ich war tatsächlich so perplex, dass ich nicht in der Lage war, irgendwie zu reagieren. Was mich darüber hinaus irritierte, war mein Spiegelbild im Abteilfenster – bei dem ich ein eingefrorenes Lächeln registrierte. Offenbar war das mein erster Reflex auf diesen Angriff gewesen, gute Miene zum bösen Spiel. Statt dem Typen eine zu verpassen oder ihn an seinem Rucksack zu Boden zu zerren.

Als er den Zug verlassen hatte, machte ich mir Gedanken darüber, wie diese Aggressionen aus dem Nichts zu erklären wären. Nicht, um sein Verhalten zu rechtfertigen, aber vielleicht als Versuch, die Situation wenigstens rückblickend unter Kontrolle zu bringen. Offenbar hatte er sich vorgeführt und gedemütigt gefühlt. Was darauf schließen ließ, dass er das Dreiecksgespräch davor weder als locker noch als lustig empfunden hatte. Im Gegenteil: Mein Humoreinsatz schien ihn sogar aggressiv gemacht zu haben.

Bis zu dem Punkt, an dem er in das Telefonat mit einbezogen wurde, hatte er das Gespräch dominiert. Aber offenbar waren seine Sprüche nicht spielerisch, sondern passiv-aggressiv intendiert. Meine Dreieckskommunikation hatte dann aus dem Geplänkel einen Austausch auf Augenhöhe gemacht, mit dem er wohl nicht einverstanden war. Ich vermute, dass er aus seiner Sicht an Souveränität verloren hatte. Vielleicht, weil er sich durch mich ausgebremst fühlte. Den Gesichtsverlust wollte er dann mit einer körperlichen Drohgebärde wieder ausgleichen. So weit, so unlustig. Und nebenbei, zugegeben, auch stereotypisch weiblich-asoziales Verhalten zu pychologisieren.

Spaß beiseite

Humor ist das erste Mittel zur Demontage von Machtstrukturen, es setzt die Bereitschaft voraus, Kontrolle abzugeben, weshalb Autokraten selten Humor verstehen und ihn noch seltener öffentlich zulassen. Wer es trotzdem versucht, macht sich der »Majestätsbeleidigung« schuldig. Recep Tayyip Erdogan beispielsweise verfolgt jede:n Creator:in eines Memes, das auf seine Kosten geht. Es reicht aber auch, sein Konterfei auf einem Wahlplakat mit einem Hitlerbärtchen zu ergänzen, um zu einer Haftstrafe verurteilt zu werden.

Ich vermute, dass auch der empfindliche kleine Großraumabteilherrscher in meinem Zug der Meinung war, dass es mir nicht zustand, seine Übergriffigkeit mit Humor zu kontern. Damit ist er mein aktuellstes Beispiel für eine lange Abfolge von heimlichen Erdogans, die mir schon in der Schule, im Studium, als Flugbegleiterin und als Journalistin in diversen Chefredakteurssesseln begegnet sind.

Aus Anlass unseres Abischerzes hatte ich zum Beispiel dem humorlosen und autoritären Schuldirektor auf einem selbst gemalten Plakat ein Hitlerbärtchen verpasst und war zu einem äußerst unangenehmen Gespräch geladen worden, in dem die korrekte Bewertung meine Abiturklausuren infrage gestellt wurde. In der Uni war ich wegen eines Scherzes über den schlüpfrigen Charme eines Profs aus dem Vorlesungssaal geschmissen worden. Nach einem Lachkrampf in der Businessclass, ausgelöst durch den Nahkampf mit dem Toupet eines Passagiers, hatte ich für den Rest des Langstreckenfluges im hintersten Teil des Flugzeuges weiterarbeiten müssen. Und bei einem großen Nachrichtenmagazin war mir die humorvolle Kritik an einem nachrichtenfreien Titelblatt auf die Füße gefallen.

Aus Sicht meines jeweiligen Gegenübers hatte mein Verhalten eine Grenzüberschreitung dargestellt und damit eine Art von Angriff, weil er (Schuldirektor, Prof, Passagier, Chefredakteur) sich qua Alter und Geschlecht in der Rangordnung über mir sah. Genau genommen waren meine Scherzattacken auch genauso gemeint gewesen – als humorvoll verpackte Provokation. Unter Gleichgestellten hätte sich daraus möglicherweise ein lockerer und lustiger Schlagabtausch entwickelt.

Ich hatte es aber mit waschechten Patriarchen zu tun. Obwohl ich nicht mit einer humorvollen Reaktion rechnen konnte, war ich angesichts der Heftigkeit mancher »Gegenangriffe« dann doch etwas erschrocken. Und habe jenes eingeübte eingefrorene Lächeln aufgesetzt, das sich manchmal auch in Alltagssituationen oder Filmszenen, in denen eine Frau angegriffen wird, unwillkürlich auf mein Gesicht schleicht. Und ich frage mich, wann und wie oder nach welchem Vorbild ich diese Reaktion ursprünglich gelernt habe.

Ab in die Ecke

Wut-Expertin Almut Schmale-Riedel hat herausgefunden, dass wir in den ersten sechs Jahren unseres Lebens nach dem Vorbild unserer Herkunftsfamilie unsere individuelle Wuthaltung entwickeln. Es kommt also darauf an, welche Erfahrungen wir als kleine Menschen machen: Was passierte, wenn wir als Kinder unsere Wut zeigten? Durften wir auch mal ausflippen, ohne gleich aufs Zimmer oder in die Ecke geschickt zu werden? Haben unsere Eltern uns wissen lassen, dass sie das Bedürfnis, das sich hinter unserer Wutattacke verbarg, verstehen und achten?

Und wie sind Mutter und Vater miteinander umgegangen, wenn es Zoff gab? Wer war auf wen warum sauer? Hatte jeder und jede in der Familie ein gleiches Recht auf Wut? Durfte es überhaupt auch mal laut werden?

Wer hat sich als Erstes beim anderen entschuldigt, und galt das dann als Einknicken und Kapitulation oder als eine liebevolle Annäherung? Gab es überhaupt irgendwann eine Versöhnung nach einem Streit oder nur ein gegenseitiges Ignorieren, Sich-aus-dem-Weg-Gehen? Vielleicht war eine Entschuldigung auch nicht nötig, weil die befreite Wut einen erschöpften Frieden mit sich gebracht und jeder und jede wieder seinen Raum zurückerobert hatte. Zumindest für kurze Zeit. Oder blieb die dicke Luft stehen, und die Kinder zogen die Köpfe ein, um keine wütende Aufmerksamkeit auf sich zu ziehen?

Breathe, Baby!

Meine Mutter konnte eine überragende Wut entwickeln. Ihre Wutausbrüche waren rar, aber gefürchtet. Vor allem, wenn sie der Meinung war, dass sie verschaukelt wurde. Das Ganze funktionierte wie bei einem Überlaufventil – je länger sich die Energie staute und gärte, desto größer der Knall bei einer Eruption. In solchen Momenten hallte ihre Stimme durchs ganze Haus und ließ alle anderen einfrieren, meinen Vater inklusive, der sonst nie eine Chance auf einen provokativen Spruch verstreichen ließ und überhaupt selten verstummte.

Aus meiner Kindersicht wurde meine Mutter dabei zu einem mächtigen und wunderschönen Wutmonster.

Heute erscheint es mir beinahe seltsam, dass ich in diesen Momenten überhaupt keine Angst hatte. Ich muss gewusst haben, dass ich weder der Anlass noch das Ziel dieser Wut war. Ich genoss den Augenblick sogar, weil rund um das Zentrum des Orkans Stille herrschte und die Zeit vorübergehend stehen blieb. Ich war beeindruckt zu sehen, wie mein Vater strammstand, und spürte eine kribbelnde Aufregung, wenn ihr Ausbruch die Luft zum Vibrieren brachte und den ganzen Raum ausfüllte. Für mich hatte sie Anspruch auf diesen Raum, und ein Teil von mir war voller Bewunderung für die Größe, zu der sie in diesem Moment anschwoll. Eine kathartische Kraft – danach war die Luft klarer.

Im Rahmen einer stabilen Ehe und zu einer Zeit, in der es nur wenige Zweifel an einer klaren Rollenverteilung gab, in der Frauen so reibungslos funktionierten, dass sie irgendwann übergangen und übersehen wurden, hat meine Mutter mit ihrer Wut einen zeitlosen Augenblick lang alle Aufmerksamkeit auf sich gezogen. Wie bei einem nächtlichen Sturmgewitter, bei dem die Blitze einen Atemzug lang die Landschaft erhellen, sodass alle sich wieder orientieren können.

Danach waren alle um sie herum wieder an ihrem Platz bzw. weit genug auf Abstand, um sie in ihrer ganzen Bedeutung sehen zu können. Bis der Alltag und die Kleinstadt sie nach und nach wieder verschwinden ließ, die Wut sich abermals aufschichten konnte und der Kreislauf dieser kleinen Seelenhygiene von vorn begann.

Wäre meine Mutter 50 Jahre später geboren worden, hätte sie vielleicht Karriere gemacht – nach ihrem Abitur, einer Ausbildung in England und einem Studium. Das waren ihre Wünsche als junge Frau gewesen, bevor sie eine Familie gründen wollte. Keiner davon ist in Erfüllung gegangen, weil es für den elterlichen Landhandel keinen Nachfolger gab und sie das Büro übernehmen musste. Und irgendwann heiratete. Und Kinder bekam. Das Leben, das sich ergibt, wenn man keine anderen Pläne machen kann.

Heute wäre sie vielleicht Geschäftsführerin eines mittelständischen Unternehmens, sicherlich auch verheiratet, hätte vielleicht eher zwei als drei Kinder. Voraussichtlich würde sie aber trotzdem zwei Drittel der Hausarbeit erledigen, und sie wäre diejenige, die die Kinder von der Kita abholen würde, wenn sie krank wären. Gut möglich, dass sie sich mit ihrem Mann darüber streiten würde, wer wann die Arbeit reduzieren könne, damit Hausarbeit und Fürsorge fairer verteilt wären. Ihr Mann würde mit großer Wahrscheinlichkeit dem Druck des Arbeitgebers nachgeben und weiter Vollzeit plus Überstunden arbeiten, weil man ihm zu verstehen gäbe, dass er eine Karriere in Teilzeit komplett vergessen könne. Unter Umständen würde er an den Wochenenden lange Motorradtouren machen oder Kitesurfen gehen, um einen Ausgleich zu dem Stress zu Hause und im Job zu haben. Ab und zu stünde auch eine Kneipentour mit Freunden an, das müsse mal drin sein, und am nächsten Morgen Ausschlafen, mit einem Hangover könne er sich ja schlecht um die Kids kümmern. Und schließlich kümmere er sich trotzdem jedes Wochenende um die Einkäufe und den Wagen und gehe meistens auch mit den Kids auf den Spieli, damit seine Frau auch mal Zeit habe, um sich in Ruhe um die Wäsche und den Garten zu kümmern. Und alle, die ihn zwischen Supermarkt und Spielplatz treffen würden, würden auch bestätigen, dass er sich so engagiere als Vater und wie toll das sei.

Während diese Schräglage zum gemeinsamen Alltag geworden wäre, würde sie vielleicht sogar spüren, dass manchmal die Wut in ihr hochkriecht, aber bevor sie davon etwas an den Kindern ausließe, nähme sie sich zehn Minuten Me-Time, mehr wäre nicht drin, zündete eine Duftkerze an und machte gleich morgens ein paar Yogaübungen oder eine der angeleiteten Meditationen und Atemübungen auf Spotify. Am Nachmittag würde sie ihrem Coach schreiben und nach einem Termin fragen. Vielleicht könnte sie an ihrer Haltung arbeiten, um die Emotionen besser zu managen. Acht Stunden Schlaf wären toll, aber in der letzten Zeit würde sie immer wieder um fünf Uhr aufwachen, mit unerklärlichem Herzrasen, und danach würde jedes Mal dieser Grübelzwang einsetzen, der sie nicht wieder einschlafen ließe: Arzttermine, Nachhilfe und Regensachen für die Kinder, Elternratssitzung, Finanzamt, die Tochter würde in der Schule gemobbt werden, und die eigene Mutter bräuchte dringend eine andere Pflegestufe – eine müsste sich ja um den Papierkram kümmern.

Sie selbst wäre oft so wahnsinnig erschöpft und traurig, obwohl es dafür doch gar keinen Grund gäbe, bis auf diese vielen Kleinigkeiten, die jede für sich eigentlich gut zu bewältigen wären, käme nicht immer alles auf einmal … *To be continued.* Ein durchschnittlicher Mütteralltag im Jahr 2024.

Keine Frauengeneration zuvor war so sehr damit beschäftigt, ihre Aggressionen umzuleiten, abzuleiten, auszuleiten. Zur Not auch mit therapeutischer Hilfe. Das Netz ist voll von Posts und Filmen, Lachyoga, ekstatischem Tanzen, weißem Rauschen und binauralen Wellen, die Seelenfrieden versprechen und Frauen beschwören, durch noch mehr Achtsamkeit ihre Ziele zu erreichen. Viele erleben ihre Wut einfach nur als zusätzliche Belastung und sind dankbar, wenn sie die Wechseljahre für ihre Aggressionen verantwortlich machen können, weil dann Hormonersatztherapien, der passende Vitaminmix oder wechselwarme Fußbäder helfen könnten. Nur eine weitere Dimension in unserem zeitfressenden Universum rund um einen noch schöneren oder ewig jungen Körper, die sich zur Abwechslung mal nach innen richtet. Da wird die Psyche geglättet, gestrafft und trainiert, bis alles an ihr abperlt oder absorbiert wird. Egal, ob es sich um miese Bezahlung, Dreifachbelastung durch Haushalt, Kinder und Job oder drohende Altersarmut dreht – *breathe, Baby.*

Wie wäre es denn aber mal mit etwas exponierter Wut? Zum Beispiel einer »*Window Smashing Campaign*«. Man stelle sich vor: 150 Ladys marschieren durch die Londoner Innenstadt, bewaffnet mit Hämmern, zertrümmern die Schaufenster der Luxusgeschäfte und verwandeln ganze Straßenzüge in ein Glassplittermeer. Das würde jede Selbstklebeaktion der Letzten Generation in den Schatten stellen.

Allerdings ist diese Aktion bereits Geschichte, denn genau das war im März 1912 in London passiert, nachdem die britische Frauenbewegung jahrzehntelang friedlich für das Frauenwahlrecht demonstriert hatte. Vor mehr als 110 Jahren.[22]

Es spricht natürlich überhaupt nichts dagegen, sich selbst zu erforschen und zu verwöhnen, wenn es darum geht, ungesunden Gewohnheiten, Mustern oder Glaubenssätzen entgegenzuwirken – solange die gewonnenen Erkenntnisse dazu führen, dass sich auch im Außen, an den Lebensumständen, im Job oder in der Beziehung irgendetwas verändert. Zum Guten. Im Sinne einer Entlastung.

Viel zu viele Frauen passen aber ihre innere Haltung an, gern auch ihre Ernährung, und bleiben im gewohnten Kontext stecken. Unter anderem, weil es ihnen an Energie und Zeit fehlt, um zum Beispiel auf die Straße zu gehen, und an der Portion Skrupellosigkeit, die es braucht, um Fenster einzuschmeißen.

Die Klügere gibt lieber nicht nach

Unterdrückte Wut macht atemlos und verursacht Übelkeit, sie löst Schmerzen aus im Rücken und im Oberbauch. Zumindest bei mir. Und vielleicht war sie nicht nur Auslöser, sondern auch Ursache für eine Kombination aus einem Herzkrampf und einem nachfolgenden, durch Entzündungen ausgelösten Herzinfarkt vor rund sieben Jahren. Zu diesen Ereignissen habe ich mich in der Zeit danach bereits hinreichend geäußert, aber es brauchte weitere Jahre, um zu erkennen, wie Körper und Seele damals zusammenspielten. Welche Rolle emotionaler Stress und chronischer Ärger dabei gespielt haben müssen.

Die Röntgenaufnahmen aus der Zeit zeigen, dass es keine der üblichen verstopften Adern, keine Arteriosklerose gab, sondern vielmehr Krämpfe und Entzündungen, die das Herz in seiner Funktion eingeschränkt hatten. Tückischerweise gibt es keine chirurgischen Maßnahmen, die eine Wiederholung dieser Symptome ausschließen könnte, genau genommen muss ich mich also selbst darum kümmern, dass meine Leitungen frei bleiben – indem ich auf meine mentale und emotionale Gesundheit achte.

Die Wut hat mich dabei auf die Spur meiner Erkrankung gebracht, denn sie ging meinem Herzkrampf unmittelbar voraus. Eine Wutattacke, ausgelöst durch einen Streit, so stark, dass mir schwindelig wurde. Ein rasendes Gefühl, das ich über Jahre nicht als solches registriert hatte, obwohl mein Blutdruck in ähnlichen Situationen bis zum Scheitel pochte und ich nach Luft schnappen musste. Wahrgenommen habe ich nur das ständige Gefühl von Überforderung und totaler Erschöpfung und tiefer Traurigkeit, denn das waren Emotionen, die zu meinem Lebensstil und zu meiner Vorstellung von gesellschaftlich adäquaten weiblichen Gefühlen passten. Ein Burn-out oder eine Depression durch Kinder- und Jobbelastung, durch Selbstversklavung – das sind Leiden, die zur Leistungsgesellschaft und zum Wettbewerb passen, da gibt es verständnisvolles Nicken von allen Seiten. Aber Herzprobleme durch Gefühls-Burn-out, *wheired* – das muss man den meisten erklären. Obwohl der Zusammenhang so logisch erscheint, wenn man dem semantischen Wissen der passenden Wörter vertraut: In früheren Jahrhunderten sind Menschen an gebrochenem Herzen gestorben, ohne dass jemand den wissenschaftlichen Beweis für diesen Zusammenhang gefordert hätte. Ich begann mich zu fragen, was ich eigentlich auf dem Herzen hatte, was ich mir besonders zu Herzen nahm, wann ich aufgehört hatte, mein Herz auf der Zunge zu tragen, was oder wer mir aus dem Herzen sprach, ohne den Umweg über den Kopf, ich musste mir ein Herz fassen, um meinem Herzschmerz nachzuspüren.

Ich stellte mir die Fragen, die mir kein:e Mediziner:in gestellt hat: »Was passiert gerade in deinem Leben? Im Job? Läuft da vielleicht schon seit Jahren etwas schief?« Bis eine Herzwand den Dienst versagt, muss sie lange Zeit überlastet gewesen sein. Anders ausgedrückt, habe ich mich offenbar über einen langen Zeitraum von mir selbst entkoppelt und jedes körperliche Warnsignal ignoriert.

Der kanadische Arzt und Bestsellerautor Gabor Maté erforscht seit Jahrzehnten den Zusammenhang zwischen unterdrückten Gefühlen und chronischen Krankheiten und zitiert in seinem Buch einen *The New York Times*-Titel, der Mütter als »*Shock Absorbers*«[23] der Gesellschaft identifiziert. Aus Matés Sicht ist es vor allem die emotionale Arbeit der Frauen, die die Kernfamilie und eine ganze Gesellschaft zusammenhält und die Frauen darum enorm anstrengt. Während sie ihre eigenen Bedürfnisse ignorieren, vor allem in Krisenzeiten.

Ohne frei entscheiden zu können, mussten vor allem Frauen die Folgen der Covid-Pandemie und die entstandenen Versorgungslücken auffangen – sowohl als professionelle »Caregiver« in sozialen und medizinischen Berufen als auch in ihrer Rolle als familiäre Fürsorgeprofis.

Es gab keinen allgemeinen Aufschrei angesichts dieser ungleichen Verteilung gesellschaftlicher Mehrlasten, unter anderem, weil den meisten Müttern, isoliert, überfordert und ans Haus gefesselt, nur die Option blieb, die eigenen vier Wände anzuschreien. Oder die Ausraster sozialverträglich konsumierbar in den sozialen Kanälen zu lassen, oft über sarkastische Memes, aber auch die haben sich versendet. Während der Krise hat sich gezeigt, dass Frauen den zusätzlichen Stress eher in sich vergraben und sich selbst die Schuld geben, wenn nicht gelingt, was nicht zu schaffen ist. Es interessiert bis heute niemanden, wie viel Ohnmacht und Frust den Weg nach innen gefunden und bei den betreffenden Frauen Depressionen oder chronische Krankheiten ausgelöst haben.

Maté stellt fest, dass viele Patientinnen keine Ahnung haben, wie sie ihren Ärger auf eine gesunde Art und Weise ausdrücken sollen.

Für ihn ist es darum alles andere als ein medizinisches Rätsel, dass Frauen sehr viel häufiger als Männer seelische und chronische körperliche Erkrankungen entwickeln: »80 Prozent der Menschen mit Autoimmunerkrankungen sind Frauen, weil sie in ihrer Rolle feststecken.«[24]

Das Frausein in einer patriarchalen Welt bedeute Stress, so Maté. Sie müssten sich in diesem Kontext nicht nur selbst bewähren, darüber hinaus sollen sie auch noch den Männern beistehen. Weil das Patriarchat *männlichen* Anliegen wie Rationalität und ungesunden Machtdynamiken Platz mache, gleichzeitig aber den Frauen unbewusst die – mütterliche – Verantwortung für das seelische Gleichgewicht der Männer abfordere, während die sich der Kälte und dem Wettbewerb stellen müssten.[25]

Um meine eigene patriarchale Prägung zu erkunden, habe ich mich gefragt, mit welchen Wut-Vorbildern ich groß geworden bin. Meine Mutter war, wie gesagt, eine leidenschaftliche und beeindruckende Wütende, aber ihre kathartischen Episoden fanden im Schnitt nicht mehr als einmal im Quartal statt und konnten nicht wirklich dazu beitragen, dass sie in der Zeit dazwischen entlastet oder eher gesehen wurde. Und auch wenn ich ihre Rundumschläge als Zuschauerin genoss, wurde mir schon als Kind klar, dass sie dadurch kein Terrain gewinnen konnte. Ihr Einfluss beschränkte sich auf den Haushalt – und auf uns Kinder –, und schon bald nach dem Wutanfall kehrte das patriarchale Grundrauschen zurück. Wir lebten ja nicht auf einem Satelliten, und auch wenn es einzelne Ausreißer gab, blieben die meisten Frauen auf dem Land an ihrem Platz, während ihre Männer in geselliger Runde gern bestätigten, dass sie ja eigentlich total machtlos seien. Zu Hause. Wo sie die Verantwortung bezeichnenderweise freiwillig abgaben. Manchmal kam es mir so vor, als würden sie diese Arbeitsteilung tatsächlich als eine Art Ausgleich für ihre Privilegien betrachten. Bei allen scheinbar wichtigen Entscheidungen wurde die »Regierung« gefragt. Also, ob sie am Wochenende in die Kneipe durften oder was sie anziehen sollten. Beim Auto- oder Hauskauf wiederum oder wenn es um einen neuen Job ging, waren dieselben Pantoffelhelden dann wieder Alleinentscheider.

So wie die Männer meiner Generation, der heutigen Ü-50-Jährigen, am Wochenende für eine Wanderung oder Radtour verschwanden und ihre Partnerinnen mit dem Säugling zu Hause ließen, kam mein Vater verschiedenen Jagdeinladungen nach. Meine Mutter bezeichnete diese Events als »bewaffnete Spaziergänge« mit »anschließendem Saufgelage«. Tatsächlich kam mein Vater meistens mit altersschwachen und – nach der Zubereitung entsprechend – zähen Tieren nach Hause, aber immerhin brachte er Beute mit.

In den Jahrzehnten als Jäger schaffte mein Vater es trotzdem nie, bei meiner Mutter einen eigenen Jagdhund durchzusetzen. Obwohl wir Kinder von der Idee naturgemäß begeistert waren. Gleichzeitig war uns klar, dass meine Mutter recht hatte, wenn sie befürchtete, dass die »Instandhaltung« des Tieres bei ihr hängen bleiben würde. Deshalb wiederholte sich nach vielen Beutezügen dasselbe Ritual: Mein Vater stand angetrunken vor der Tür – mit einem Welpen aus dem Wurf des Hundes eines Jagdkollegen im Arm, und setzte einen bettelnden Blick auf. Meine Mutter sagte jedes Mal: »Du kannst gleich wieder umdrehen«, und schloss die Haustür vor seiner Nase. Damit war ihr Machtbereich symbolhaft markiert, und mein Vater hatte durch seinen dosierten Gehorsam Punkte gewonnen, die er bei anderen Gelegenheiten einsetzen konnte.

Die meisten Ehen damals pendelten sich auf dieses schräge Gleichgewicht ein, und die kleinen Machtscharmützel rund um scheinbar unbedeutende Alltagsdinge waren für das Umfeld oft sehr unterhaltsam und hatten auch etwas Verbindendes innerhalb der Geschlechter, sodass sich zwei Lager bildeten. Die Mütter machten sich über die tollpatschigen Väter lustig, die Väter gefielen sich in der leicht selbstironischen Pose des häuslichen Underdogs, der ein wenig Sado-Maso zwischen Küche und Garage genoss. Die Koketterie des Ehemannes mit seiner vermeintlichen Machtlosigkeit zu Hause war gleichzeitig Bestätigung für die Machtfülle außerhalb des häuslichen Raums.

Frauen mit Macht tauchten dort nicht auf. Nicht in meiner kleinen Welt. Die höchste Rangstufe war die einer Lehrerin oder Ärztin, weshalb ich mit Staunen die Karriere einiger Politikerinnen verfolgte. Frauen, die aus meiner damaligen Perspektive keinen Wutanfall brauchten, um ihre Macht zu sichern. Da konnte ich noch nicht ahnen, was es bedeutete, wenn eine Frau sich öffentliches Terrain eroberte.

Von den Alten Wut lernen

Seit ich selbst Teil der Medienbranche bin, erinnere ich mich an keinen einzigen öffentlichen Wutausbruch einer Frau. Um ein Vorbild für weibliche Wut zu finden, muss ich in meiner Erinnerung weit zurückgehen. Zu einer Politikerin, die ich bis heute schwer vermisse, eine, die sich noch getraut hat, bei Gelegenheit auch mal aus der Hüfte zu schießen. Ohne ein Social-Media-Team im Ohr. Als die SPD-Politikerin Regine Hildebrandt die Talkshows aufmischte, gab es noch keine Kanäle, auf denen man mit öffentlichen Kampfansagen Anhänger:innen sammeln konnte.

Selbst wenn es gänzlich andere Zeiten waren und nicht annähernd so viele tiefgreifende Krisen durch die Welt rollten – ich wüsste gern, was Regine Hildebrandt (1941–2001) zur Weltlage zu sagen gehabt hätte. Vielleicht so etwas: »Ich interessiere mich nicht für Politik, nur für Menschen und ihre Schicksale.« Oder: »Die Wahrheit ist manchmal brutal. Soll ich sie deshalb verschweigen?« Oder: »Erzählt mir doch nicht, dass es nicht geht!« Oder, in Richtung eines möglichen Bündnispartners: »Mit den Arschlöchern von der CDU koaliere ich nicht.« Hildebrandt konnte wütend werden und gleichzeitig begeistern. Statt einzuschüchtern.

Mit starken, eindringlichen und manchmal sehr provokanten Stimmen wie dieser bin ich aufgewachsen und habe sie als Schulkind erst mal gar nicht als Politikerinnen wahrgenommen. Und schon gar nicht als Revolutionärinnen, sondern einfach als Frauen aus einer anderen Welt. Die so ganz anders auftraten als die älteren Frauen und Mütter in meiner Umgebung.

Wie weit sich diese Politikerinnen aus dem Fenster gelehnt haben, ist mir erst über 40 Jahre später klar geworden, als ich mit meiner Tochter den Dokumentarfilm »Die Unbeugsamen« im Kino sah. Und sie im Anschluss fragte: »Wie haben die das durchgehalten?«

Es war einmal … So müsste man diese Phase in der deutschen Politik einleiten, denn was die *Damen* sich getraut haben, war angesichts der damaligen Bedingungen tatsächlich todesmutig.

Es war einmal vor langer Zeit, als eine große und von allen Parteien respektierte FDP-Politikerin ans Mikrofon trat, um eine Regierung zu retten und dafür ihre eigenen Parteigenoss:innen vorgeführt hat. Eine vergessene Zeit, in der die Frauen bei den Grünen die Parteiführung kaperten, fünf auf einen Schlag. »Spitze entmannt«[26] schrieb der *Spiegel* damals – eine historische Sensation, die bisher unerreicht geblieben ist.

Es war einmal eine Zeit, in der die Frauen im Plenarsaal des Deutschen Bundestages lautstark in Kategorien aufgeteilt wurden – fickbar oder eher nicht?

In dieser Zeit thronte am liberalen Ende des weiblichen Politikspektrums ein Gegenentwurf zu Regine Hildebrandt, die »Grande Dame« der FDP, Dr. Hildegard Hamm-Brücher. »Grande Dame« ist ein mehr oder weniger aussortierter Ausdruck für eine Respekt einflößende Souveränität, die damals eher Männern zugestanden wurde, verbunden mit einer höflichen Distanziertheit, die von privilegierten Frauen erwartet wurde. Hamm-Brücher füllte diesen Begriff aus, was auch bedeutete, dass sie nie »aus dem Rahmen fiel«, obwohl sie als »streitbare« Politikerin galt, weil sie selten auf ihre eigene Fraktion, geschweige denn auf andere Allianzen Rücksicht nahm, wenn sie etwas für richtig hielt. Zu dieser Zeit reichte es aber auch schon, dass sie eine Frau war und den Mund aufmachte – im letzten Jahrhundert war das ein Synonym für streitbar. Mit 29 Jahren war sie die jüngste Staatsfrau im Bayerischen Landtag gewesen, mit 80 drehte sie der Partei den Rücken zu, wegen antiisraelischer Äußerungen des damaligen Parteivize. Sich selbst hat sie eine »freischaffende Liberale« genannt. Eine, die nach allen Seiten austeilen konnte. Mit wohlgewählten Worten.

Hamm-Brücher trat im Oktober 1982 im Bonner Plenarsaal ans Mikro und hielt eine historische Rede, um eine Koalition ihrer Partei mit der CDU und damit eine Kanzlerschaft Helmut Kohls zu verhindern. In dieser Sitzung wurde über einen Misstrauensantrag gegen den amtierenden Bundeskanzler Helmut Schmidt, SPD, abgestimmt, und sie warnte den Gegenkandidaten Kohl davor, auf diese Weise nach der Macht zu greifen und den Willen der Wähler:innen zu ignorieren. Damit machte sie gleichzeitig den prominentesten Männern ihrer eigenen Partei eine Kampfansage, denn die vier damaligen Bundesminister der FDP wollten sich an den neuen Kanzler hängen.

»Sie beschädigen die moralisch-ethische Integrität von Machtwechseln«,[27] holte Hamm-Brücher damals aus, und dass durch diesen Vorgang der demokratische Anstand verletzt würde.

Kohl gewann die Abstimmung am Ende trotzdem, es gab einen Aufruhr in der Bevölkerung, die FDP erlebte eine Austrittswelle – 20 000 Mitglieder verabschiedeten sich aus der Partei.

Im Archivtext des Deutschen Bundestages zum Misstrauensvotum am 1. Oktober 1982 wird diese Rede mit keinem Wort erwähnt.

Als Hamm-Brücher später einmal in einem Interview nach den Gründen für ihren Einstieg in die Politik gefragt wurde, sagte sie sinngemäß: Es sei der Ärger darüber, dass bis dato zwei Weltkriege angezettelt worden waren. Von Männern. Und die Hoffnung, dass Frauen in der Politik diesen Schrecken in Zukunft verhindern könnten.

In den 80er-Jahren des letzten Jahrhunderts war die Fallhöhe für wütende Frauen wesentlich größer als heute. Ohne ein politisches Amt oder einen Zugang zu den Medien, die damals noch zu mehr als 90 Prozent männerdominiert waren, gab es kaum Möglichkeiten, sich zu artikulieren. Es blieb vor allem das Demonstrieren. Die zweite Welle der Frauenbewegung hatte angesichts dieser Rahmenbedingungen einen beispiellosen Erfolg, denn damals wurde nicht nur die ganze Bewegung, sondern es wurden auch einzelne Frauen ständig beleidigt und attackiert oder, wie es die Medien damals ausdrückten, mit »Hohn und Spott« überschüttet. Als wären sie an den Pranger eines mittelalterlichen Marktes gestellt worden. Vor allem Frauen, die es bis in politische Ämter geschafft hatten, hatten nicht nur mit dem politischen Gegner zu kämpfen, sondern auch mit Sexismus aus den eigenen Reihen. Die Machtausübung einer Frau außerhalb des häuslichen Bereichs, der als ihr angestammter Einflussbereich galt, wurde fortlaufend mit allerlei Demütigungen geahndet.

Als Nebenerscheinung der sexuellen Befreiung (»Wer zweimal mit der derselben pennt, gehört schon zum Establishment«) verrohten Sprache und Verhalten. Für Frauen wurde mancher Auftritt auf der politischen Bühne zum Spießrutenlauf. Parlamentarierinnen waren verbalen und auch körperlichen Übergriffen ausgesetzt, die heute allesamt eine Anzeige wegen sexueller Belästigung oder Beleidigung nach sich ziehen würden und die politische Karriere mancher Männer früh beendet hätten. Da wurde im Plenarsaal zum Beispiel schnell mal abgetastet, ob eine Parteikollegin einen BH trug, oder vom Rednerpult unter Applaus gefeixt, man hätte auch nichts gegen ein paar jüngere Frauen im Parlament. Auf diese Weise wurde die zahlenmäßige Übermacht der Männer auch rhetorisch stabilisiert, während der Anteil der Frauen in der Politik trotzdem deutlich anstieg.

Unter diesen Bedingungen den Rücken geradezumachen, erforderte zusätzliche Energie. Die Aktionen der Frauen in den 80er-Jahren zeigen deshalb, welche Kraft kanalisierte Wut entfalten kann, wenn sie einen klaren Gegner und ein gesellschaftliches Ziel hat. Wenn Frauen es schaffen, sich vom inneren Diktat ihrer Anpassungsbereitschaft zu lösen, und aufhören, sich ständig dankbar für etwas zu zeigen, das ihnen seit Jahrtausenden zusteht. Wenn sie ihre eigenen Erkenntnisse und Haltungen nicht mehr zurückhalten, weil sie befürchten, dafür angegriffen zu werden.

Beim Betrachten von Archivaufnahmen der damaligen Plenarsitzungen kann ich die energiegeladenen Vibes bis heute regelrecht spüren, die freigesetzt werden, wenn eine Frau am Rednerpult angesichts des Gebrülls männlicher Parlamentskollegen immer gefasster und mit glasklarer Wut formuliert, nach außen hin die Ruhe in Person.

Waltraud Schoppe von den Grünen forderte schon Anfang der 80er-Jahre eine Bestrafung für Vergewaltigung in der Ehe – erst 15 Jahre später wurde daraus ein Gesetz. Legendär ihr Auftritt am 5. Mai 1983 im Parlament, als sie sich direkt an die Männer aller Parteien wandte: »Wir fordern Sie alle auf, den täglichen Sexismus hier im Parlament einzustellen.«[28] Und: »Sie müssen noch etwas arbeiten an sich, meine Herren, damit die Würde dieses Hauses nicht ganz auf den Hund kommt.«[29] Schoppe schaute sich in aller Ruhe im Saal um, während Gelächter aufbrandete und einzelne »Herren« die Contenance verloren: »Mit dir will ja sowieso keiner pennen!« Schoppes Antwort am Rednerpult: »Ich merke, ich habe das Richtige gesagt. Sie sind getroffen.«[30]

Damals wie heute wird Frauen unabhängig von Thema und Kontext unterstellt, sie seien zu emotional, zu laut, nicht sachlich genug. In diesen ikonischen Filmszenen aus dem Parlament ist dokumentiert, wie die Realität den umgekehrten Beweis abliefert: Die Frauen wurden bei den Wortgefechten angesichts des Lärms immer kühler und gefasster, und die Männer rasteten aus. So beendete Schoppe in einer Debatte zum NATO-Doppelbeschluss ihre Rede mit dem Satz: »Wir brauchen keine neuen Raketen. Wir brauchen neue Männer in diesem Land.«[31] Die männlichen Reaktionen aus den Reihen der anderen Volksparteien lassen sich am besten unter dem Begriff »hysterisch« zusammenfassen. Es wird gebrüllt und demonstrativ gelacht, gefeixt, auf den Tisch gehauen.

Wie würden diese tumulthaften Szenen wohl heutzutage wahrgenommen und verarbeitet? Im Jahr 2024 würden sie unter Umständen viral gehen, die sexistischen Mansplainer würden wahrscheinlich gegrillt werden und Politikerinnen wie Schoppe, Hildebrandt und Co. könnten möglicherweise zu Politinfluencerinnen avancieren mit Millionen Followerinnen auf Insta, TikTok oder X. Möglicherweise.

Hildebrandt gelingt das auf eine Art und Weise sogar nach ihrem Tod. Aus Mangel an zitierfähigen Aussprüchen und angesichts des großen Bedarfs an hochwertigem Content geistert sie bis heute, 23 Jahre nach ihrem Tod, als Zitattafel durchs Netz. Unwidersprochen und unkommentiert. Gut so.

Aber da ist noch die andere Seite der Medaille: Wer weiß, was mit ihrer Entschlossenheit und Energie passiert wäre, wenn sie in den sozialen Medien ständig von der Seite angequatscht und angeranzt worden wäre. Zumal man dort vielleicht auch noch auf ihr androgynes Styling gezielt hätte. Wäre sie mit ihrer Kodderschnauze, ihrer manchmal ungefilterten Wut und Spontanität überhaupt jemals Politikerin geworden, ohne dass die Mühlen einer Cancel-Culture, die jeden Ausdruck auf die Goldwaage legt, sie ausgebremst hätten?

MILWs – *Mothers I'd like to see wrestling*

Ist es Spekulation zu behaupten, dass viele unerschrockene und kraftvolle Frauenstimmen erst gar nicht den Weg in die Öffentlichkeit finden, weil sie vor dem vielen anonymen Hate, der ständigen Kommentierung und vor geballter dreister Dummheit verständlicherweise den Kopf einziehen?

Als wären die meist anonymen Angriffe frauenfeindlicher Hater und Maskulinisten nicht schon genug, kultivieren die sozialen Plattformen den Ärger von Frauen auf andere Frauen, indem sie ihnen bevorzugt die Meinungsäußerungen aus der eigenen Bubble zuspielen. Und sich darauf verlassen können, dass die Kommentarspalten sich von allein füllen.

Diejenigen, die es bis zu einer respektablen Zahl an Followerinnen geschafft haben, werden von der eigenen Community klein gehalten, weil sie in Ping-Pong-Dialoge oder Clusterdiskussionen verwickelt werden. In manchen Fällen als Reaktion auf komplett harmlose Posts – ein wahlloses Beispiel für gegenseitiges Mütterbashing: Susanne Mierau, @fraumierau, *Spiegel*-Bestsellerautorin, Pädagogin und Feministin, postete ein Selfie aus einem Kurzurlaub in Strickjacke, entspannter Blick zur Seite. Im Text darunter erzählte sie, dass sie gerade für ein paar Tage an der Ostsee sei, ohne Familie oder Freund:innen, »um Kraft zu sammeln für unseren herausfordernden Alltag und um ein paar Tage in Ruhe zu arbeiten«. Es ist in diesem Zusammenhang wichtig zu wissen, dass Mierau dreifache Mutter ist, eines der Kinder ist schwerbehindert.

Schon im zweiten Kommentar unter dem Bild der erste Angriff: »Was sollen Menschen machen, die nicht einfach wegfahren können, um ›Kraft zu tanken‹? Schön für dich, aber ich finde das mal wieder so weit weg von der Realität. Passt zu dieser Plattform …«. @fraumierau antwortete höflich, dass so eine Auszeit allen Müttern zugänglich sein sollte, dass das sicherlich ungerecht sei … dass die Mütterkuren der Krankenkassen den Bedarf nicht abdecken könnten … Nicht, ohne irgendwann auch zu erwähnen, dass sie die Nachricht als Angriff verstünde. Und ungerecht finde.

Es folgt eine typische Ping-Pong-Diskussion zwischen Anhängerinnen und Kritikerinnen. Einige Mütter springen Mierau zur Seite und gehen auf die Verfasserin des Neidkommentars los: »Schade, dass du so voll Bitterkeit bist, dass du bei den Stichworten *allein* und *Auszeit* so um dich schlagen musst.« Woraufhin die Verfasserin zugibt, dass sie da »etwas empfindlich« sei, weil Influencerinnen wie Mierau den Eindruck vermittelten, es sei alles eine Frage der Organisation, »aber es hat auch sehr viel mit strukturellen Ursachen zu tun«. Aber genau darüber habe Susanne Mierau doch schon geschrieben, kontert die Community blitzschnell. Und Mierau selbst wird jetzt langsam sauer: »Ich glaube nicht, dass du auch nur ansatzweise weißt, wie mein Alltag aussieht und welchen Herausforderungen ich gegenüberstehe.« Man muss weit runterscrollen, bis sich die Kommentarspaltendebatte etwas beruhigt und jemand einfach nur »krasse Diskussion hier« einwirft.[32]

Als völlig Unbeteiligte überkommt mich nach einigen Minuten Lesezeit ein Gefühl der Hoffnungslosigkeit. Wenn feministische Mütter ihre Zeit darauf verschwenden, andere feministische Mütter zu dissen (die wiederum gezwungen sind, zu reagieren), die mehrere Bücher über ihre Belange und die politischen Forderungen, die daraus resultieren, geschrieben haben – wie soll das Thema dann jemals Mütter und Familien außerhalb dieser Blase erreichen? Geschweige denn andere Medien, Wirtschaft oder Politik? Wieso richtet sich dieser massive Stau aus Frust und unterdrückter Wut ausgerechnet gegen Frauen, die unter demselben Druck stehen?

Vielleicht, weil hier ein Phänomen greift, das eher im Zusammenhang mit Attraktivitätsvergleichen auftaucht … Die Psychologin und Autorin Sandra Konrad erklärt es so, dass Frauen es gewohnt seien, von Männern für ihr Aussehen bewertet zu werden. Frauen seien von jeher darauf angewiesen gewesen, sich den Bedürfnissen der Männer anzupassen, die das Sagen haben. Die Attraktivität einer Frau sei neben ihrer Herkunft jahrhundertelang entscheidend für ihren Status und ihr Überleben gewesen, denn ohne männlichen Schutz sei sie Freiwild und mittelos gewesen. Nach so langer erzwungener Anpassung hätten Frauen diesen Blick übernommen und betrachteten nicht nur sich selbst, sondern auch andere Frauen aus männlicher Perspektive.[33]

Der sogenannte *Male Gaze* (»männlicher Blick«) bewertet offenbar nicht nur das Aussehen, sondern auch die Tugendhaftigkeit und Bescheidenheit von Frauen. Begriffe, die man eher als Teil von eingravierten Sprüchen in den Biedermeierstuben der Museumsdörfer verorten würde. Dabei wird ganz aktuell in den Kommentaren von Frauen unter den Posts der prominenteren Protagonistinnen und ihrer Anhängerinnen gern auf korrektes Verhalten geschielt, und dazu gehört in Frauenkreisen oft auch die Erwartung an ein reduziertes Ego und selbstironische Zurückhaltung.

Eine erfolgreiche Buchautorin, die sich öffentlich über einen Solo-Urlaub freut, den sie sich offenbar leisten kann, verstößt gleich gegen mehrere Regeln: Sie wagt es, ihr sauer verdientes Geld für sich selbst auszugeben. Sie vernachlässigt ihre Pflichten, indem sie ihre Familie und alle damit verbundenen Aufgaben zu Hause zurücklässt. Sie genießt es auch noch und *verrät* damit alle anderen Mütter, die keine Entlastung, keinen Partner, nicht genug Geld haben.

Und da ist sie wieder, die mütterliche Schuld, diesmal von Mutter zu Mutter übertragen. Wie heißt es doch so treffend? *Bei jeder Geburt eines Kindes wird eine Schuldige geboren.* Nur dass sie sich jetzt auch gegenüber anderen Müttern schuldig fühlen soll, die keinen Urlaub machen können vom Alleinerziehen und Allein-verantwortlich-Sein, und wer sich als privilegiertere Mutter von denen absetzt, um sich eine Auszeit zu nehmen, einfach, weil sie es kann, muss das am besten heimlich tun oder sich ein Büßerhemd überstreifen.

Wie viel Wut und Frust mag da zwischen den Zeilen und am Küchentisch hochkochen und ungenutzt versickern? Kaum auszumalen, was wir alles schaffen könnten, wenn wir die Wut jeder Einzelnen für ein gemeinsames Ziel kanalisieren könnten.

Jedoch: Statt sich gegenseitig in seinen eigentlichen Bedürfnissen zu unterstützen, vielleicht sogar politisch zu Wort zu melden, um jeder Mutter eine Auszeit zu ermöglichen, wird die scheinbar Privilegierte angegriffen. Männer, Väter, Politiker dürften sich nicht mehr in dieser Art und Weise über eine Frau äußern, ohne dass wir sie in der Luft zerreißen würden. Müssen sie aber auch gar nicht, stattdessen können sie mit verschränkten Armen beim mütterlichen Schlammcatchen zuschauen: *MILWs – Mothers I'd like to see wrestling.*

Die Frauen halten sich damit gegenseitig in Schach und stehen sich im Weg, nach dem bewährten »Krabbenkorb-Effekt«: Angeblich brauchen Fischer für einen Korb voll gefangener Krabben keinen Deckel, denn wenn eine Krabbe versucht, an der Korbwand hochzuklettern, wird sie von den anderen attackiert und wieder hinuntergezogen. Übertragen auf menschliche Gemeinschaften bedeutet das: Sobald jemand durch besonderen beruflichen Erfolg oder persönliches Glück aus einer Gruppe heraussticht, wird er oder vor allem sie von den anderen sabotiert, kritisiert oder irgendwie anders ausgebremst.

Der Ärger über die eigene Situation und die daraus resultierende Energie wird nicht genutzt, um selbst der Gefangenschaft im Krabbenkorb zu entfliehen, sondern um andere an der Flucht aus der Schicksalsgemeinschaft zu hindern. Selbst dann, wenn der Erfolg oder der Machtgewinn einer Einzelnen auch alle anderen ein Stück nach vorn bringen könnte.

Die neidenden Krabben sollten trotzdem kein Grund sein, es nicht wenigstens zu versuchen.

Schreibt eine, die diesem Anspruch auch nicht immer gerecht geworden ist. Nach mehrfachen Rückschlägen habe auch ich bei dem ein oder anderen Herzensprojekt entnervt aufgegeben, weil es mir schwerfiel, an mich selbst zu glauben, wenn andere es nicht taten. Ich frage mich heute also, ob auch ich mich vielleicht von der Korbwand habe runterfallen lassen …

Und dann viel eher bereit war, den Einflüsterungen der anderen Krabben zu glauben. Wonach mir, wahlweise, die Beziehungen oder das Durchhaltevermögen, die richtige Unterstützung, das richtige Alter/die richtige Herkunft oder das richtige Aussehen fehlten.

Bis ich gemerkt habe, dass die Frauen oft nur weitergeben, was sie sich selbst versagt haben, woran sie selbst gescheitert sind. Vielleicht steckt dahinter die unbewusste Frage: *Warum soll es ihr, der anderen, besser gehen als mir?* Denn solange wir alle im Korb hocken bleiben, muss sich keine Vorwürfe machen, dass sie nicht mal den Versuch unternommen hat – sich zu trennen, neu anzufangen, einen neuen Job zu starten oder ein eigenes Unternehmen.

Tatsächlich sind die Bedingungen bei allen neuen Projekten für Frauen sehr viel schwieriger, weil sie nach wie vor gefangen sind im Konflikt zwischen Arbeits- und Familienleben. Was sehr viel damit zu tun hat, dass viele Männer erst gar nicht in diesen Konflikt geraten (siehe Kapitel: Sollte ich_Arbeit loswerden?).

Zur ganzen Wahrheit gehört aber auch, dass Frauen ihren eigenen Wert unterschätzen. Dass sie sich scheuen, Netzwerke zu bilden und zu ihrem eigenen Vorteil zu nutzen. Eine Interviewstudie der EBS Universität für Wirtschaft und Recht spricht von »beziehungsorientierter Moralität«[34]. Die auch dazu führt, dass Frauen ihren Beitrag zu einem Netzwerk unterbewerten.

Umgangssprachlicher könnte man festhalten, dass wir uns mit unserer Rücksicht auf andere selbst im Weg stehen und nicht recht daran glauben wollen, dass wir gemeinsam etwas rocken können. Den Gegenbeweis liefern Hunderte von erfolgreichen Netzwerken von und für Frauen. Und die größte weltweite Bewegung, bei der sich die Wut von Millionen Frauen Bahn brechen konnte. Die am Ende dazu geführt hat, dass mächtige Männer und Sexualstraftäter wie der Filmproduzent Harvey Weinstein und der Finanzmogul Jeffrey Epstein hinter Gitter gebracht wurden. #MeToo hat die Wahrnehmung von Machtverhältnissen für immer verändert, es gibt eine neue rote Linie.

Aber vielleicht bin ich nicht die einzige Frau Ü-50, die damals dachte, dass ihre eigenen Erfahrungen nicht mehr relevant genug seien, um sich diesem Wutstrom im Netz anzuschließen. Heute weiß ich, dass in einer Bewegung jede einzelne Geschichte zählt, deshalb hole ich diesen Schritt jetzt nach.

MeToo_Retro

Ob ich ohne Uniform auch so sexy aussehe?

In meinem Zimmer in einer Flugbegleiterinnen-WG stand ein Einweckglas, in dem ich Visitenkarten gesammelt habe. Wer zu jung ist, um damit etwas anfangen zu können: Damals hat man diese kleinen Kärtchen an neue Bekanntschaften verteilt, wenn man an einem geschäftlichen Kontakt interessiert war. Auf den Kärtchen standen Name, berufliche Position und meistens eine offizielle Kontaktmöglichkeit. Die unbedruckte Rückseite wurde immer dann genutzt, wenn das Interesse eher privater Natur war – um dort handschriftlich ein kleines Kompliment, eine Telefonnummer oder eine Frage zu hinterlassen: »Wo übernachten Sie in Bangkok? Und – allein …?«, oder Singapur: »Kennen Sie das *Saxophon* in der Orchard Road? 20:00?«, oder Mailand: »Ich würde gern in Ihren Locken wühlen … Wann haben Sie frei?«, oder LA: *»I have this phantasy about u … call me.«* Die meisten dieser Kärtchen wurden mir in der Businessclass überreicht – die Klientel dieser Klasse, auch Executive Class genannt, war die unangenehmste, mit der höchsten Grapsch- und Mansplainingdichte. Analog zum mittleren Management eines Unternehmens saßen hier die Jungs, die nach oben buckelten und nach unten traten – manchmal kam der Fluggast in die Küche, aber meistens wollte derjenige es diskret halten, so diskret, wie es die Enge einer Flugkabine eben zulässt. Bei einem Platz am Gang wurde vor allem der Moment genutzt, in dem ich mich während des Services kurz hinknien musste, um etwas aus den unteren Schulbladen des Trolleys zu fischen. So ergab sich für den Gast die Chance, sich zu mir herunterzubeugen und mir das Kärtchen verschmitzt lächelnd vor die Nase zu halten, als würde er sagen wollen: »Wir haben jetzt ein gemeinsames Geheimnis.« Oder – auch vorgekommen – es gleich in die Tasche meines Rockes zu stecken. Zweimal in den sechs Jahren bei der Airline habe ich die anderen Passagiere an unserem Geheimnis teilnehmen lassen, bin aus der Hocke aufgestanden, habe mich für die Visitenkarte bedankt und kundgetan, was hinten draufstand: »Ob ich ohne Uniform auch so sexy aussehe? Tja, wie kriegen wir das denn jetzt raus?« In diesem Fall saßen die Kollegen des Passagiers direkt daneben, schüttelten ein wenig den Kopf, mussten dabei aber schon ein Lachen unterdrücken, und sobald ich mit meinem Trolley um die Ecke war, gab es ein High five für den Baggerkollegen: »Mensch, das muss man sich erst mal trauen!« Auch aus heutiger Sicht nehme ich an, dass es sich nicht um einen Kommentar zu meinem Vorführversuch handelte, sondern um einen Ausdruck der Bewunderung für ihren Mitstreiter. Meine Satisfaktion blieb aus, weil die Truppe sich über den Vorfall amüsierte und noch etwas zum Anstoßen bestellte.

Im Vergleich zu anderen Vorfällen im Flieger war diese Szene eigentlich harmlos, und doch ist sie mir ziemlich genau im Gedächtnis geblieben, weil die erwartete Blamage für den Passagier ausblieb und die Demütigung auf meiner Seite war.

Bei Grapschereien gab es zumindest die Option, den kleinen Behälter mit Würfeleis für die Getränke in den Schoß des Passagiers auszuleeren. Damit war man dann irgendwie quitt, im Jahr 1990, mehr war nicht vorgesehen, und es gab auch keine Präzedenzfälle, auf die man sich im Umgang mit sexualisierten Übergriffen hätte berufen können. Nie wäre eine von uns auf die Idee gekommen, den jeweiligen Passagier wegen sexueller Belästigung anzuzeigen. Zeugen benennen und die Kontaktdaten einsammeln? Vielleicht sogar nach der Landung die Polizei zum Flieger bestellen und unter Umständen das Aussteigen um Stunden verzögern? Nach einem 14-Stunden-Flug zur nächsten Polizeistation? Ohne zu wissen, ob der Arbeitgeber den Vorgang unterstützen würde?

Dagegen war die Eiseimer-Variante der deutlich kürzere Dienstweg, und man konnte sich in der Regel bei den Pursern auf Rückendeckung verlassen. Andernfalls hätte man unter

Umständen nämlich eine Passagierbeschwerde am Hals gehabt. Was hingegen zur damaligen Zeit so gut wie nie vorkam: eine Beschwerde vonseiten einer Flugbegleiterin über einen Gast.

Handgreiflichkeiten an Bord kamen seltener vor als Anmachen in Worten, wobei ich nur für mich sprechen kann. Ständige sexistische Anspielungen und verbale Annäherungsversuche erschienen mir damals als etwas, das der Job eben mit sich brachte, ein inklusives »Berufsrisiko«. So habe ich die »Avancen«, wie sie zu meiner Zeit auch genannt wurden, jedenfalls verbucht, mehr rational als emotional. Die anzüglichen Blicke und Bemerkungen, das Gestarre, während ich den Gebrauch der Sauerstoffmaske erklärt habe – all das habe ich in den Jahren zwar aus dem Augenwinkel wahrgenommen, aber ich war der Überzeugung, dass diese Begleiterscheinungen an meiner Uniform abperlten. Als ich meinen Job als Flugbegleiterin nach sechs Jahren kündigte, hatte ich die halbe Welt bereist, viele spannende Begegnungen und spektakuläre Erlebnisse mitgenommen. Aber auch eine Lederhaut gegen Herabwürdigungen und Angriffe – zumindest dachte ich, ich wäre gefeit. Tatsächlich habe ich aber auch diese Erinnerungen, ohne es zu merken, mit nach innen genommen. Jetzt sind sie in überraschender Deutlichkeit wieder da, so wie die Wut.

Grab him by the balls

Als #MeToo weltweit trendete und Millionen von Frauen ihre Erlebnisse ins Netz entließen, habe ich Tage vor dem Schirm verbracht und war angesichts der Wucht der Gefühle, die da anbrandeten, gleichzeitig geflasht und erschrocken. Aber vor allem unruhig, traurig, wütend, nicht zuletzt auf mich selbst. Es schien mir zu spät, meine Geschichten in diesen Hashtag-Strom zu schicken – würden sie darin nicht sowieso untergehen? Man könnte glauben, dass ich mich zu wichtig nähme, weil mir im Vergleich zu so vielen anderen Frauen nichts »Schlimmes« passiert war.

Zu der Zeit war ich knapp über 50, die Kinder inzwischen Teenager, und ich schämte mich als Frau, als Mutter, als Journalistin und Feministin für die Tatsache, dass ich meine MeToo-Momente mehr oder weniger mit mir selbst ausgemacht hatte. Es gab tausend Gründe, lieber zuzuhören, statt selbst zu erzählen.

Es mussten ein paar weitere Jahre vergehen, bis ich lernte, dass all diese Szenen ein Geflecht aus Knoten bilden, die langfristig den Selbstwert von Frauen untergraben. Am Ende stützt die Summe dieser Vorfälle ein System, das genau solche Szenen reproduziert, überall auf der Welt, bis heute. Die Details jeder einzelnen Situation haben Relevanz, weil sie veranschaulichen, wie Milieus, Gesellschaften ticken, die sexualisierte Gewalt immer wieder tolerieren.

Es ist mehr als sieben Jahre her, dass 26 Frauen mit ihren Vorwürfen gegen Donald Trump an die Öffentlichkeit gegangen sind. Im Mai 2023 wurde Trump wegen sexuellen Missbrauchs rechtskräftig verurteilt. Die Klägerin E. Jean Carroll bekam fünf Millionen Dollar Schadensersatz wegen Körperverletzung und Verleumdung zugesprochen. In den Tagen danach stiegen Trumps Zustimmungswerte im Vorwahlkampf. Diese reflexhafte Reaktion könnte man mit einer unbewussten Haltung erklären, wonach mächtige Männer sich grundsätzlich als Opfer unfairer Anschuldigungen fühlen und der Überzeugung sind, dass Frauen kein Recht hätten, sich zu wehren. Oder mit der Verunsicherung bei Millionen von Männern, die spüren, dass ihre bisherige Narrenfreiheit in Gefahr ist. Die Angst haben, gegen – vermeintlich – neue Regeln zu verstoßen, die sie nicht verstehen. Endlich einer, der ausspricht, was sie sich schon lange nicht mehr trauen zu sagen. Der folgenlos behaupten darf, dass er jede Frau haben könne, und auch andere Männer ermuntert: »*Grab her by the pussy.*«

Die sogenannte *Rape Culture* ist zwar soziologisch eingekreist, aber die oberflächliche Empörung, die bei jedem öffentlichen Fall ad hoc folgt und wieder verebbt, gleicht einem Ritual und ist damit ein Teil dieser Kultur. Der Fall Julian Reichelt, wonach der ehemalige Chefredakteur der *Bildzeitung* seine Stellung ausgenutzt habe, um Praktikantinnen und junge Redakteurinnen in sein Bett zu kriegen, endete mit einer Abfindung von zwei Millionen. Das Verfahren gegen den Sänger von Rammstein, Till Lindemann, wurde eingestellt. Es fehle an Beweisen. Obwohl ein Landgericht festgestellt hat, dass das »Rekrutierungssystem«, mit dem sich Lindemann den Zugriff auf junge Frauen gesichert hat, als sexueller Missbrauch bezeichnet werden darf. Langfristig bleiben diese Skandale für Männer und Mächtige folgenlos, und auch an den Einstellungen der Mehrheit scheint dieser Umgang mit Frauen nicht zu kratzen. Das Verhalten bleibt dasselbe, im Zweifel wird der Fall unter viel Geld begraben.

2023 hat die US-Investmentbank Goldman Sachs 215 Millionen Dollar an 2800 Frauen bezahlt, um Klagen wegen Belästigungen und Diskriminierung beilegen zu können.[35] Sechs Jahre nach dem Start von #MeToo. Vielleicht würde es etwas ändern, wenn man aus den Millionen Milliarden machte, um irgendwann mal eine Schmerzgrenze zu überschreiten? Oder indem man den betreffenden Unternehmen die Börsenlizenz entzöge.

Es wird viel darüber geredet, welche schrecklichen Folgen es habe, wenn ein Verdacht sich nicht bestätige und jemand zu Unrecht an den Pranger gestellt würde. Es wird wenig darüber geredet, wie viel weiterhin nicht ans Tageslicht kommt und warum die ganze große Aufklärungswelle das System aus Machtmissbrauch und Anpassung und Schweigen bisher nicht knacken konnte.

In allen Frauenrunden, die ich erlebe, in denen zum Beispiel Reichelt oder Lindemann zum Thema werden, endet der Abend mit zahlreichen Geschichten aus dem eigenen Job- und Privatleben. Geschichten, die für immer unter dem Radar bleiben, und man kann davon ausgehen, dass die nie erzählten Vorfälle noch mal jede Ziffer potenzieren.

Die geschilderten Szenen sind meist genauso detailreich wie meine Erlebnisse, weil sie durch die damit verbundenen Gefühle tief geankert haben. Auf der anderen Seite bezweifle ich, dass die beteiligten Männer sich an die jeweiligen Situationen (oder auch nur an die jeweiligen Frauen) erinnern können. Denn für sie war die Welt nach diesem Moment dieselbe wie vorher, eine uralte Ordnung, in die sie, wie wir, hineingewachsen sind und die Stabilität verspricht. Viele Übergriffe haben genau diese Funktion: die alte Ordnung wiederherzustellen, wenn eine Frau irgendwo an einer Vormachtstellung kratzt.

Ich würde der Erinnerung gern auf die Sprünge helfen, auch weil die Männer aus den zitierten Anekdoten, teilweise Männer der sogenannten Generation X, noch im Amt sind. Vielleicht erlebe ich noch den Tag, an dem ein Mann sich hinstellt und zugibt, dass er seine Macht oder eine Situation gegenüber einer Frau ausgenutzt und sich inzwischen klargemacht hat, dass dahinter ein ganzes System steckt. Das er nicht mehr unterstützen möchte. In das seine Söhne nicht hineinwachsen sollen. Das wäre sensationell, aber eigentlich vor allem überfällig.

Als meine Generation »jung« war, dachte man häufig noch, dass Anmachen und Übergriffe irgendwie Teil des Programms eines inoffiziellen Assessment-Centers seien, bei dem getestet wurde, ob man dem Job gewachsen war. So wie sich die Kriegsreporterin mit schusssicherer Weste und Helm wappnen musste, zählte der Sexismus in der damaligen Medienwelt (in manchen Redaktionen offenbar bis heute) zum vorgegebenen Arbeitskontext, in dem man sich bewähren konnte, oder eben nicht. Mit Schlagfertigkeit zum Beispiel. »Super-Klamotten. Kann ich dir da irgendwie raushelfen?« Wer darauf schnell antworten konnte: »Dafür bin ich schon mit jemand anderem verabredet. Der musste nicht so betteln wie du«, hatte gewonnen und durfte in die nächste

Runde. Einen Schritt zurückzugehen und zu überlegen, ob so ein Spruch unter Kollegen und Kolleginnen inakzeptabel sein könnte, wäre niemandem in den Kopf gekommen. Für die passenden Antworten auf derlei Anmache wurde mit anderen Frauen gebrainstormt – aber eben erst, wenn die Situation vorbei war. Wie oft habe ich erst im Nachhinein verstanden, dass ein Mann sich gerade eine sexistische und/oder aggressive Nummer geleistet hat, während ich im selben Moment weiter höflich zugehört habe …? Die Dreistigkeit des Gegenübers und das Gefühl der Demütigung fördert im ersten Moment nicht unbedingt Schlagfertigkeit, deshalb kommt die Wut über die jeweilige Grenzüberschreitung oft mit Verzögerung hoch.

Denn sie wissen nicht, was sie tun?

Um die Jahrtausendwende gab es eine größere Plakatwerbung für meine Sendung, bei der ich liegend mit Boxhandschuhen und im Superman-T-Shirt posierte. Wenig später stand ich mit einem schweren Tablett in den Händen in der Kantine eines großen Senders, ein Kollege trat von hinten sehr nah an mich heran und flüsterte mir ins Ohr, dass ihm beim Betrachten des Posters »einer abgegangen wäre«. Einen Moment lang war ich fest überzeugt, dass ich mich verhört haben musste, weil ich, wie viele Frauen in solchen Momenten, versuchte, im Kopf eine Übereinstimmung herzustellen zwischen meinem Bild eines liebenswürdigen und klugen Kollegen und einem Arschlochverhalten, das ich von ihm – bis dato – nie für möglich gehalten hätte. Er hatte nicht nur den einen Moment ausgenutzt, in dem niemand in der Nähe stand, sondern auch die Tatsache, dass ich mit dem schweren Tablett keine plötzliche Bewegung machen konnte. Und während ich stumm und wie angewurzelt stehen blieb, tänzelte er lachend um mich herum und setzte im Rückwärtsgehen noch eine obszöne Geste obendrauf, die seine Flüsterei untermalte.

Ich habe danach oft überlegt, was der Anlass war für diesen

Angriff, und bin zu dem Schluss gekommen, dass er auf diesem Weg seinen Frust darüber hatte loswerden wollen, dass nicht *er* auf einem Plakat des Senders beworben worden war. *As simple as that.* Eine miese kleine Machtdemonstration.

Dieser Übergriff passte atmosphärisch in eine Phase, in der sich viele Kollegen, auch aus den Redaktionen, Sorgen darüber machten, ob die viel diskutierte Frauenquote sie ihren Job kosten würde. Nebenbei sind alle Männer in meiner Umgebung, die über diese Entwicklung gejammert haben, befördert worden und sitzen bis heute sicher im Sessel.

Der Vorfall in der Kantine hat meinen Blick auf den Kollegen für immer verändert, und ich registriere bis heute die ein oder andere schlüpfrige Bemerkung. Vielleicht bin ich die Einzige. Aber wir sind noch nicht quitt.

Nicht immer steckt hinter einer Entgleisung böser Wille, wie im beschriebenen Fall, oder überhaupt eine bewusst sexistische Haltung. Anders ausgedrückt: Es erwischt manchmal die harmlosesten Männer, denen man eine übergriffige Bemerkung nie zugetraut hätte. Zum Beispiel den höflichen und fröhlichen älteren Kollegen, inzwischen verstorben, der sich nach einem Betriebsausflug inklusive Badeabstecher ans Meer in der Kantine ausführlich über die körperlichen Vorzüge der jungen freien Mitarbeiterinnen ausließ. Getarnt als eine Art Kompliment, denn er war vor allem überrascht, wie gut die Damen gebaut seien, »was man ja in Klamotten oft gar nicht so erkennen kann«. Auch wenn ich mich jetzt des Bodyshamings schuldig mache, muss ich zur Einordnung erwähnen, dass der Kollege nicht nur rund 30 Jahre älter war als die freien Mitarbeiterinnen des Teams, sondern auch stark übergewichtig und in jeder Hinsicht maximal weit entfernt vom gängigen Bild eines attraktiven Mannes. Wozu er sich sogar offensiv bekannte und darüber selbstironische Witze machte. Wahrscheinlich wäre er über ein klares Feedback zu seinen Ausführungen sogar ins Grübeln gekommen. Gerade deshalb ist er ein gutes Beispiel für die atemberaubende Souveränität und Selbstverständlichkeit, mit der manche Männer den Anspruch erheben, Frauen aus dem Blickwinkel ihrer eigenen Wünsche zu kategorisieren und damit zu Objekten ihrer Betrachtung und ihrer Bedürfnisse zu machen. Gern und oft verbunden mit einem Machtgefälle zwischen Betrachtendem und Objekt.

Es bleibt ein Gedankenspiel, aber ich frage mich heute, was passiert wäre, wenn eine der jungen Frauen am Kantinentisch genauso unbefangen eine Bewertung zum nackten Körper des Kollegen rausgehauen hätte. Es wäre wahrscheinlich kein Kompliment dabei rumgekommen, es sei denn, als Ironie. Umso größer wäre die Wahrscheinlichkeit gewesen, dass nicht nur der Kollege, sondern auch alle anderen am Tisch empört gewesen wären. Die Anmaßung wäre als Beleidigung aufgefasst worden und direkt auf die Kollegin zurückgefallen.

Dass so viele Bemerkungen über das Äußere von Frauen als Kompliment getarnt sind, macht die Sache tricky, denn so können sich die Bewerter immer damit rechtfertigen, dass sie doch nur etwas Nettes sagen wollten. Manche Männer meinen es auch tatsächlich und von Herzen so und stemmen sich gegen jeden abstrahierenden Gedanken, der es ihnen möglich machen würde, die 2000 Jahre alte Tradition hinter ihrer Denke zu entlarven. Ich bewundere die Klarheit, mit der ein Thomas Gottschalk sich diesem Schritt verweigert und offen dazu bekennt, dass er sich lieber zurückziehe und den Zeitgeist hinter sich ließe, als auf das Privileg eines frei agierenden Altmachos zu verzichten. Es ist aber auch ein wenig schade, weil die Arglosigkeit, mit der er einer Shirin David attestiert, dass er ihr die Feministin nicht angesehen hätte, ein wunderbares Lehrbeispiel ist, um die diversen patriarchalen Ausdrucksformen mal durchzukonjugieren.[36]

Ich wünsche mir einen Thomas Gottschalk, der sich in eine Höhle der Löwinnen begibt und sich erklären lässt, warum ein

Teil der Nation steil gegangen ist nach seiner letzten Sendung Ende 2023.

Schlimmer als tausend Gottschalks sind die unsichtbaren Anwälte des Patriarchats, die nie freiwillig abtreten und die nach außen geläutert auftreten, im privaten Kreis aber die Sau rauslassen und ihre Haltung auf diese Weise eher verfestigen und sich gegenseitig versichern, dass sie auf der richtigen Seite stehen.

Angesichts der medialen Aufmerksamkeit für sexistische Fehltritte frage ich mich oft, ob so mancher Hierarch im Stillen doch mal zurückblickt und erleichtert ausatmet, weil er noch rechtzeitig den Schuss gehört hat und zumindest sein Verhalten anpassen konnte.

Was ist aus dem Chef eines Regionalsenders geworden, der mich nach einem abgebrochenen Bewerbungsgespräch rausgeschmissen hat?

In einem Büro so groß wie ein Konferenzraum sitzt ein viel zu kleiner Mann mit Bauch und dunklem Haarkranz an einem viel zu großen Schreibtisch, steht auf und bewegt sich auf das Sofa im Raum zu, setzt sich sehr nah zu mir. Ich versuche, möglichst viel Abstand zwischen uns zu bringen, ohne unhöflich zu wirken. Er lehnt sich zurück, verschränkt die Arme hinter dem Kopf, winkelt sein Bein an und legt es auf dem anderen ab, sodass er faktisch seinen Schritt präsentiert. Ich fange an, von meiner Ausbildung an der Henri-Nannen-Schule zu erzählen, den verschiedenen Praktika, für wen ich frei arbeite, was für Aufträge dabei waren und … werde unterbrochen: »Wissen Sie, eigentlich stehe ich gar nicht auf große Blondinen.« Er taxiert mich von oben bis unten. »Aber für Sie würde ich eine Ausnahme machen.« Ich überlege ganz kurz, ob ich so tun sollte, als hätte er etwas ganz anderes gesagt, und einfach mit meinem kleinen Vortrag fortfahre. Aber meine Gesichtsmuskeln kommen mir zuvor und ich muss grinsen, weil mir angesichts des Größenunterschiedes und des Alters- und Attraktivitätsgefälles zwischen uns nur einfällt, dass er mög-

licherweise gar keine andere Chance sieht, als mich gleichzeitig zu demütigen und anzumachen. Er muss auf Nummer sicher gehen. Die arme Sau. Wie viele Frauen vor mir mögen diesen Spruch zu hören bekommen haben? Er lächelt mich an, weil er mein Grinsen falsch deutet. Dieselbe unbegründete, unbeirrbare, passiv-aggressive Selbstsicherheit wie bei den vielen Anzugpassagieren, die mir ihre Kärtchen zugesteckt haben. Ich bin also vorbereitet, und deshalb fällt mir in diesem Fall sogar etwas ein: »Sie müssen keine Ausnahme machen. Im Gegenteil, das trifft sich ganz gut, weil ich ja auch nicht auf kleine Männer mit Glatze und Plauze stehe.« Er begleitet mich sogar noch zum Ausgang und verabschiedet sich: »Auf den Mund gefallen sind Sie ja nicht. Aber ist schon klar, dass Sie den Job vergessen können?!«

Ich fand mich eigentlich nicht nur schlagfertig, sondern auch witzig, aber – und auch das ist eine durchgängige Beobachtung – Sexisten finden selten jemand anderen außer sich selbst lustig. Ganz zu schweigen von Selbstironie, denn Machtdemonstration kollidiert mit jeder Art von Selbstreflexion oder Humor.

Als junge Frau im Jahr 2024 hätte ich den Vorfall in einen Insta-Post gepackt – und die Lacher wären auf meiner Seite gewesen. Oder lieber nicht? Vielleicht hätte ich wenig später eine Verleumdungsklage im Briefkasten gehabt. Gemessen an dem Ausmaß an Sexismus, der bis in den Kern großer Medienhäuser reicht, ist der Output in den sozialen Medien belanglos. Wer tiefer eintauchen und gleichzeitig spannend unterhalten werden möchte, hält sich am besten an den Podcast zur Reichelt-Affäre, »Boys Club«. In den sechs Folgen wird klar, warum das System bis heute so erfolgreich ist und die ganze Serie ebenso gut aus dem letzten Jahrhundert stammen könnte – die Kontinuität der Geschichten ist eindrucksvoll, Sexismus ist ein langer, ruhiger Fluss.[37]

Noch nicht quitt

Sowohl bei der Fluggesellschaft als auch im Journalismus war ich oftmals überrascht, wie sicher und unangreifbar sich die Männer bei ihren Übergriffen fühlten. Und wie wenig abgeschreckt oder verunsichert, wenn sie eine Abfuhr bekamen. Als würde eine große Gemeinschaft hinter ihnen stehen und Rückendeckung geben – aber so in etwa funktioniert das Patriarchat ja auch. Viele Männer in den Redaktionen schienen solche Übergriffe wie ein Spiel zu betrachten, bei dem sie nie verlieren konnten, sondern einfach immer wieder von Neuem bzw. bei der Nächsten Anlauf nahmen – bis sich endlich eine fand, die sich bluffen oder einschüchtern ließ. Denn eine Ansprache unter der Gürtellinie schwächt automatisch das Gegenüber, und abgesehen von den hohen Jobanforderungen war das eben ein weiterer Test. Den blöderweise nur Frauen bestehen mussten, um ernst genommen zu werden. Was noch lange nicht bedeutete, dass sie auch tatsächlich auf Augenhöhe wahrgenommen wurden.

Viele von uns haben bestanden. Und darüber geschwiegen. Manchmal tauchten einzelne Namen in einem Praktikumsbericht auf, aber der hatte vor allem die Funktion, die nachfolgenden Praktikantinnen zu warnen, mit wem man besser nicht allein in einem Raum blieb.

Vergessen habe ich all diese Begegnungen bis heute nicht, aber erst mit #MeToo habe ich begriffen, dass auch die älteren Geschichten eine Bedeutung haben. Auch wenn es ohne soziale Medien und gegen die Dominanz der Männer damals kaum eine Chance gab, sich zur Wehr zu setzen – wir haben vielleicht sogar dazu beigetragen, dass sich die »Jungs« relativ sicher fühlen konnten. Und die Jüngeren, die uns nachgefolgt sind, sind genauso daran gewöhnt worden wie wir. Wie wäre es also mit einem #MeTooRetro?

Denn – wir sind noch nicht quitt.

Mein Vorbild ist die Kabarettistin und Schauspielerin Maren Kroymann, die 2021 den Ehren-Comedypreis für ihr Lebenswerk bekam, den Bundespräsidenten unter den Comedypreisen, und mit 75 Jahren gerade die erfolgreichste Phase ihrer Karriere erlebt. Gern hätte sie diese Phase auch zu einem früheren Zeitpunkt gestartet, aber Anfang der 80er-Jahre, als sie schon längst mit ihren ersten Bühnenprogrammen unterwegs war, hatte sich beim Fernsehen noch nicht herumgesprochen, dass Frauen (auch) lustig sind und eigene Texte schreiben können. Das als kleiner Auszug aus Kroymanns Dankesrede, die eigentlich keine war, weil sie nicht dem Dank an den Sender oder den Hierarchen gewidmet war, sondern ihrer eigenen Geschichte in einem Business, aus dem Jahrzehnte später auch der Comedypreis entstanden ist. Es ist nicht so, dass sie niemandem dankte, sie erwähnte sogar die *Cis Männer*, die sie im Laufe der Jahre unterstützt haben, aber erst ganz am Schluss. Die Laudatorin und Comedienne Hazel Brugger rollte kurz vor ihrer Rede den roten Teppich aus: »Maren hat Eier, die Frau hat richtig Eier«, auf dem Kroymann dann wenig später eine Provokation ablieferte. Kroymann durchbrach alle Erwartungen an so eine Veranstaltung und traute sich etwas, das man sich vielleicht erst traut, wenn man schon eine erste Karriere hinter sich hat und mit über 70 die zweite (erfolgreichere) startet. Sie nahm sich die Freiheit, nicht lustig zu sein. Stattdessen sprach sie über den Elefanten im Raum, denn obwohl gerade der Skandal rund um die Missbrauchsvorwürfe gegen den Comedian Luke Mockridge Schlagzeilen machte und die Nominierung des Kollegen deshalb zurückgezogen worden war, hatten weder die Veranstalter noch die Moderator:innen einen Satz darüber verloren. Das übernahm Kroymann: »Ich hätte gerne gehabt, dass Verantwortliche für diesen Preis – und auch von dem Sender – die Eier gehabt hätten, zu sagen: Wir solidarisieren uns nicht nur mit unserem beliebten Künstler, sondern mit den Frauen, die betroffen sind.«[38]

Kroymann startete ihre Laufbahn in einer Zeit, als die Karriere einer Hazel Brugger oder Martina Hill oder Carolin Kebekus nicht vorstellbar gewesen wäre. Damals gab es für die wenigen Frauen im Kabarett nur eine Chance und nur eine Sendung, um bekannt zu werden, und das auch nur, solange man sich an die Regeln der Produzenten hielt. Das Format »Scheibenwischer« in der ARD war »die wichtigste Kabarettsendung des ausgehenden 20. Jahrhunderts«, wie Kroymann auf der Bühne erklärte, und es klingt tatsächlich ein wenig wie »Oma erzählt aus dem Krieg«, wenn sie berichtet, wie sie mit Tomaten beworfen und beschimpft wurde. Oder was passierte, als sie dem Regisseur der Sendung vorschlug, ihre eigenen Texte auf die Bühne zu bringen: »Ne, dafür haben wir unsere Autoren«, männliche Autoren, wie Kroymann hinzufügt. Kroymann bekam stattdessen genaue Anweisungen: »Du singst dein Lied, gehst zweimal über die Bühne und wackelst mit dem Arsch.«[39]

An diesem Punkt der Rede hielt Kroymann kurz inne, weil sie auf Lacher wartete. Die ausblieben. Und reagierte spontan: »Daran, dass hier keiner lacht, sehe ich, dass es im Grunde noch genauso ist.« Sie ist die Einzige im Saal, die grinsen musste, als sie hinterherschickte: »Es ist gar keine Pointe, es ist irre.«[40]

Pointe, die,
Substantiv, feminin, nach dem französischen pointe für »Spitze«.

fremdwort.de erklärt die Pointe als »geistreicher, überraschender Schlusseffekt (…). Der komische oder geistreiche Effekt der Pointe beruht auf der plötzlichen Erkenntnis von sinnstiftenden Zusammenhängen zwischen inkongruenten (nicht zusammenpassenden) Konzepten.«[41] Der Überraschungseffekt entstehe, wenn der oder die Zuhörende das bisher Geschehene neu bewerte und die Erwartung durch Lachen auflöse.

Angewandt auf die Sexismus-Anekdote von Maren Kroymann würde eine Pointe voraussetzen, dass die Zeiten, in denen einer gestandenen Bühnenkünstlerin so etwas passiert, schon so lange der Vergangenheit angehörten, dass die beiden Klischees »sexistischer, allmächtiger Regisseur« und »attraktive, junge Künstlerin, die nach seinem Willen mit dem Arsch wackeln soll« heutzutage so unvorstellbar wären, dass sich daraus ein Überraschungseffekt ergäbe und alle drüber lachen müssten. Am Ende wäre der Regisseur der Vorgeführte. In einer Welt, die so etwas nicht duldet, müsste er eigentlich wirken wie aus der Zeit gefallen. Kroymann zählte ganz selbstverständlich auf ein paar Lacher, aber die Pointe fiel aus, weil der gefühlte Abstand zur Gegenwart eben fehlte. Nicht nur wegen der damaligen Vorwürfe gegen einen Comedian blieb vermutlich manchem aus dem Publikum das Lachen im Hals stecken.

In einem Podcast erklärte Maren Kroymann später, dass sie das Bedürfnis hatte, nicht nur den Verantwortlichen des Senders, sondern auch dem Kollegen von früher diese Erlebnisse »unter die Nase zu reiben«, um es ihnen nicht einfach so durchgehen zu lassen – denn eine gewisse Übereinstimmung zwischen den Anekdoten aus den 80ern und der Gegenwart ließe sich nicht übersehen.[42]

Wir sind noch nicht quitt.

Wo geht man denn heute so hin?

Während ich Maren Kroymann zuhörte, durchstreifte ich in Gedanken meine verschiedenen Lebensphasen und stellte fest: Was Sexismus betrifft, war das Studium eher ein Safe Space, aber die Jahre bei der Fluggesellschaft und die journalistische Ausbildung bzw. die Zeit danach machen in der Erinnerung kaum einen Unterschied. So wie im Flieger gab es auch bei den verschiedenen Medien getarnte Date-Anfragen von 15, 20, 25 Jahre älteren, gern auch verheirateten Kollegen, die ihr Interesse manchmal damit begründeten, dass sie gern wüssten, »wo man denn heute abends so hingeht«. Meistens konnte ich mich rauswinden, aber manch einer tauchte dann trotzdem in einer Bar auf, in der ich mit Freunden und Freundinnen verabredet war, und schien sich auch nicht daran zu stören, dass nicht nur ich, sondern auch alle anderen peinlich berührt waren. Es schien keinem dieser Redakteure in den Sinn zu kommen, dass man sich in der Ausbildung oder als Berufsanfängerin vielleicht nicht traute, eine klare Ansage zu machen oder auch einfach nur Nein zu sagen. Ohne Entschuldigungen oder Erklärungen, die die Wahrheit möglichst verschleierten, nämlich, dass man den Kollegen zu alt, laut, verheiratet, unattraktiv, unangenehm bzw. weder charmant, klug noch lustig fand. Ich war – sowohl bei der Fliegerei als auch in der Medienbranche – immer wieder erstaunt über das männliche Selbstverständnis und die (unbegründete) Selbstsicherheit der Männer, auf die obige Beschreibung zutrifft. Ganz zu schweigen von den hierarchischen Unterschieden, durch die sich eine Annäherung sowieso verbietet. Eigentlich. Irgendwie hatten die Typen alle denselben Rucksack voller Anmaßung mit auf den Weg bekommen, der bei mir und vielen Kolleginnen mit Unsicherheit und Selbstwertproblemen gefüllt war.

Vielleicht kam es den älteren, etablierten Kollegen tatsächlich nicht in den Sinn, dass es unangebracht oder übergriffig sein könnte, eine junge Kollegin auf irgendeine Art und Weise anzubaggern oder sie auch »nur« nach ihrem Privatleben zu befragen. Die wahrscheinlichere Variante ist jedoch vielmehr, dass sie sich dessen voll bewusst waren und das Machtgefälle ganz stumpf ausgenutzt haben, um eine Frau rumzukriegen, für die sie ansonsten kaum bis gar nicht infrage gekommen wären. Lässt man mal einen möglichen Vaterkomplex beiseite …

Oftmals waren Offerten und Anmachen von Männern auch so geschickt getarnt, dass man sie gerade als junge Frau kaum erkannte und naiv, oder nennen wir es menschenfreundlich, in die Falle tappte … In mir wohnt unter anderem ein Landpomeranzen-Ich, das erst mal unbedarft vom Guten im Menschen ausging, und deshalb ist mir erst mit Ende 20 klar geworden, dass frau tatsächlich immer mit einem Hintergedanken aufseiten des Mannes rechnen muss. Immer.

Bei einer Begegnung mit einem älteren, erfolgreichen Kollegen bin ich geradezu klischeehaft reingefallen auf das angeblich rein professionelle Interesse an einer Zusammenarbeit, weil ich so sehr glauben wollte, dass es vielleicht wirklich um mein Können ging. Nur um am Ende in einem teuren Restaurant zu sitzen und nach meinem Privatleben ausgefragt zu werden, während ich eine Hand auf meinem Knie spürte. Und der Kollege, angefeuert von ein paar schnell geleerten Drinks, faselte plötzlich, er freue sich darauf, mit mir »auf erotische Entdeckungsreise zu gehen«. Ich habe das Dessert stehen lassen und im Taxi nach Hause mit mir selbst geschimpft, wie ich so naiv sein konnte. Am nächsten Tag wartete die nächste Beschämung, weil ich blöd genug war, den gleichaltrigen Kolleg:innen von dem Übergriff zu erzählen, und es Kommentare hagelte, die noch einen draufsetzten: »Du bist doch nicht ernsthaft davon ausgegangen, dass der dir einen Job anbietet«, »Beeindruckt war der schon von dir – aber eher von deinen Titten«.

Am Ende schien es für alle anderen *mein* Fehler gewesen zu sein, und so habe ich den Vorfall dann auch verbucht, als Lehrgeld sozusagen. Das nächste Mal würde ich schlauer sein, dachte ich. Aber dazu hätte ich in ständiger Alarmbereitschaft sein müssen, denn manche Angriffe folgten einer Art Kriegstaktik: In welchem Moment ist sie besonders arglos und der Überrumpelungseffekt am größten?

Der Schwanz in meinem Rücken

Mitte der 90er, zehn Jahre nachdem Maren Kroymann arschwackelnd über die Bühne gehen sollte, sprang ich bei einer Kollegin für eine Moderation ein und saß auf einem Hocker an einem improvisierten Schminktisch, zu beiden Seiten standen andere Frauen, die schminkten, Klamotten bügelten, das Skript durchgingen.

Auftritt des Produzenten, der mir noch ein paar Infos geben und mich beruhigen wollte. Sagte er. Er stellte sich direkt hinter mich, schaute mich im Spiegel an und legte seine Hände auf meine Schultern, was mich leicht irritierte, aber von außen betrachtet als wohlmeinende Geste gegenüber einer nervösen Berufsanfängerin durchgehen konnte. Alle anderen waren beschäftigt, und deshalb konnte auch niemand den Wechsel in der Situation wahrnehmen, als der Kollege seine Hände nicht mehr nur auf meinen Schultern ruhen ließ, sondern sie fest umkrallte. Mit seiner Hüfte war er nun direkt an meinem Oberkörper und presste seine Erektion zwischen meine Schulterblätter. Dabei schaute er mich im Spiegel an, verharrte für einen Moment, ließ dann los, beugte sich seitlich zu mir herunter und fragte grinsend: »Alles okay?«

Die Maskenbildnerin drehte sich in diesem Moment mit ihrem Pinsel zu mir um und hielt inne, als sie meinen Gesichtsausdruck bemerkte. Ich sprang auf und verschwand zur Toilette, überlegte, was nun zu tun sei, und kam zu dem Schluss, dass die Antwort lautete: nichts. Sollte ich dem Team kurz vor der Sendung erklären, was gerade passiert war – ohne dass irgendjemand etwas gesehen oder bemerkt hatte? Obwohl alle mehr oder weniger drum herumgestanden hatten?

Ich weiß nicht, wie lange ich auf dem Klo war, aber die Zeit reichte, um runterzukommen – und allen Mut zu verlieren. Als ich zurückkam, war der Kollege verschwunden, und ich erklärte dem Team artig, dass mir kurz übel geworden sei. Was sogar stimmte. Alles okay? Alles okay.

Ich weiß nicht mal mehr, wie der Kollege hieß, zumindest hatte ich es vergessen, als ich das erste Mal 20 Jahre später von dieser Szene erzählte, in einer kleinen Frauenrunde, weil ich da endlich angemessen wütend werden konnte. Angesichts der kruden Mischung aus Sexualität, Exhibitionismus und dem armseligen Versuch, ein wenig vorübergehende Macht auszunutzen. Bei näherer Betrachtung hatte ich nach all den Jahren vielleicht sogar Mitleid, denn ich war nicht die Einzige in dieser Frauenrunde, die bei dieser Nummer an einen Hund denken musste, der sich an das Bein eines Menschen klammert.

Trotzdem – wir sind noch nicht quitt.

Weil am Ende immer diejenige beschämt wurde, die darüber gesprochen hat, haben uns die Männer zu unfreiwilligen Komplizinnen gemacht, die versuchten, solche Ereignisse irgendwie wegzustecken oder zumindest im kleinen Kreis zu halten. Aber auch diese Art des Nichtverarbeitens und Nichtaussprechens stützt das System, denn Übergriffe, ob verbal oder nonverbal, formen über die Jahrzehnte die Sicht auf uns selbst. Sie bremsen nicht nur ganz direkt die Karriere aus, wie bei Maren Kroymann, die damals lieber ihren Hintern zeigen sollte statt ihren Humor, sie schlagen auch jedes Mal eine Kerbe und erodieren das Selbstbild von innen. Jede Demütigung dämpft den Selbstwert, der Selbstwert beeinflusst das Auftreten, das Auftreten bestimmt den Erfolg einer Comedienne. Ohne die befreiende Wut über all diese Geschichten kommt man irgendwann an den Punkt, wo man denen glaubt, die einen eingeschüchtert und klein gehalten haben. Die einem einen Platz zugewiesen haben – zu unbedeutend, zu ängstlich, nicht gewollt, nicht talentiert genug.

Das Prinzip lässt sich aber auch auf jede andere Berufssparte anwenden, denn das Selbstbild und der Selbstwert sind ausschlaggebend für jedwede Laufbahn – ob als Managerin, Ärztin, Pflegekraft oder Polizistin. Jeder Job erfordert Präsenz und Selbstvertrauen. Manchmal greift das Problem schon vorher, wenn eine Frau die Erwartungen an sich selbst auf ein Minimum herunterfährt und damit auch ihre Unabhängigkeit bei der Berufswahl. Es wird nicht wenige Frauen in einfachen Dienstleistungsjobs geben, die eigentlich von etwas anderem träumen oder träumten.

Aber abgespeckte Träume lassen sich empirisch schwer belegen. Deshalb müssen *alle Anekdoten* aus der Kiste geholt werden, nicht nur für einen neuen Anlauf, sondern auch, um zu zeigen, was uns aufgehalten hat. Alle Geschichten, ob 10, 20, 30 oder 50 Jahre alt, müssen auf den Tisch, um zu verstehen, wo die Berührungspunkte sind und warum sich die Kultur und die Struktur in vielen Branchen und Unternehmen immer noch nicht zugunsten der Frauen gedreht hat, sondern im besten Fall für das Image und den *Shareholder Value* aufgehübscht wird. Genderseminare, die Männer für Sexismus sensibilisieren sollen, haben vor allem den Effekt, dass dieselben Männer in den inneren Widerstand gehen. Und glauben, sie hätten noch mal Schwein gehabt, weil der größte Shitstorm an ihnen vorbeigezogen ist. Ohne dass sie eine der Geschichten unter dem Hashtag gelesen hätten. Und sich weiter zum Segeln oder auf einen Drink treffen, statt sich mal gegenseitig den Spiegel vorzuhalten. Wieso ist das bis heute ein Frauenjob?

Als sich Politiker bis in die 90er-Jahre erbittert dagegen gewehrt haben, eine Vergewaltigung in der Ehe unter Strafe stellen zu lassen, darunter an vorderster Front Friedrich Merz, hatte das auch mit dem Fortbestand dieser Kultur zu tun.

Zum Alltag einer Frau gehörten und gehören Mikroaggressionen und verschleierte Demütigungen: Bewertungen, Andeutungen und Witze über das Aussehen, das Einparken, die Klamotten, den Gemütszustand, die Stimmung, den Körper, die Rechenfähigkeit, den Gang, die angeblich unlogische Argumentation, fehlende Rationalität, Unterstellungen dazu, was man mit seiner Kleidung, seinem Auftreten angeblich ausdrücken wolle. Lauter kleine Seitenhiebe, die sich, wenn sie nicht retourniert werden, im Innern zu Knoten verkapseln (übrigens besonders häufig in der weiblichen Schilddrüse anzutreffen), zu Triggerpunkten oder Energielöchern.

Unglücklicherweise machen Frauen oft mit bei diesem Spiel, weil sie in den letzten Jahrtausenden gelernt haben, dass sie seltener zum Ziel von kleinen und größeren Attacken werden, wenn sie selbst auf die nächste zeigen. Wenn sie andere Frauen genauso zum Objekt machen wie die Männer, indem sie deren Perspektive verteidigen. Und dann auch noch als gut gemeinten Hinweis verkaufen.

Weibliche Patriarchen

Oft war es ein Urlaub in einer Gruppe, der mir einen Augenöffner beschert hat. In diesem Fall in den 90er-Jahren irgendwo im Süden. Mein damaliger Freund wollte ein paar Tage später nachkommen, der Rest der Truppe bestand überwiegend aus Pärchen, sodass sich zunächst ein Frauenüberschuss ergab. Nach ein paar Tagen machte sich etwas Anspannung breit, und zwei der Frauen mit Partner gingen merklich auf Distanz zu mir. Meine Frage, was der Grund für die leicht angespannte Stimmung sei und wer da mit wem Stress hätte, fiel sofort auf mich zurück: ob ich nicht gemerkt hätte, wie die Männer auf mich reagierten, weil ich es immer irgendwie schaffte, Aufmerksamkeit zu erregen, weil ich mich besonders fröhlich und charmant zeigen und mich unnötigerweise jeden Abend aufbrezeln würde. Ob ich nicht bemerkt hätte, dass die Frauen sofort näher an ihre Partner rückten, sobald ich den Raum betreten würde.

Nein, das hatte ich nicht bemerkt. Ich war tatsächlich nur mit Schwimmen, Sonnenbaden, Weintrinken und Schalentiereessen beschäftigt und wusste nicht ganz, wohin mit meiner guten Laune, weil ich mich darüber hinaus auf meinen Freund freute, der schon im Flieger saß. Ich hatte die Männer der Gruppe nicht mal als solche wahrgenommen, sondern als Teil eines mehr oder weniger netten Paares, konnte mir ihre Namen auch nach Tagen nicht merken und hatte auch sonst nichts Bemerkenswertes feststellen können, was mich hätte fesseln können. Ich hatte vor allen Dingen nicht einmal darüber nachgedacht.

Umgekehrt schien das anders zu sein, zumindest habe ich das Gespräch so verstanden. Und fand diese Tatsache sehr unangenehm bis abstoßend. Aber nach dem »gut gemeinten« Rat einer Freundin sollte ich mir eher Gedanken darüber machen, was mit mir nicht stimmte, weil ich doch verantwortlich sei für die Unruhe in der Gruppe.

Das Gespräch hat mich erschöpft. Bevor ich einen Satz sagen konnte. Weil ich nicht wusste, wo ich anfangen sollte und ob das überhaupt Sinn machen würde, denn vor mir wurde gerade das Patriarchat verteidigt, von einer Frau. Ich gab auf, bevor ich meine Gedanken für eine kleine Rede sortiert hatte. Keinen Bock.

Aber wir sind noch nicht quitt, deshalb werde ich das jetzt nachholen. In Form von ein paar Fragen: Wenn ein Mann sich von einer Frau angezogen fühlt, wer trägt dann die Verantwortung für dieses Gefühl? Wenn ein Mann sich einer Frau zuwendet und Interesse zeigt, dieses aber auf null Gegeninteresse stößt – was wäre dann eine angemessene Reaktion vonseiten des Mannes? Wenn ein Mann in Anwesenheit seiner Partnerin gesteigertes Interesse an einer anderen zeigt – wer trägt dann die Verantwortung für die Situation und für die Verletzung der Partnerin? Wenn mein Partner in meiner Anwesenheit gesteigertes Interesse an einer anderen Frau zeigt, wer wäre dann das adäquate Ziel für meine Wut?

Sind Männer überhaupt jemals verantwortlich für ihr Handeln? Oder sind sie Opfer ihrer unkontrollierbaren Triebe und der verhängnis- und geheimnisvollen Verführungskünste vorzugsweise blonder Sirenen, die sich in echt aber natürlich gar nicht für sie interessieren, sondern nur die Bestätigung suchen und Spaß daran haben, andere Frauen wegzuboxen …? Wer in dieser alltäglichen kleinen Soap müsste vor Unterstellungen und Übergriffen beschützt werden und wer gehörte an den Pranger? Um mal in der patriarchalen Logik zu bleiben.

Eine Logik, der viele Frauen genauso anhängen wie die meisten Männer, wenn sie dem *Male Gaze*, dem tradierten männlichen Blick auf Frauen, folgen und diese zu Objekten und für ihre Sexualisierung verantwortlich machen. In dieser Logik sind es die Frauen, die für die sexuellen Gefühle oder Machtgefühle von Männern ihnen gegenüber verantwortlich sind, weil sie diese Bedürfnisse angeblich auslösten. Damit tragen sie auch eine Verantwortung für die daraus folgenden Handlungen. In dieses Schema passt unter anderem das sogenannte *Victim Blaming*, wonach Frauen die Mitschuld an einem Missbrauch tragen, wenn sie sich provozierend kleiden oder verhalten.

Obwohl diese Haltung im krassen Gegensatz steht zu jeder Art von Feminismus oder Selbstbestimmung, findet sie sich bei den emanzipiertesten, taffesten und oft auch bei extrem erfolgreichen Frauen, die im Laufe ihres Lebens lernen mussten, sich auf niemand anderen als sich selbst zu verlassen. Eine davon war in den 90ern eine Art Role Model, eine persönliche Heroine, und da sie inzwischen über 70 Jahre alt ist, wollte ich ihr persönlich Farewell sagen ….

Die Eier der Chrissie Hynde

Die Pretenders spielen in der großen Freiheit 36. Die Wände und Decken sind mit Zigarettenfeinstaub und kondensiertem Schweiß vieler Generationen aufgeladen, und die Abdrücke meiner Kohorte liegen wahrscheinlich in der Mitte der vielen Patinaschichten – viel zu jung für die Beatles, die hier vor 60 Jahren gespielt haben, aber jung genug, um der Pretenders-Sängerin Chrissie Hynde zu huldigen. »*She's got balls*«, hat Madonna in den 80ern über sie gesagt.

Damals hat Hynde ihre beiden kleinen Töchter aus verschiedenen Beziehungen mit auf Tournee mitgenommen. Im letzten Jahr hat sie mit Guns N' Roses den Hyde Park gerockt, da waren ihre Enkel im Publikum. Chrissie Hynde ist seit 45 Jahren auf der Bühne, jünger als Mick Jagger, aber trotzdem ein extrem seltenes Phänomen. Alle anderen Rockladys haben lange vor ihr aufgegeben. Hynde hat stattdessen ein neues Album aufgenommen: »Relentless« steht für »unbarmherzig« oder auch »unerbittlich«, aber auch »unermüdlich«.

Sie trägt dieselben schwarzen Outfits, dieselben Overkneestiefel, dieselbe Vokuhila-Frisur wie vor 40 Jahren, und sie hat sich offenbar nie wirklich Gedanken darüber gemacht, ob sie da als Frau oder als Mann steht. Sie ist ein Rockstar. Punkt. »Niemand hat mir je vorgeschrieben, was ich anziehen, worüber ich singen oder was ich denken sollte. Nie hat mir einer von der Plattenfirma gesagt, ich solle sexy Klamotten anziehen oder so etwas. Jesus! Es wäre niemandem im Traum eingefallen, mir so etwas zu sagen«,[43] erzählte sie in einem Interview, als sie gefragt wurde, wie sie die Musikbranche als junge Frau wahrgenommen habe. Keine Ahnung, ob sie nach der Jahrtausendwende eine Chance gehabt hätte in einem Business, das zur Hälfte über Sexyness und pompöse Bühnenshows und zur anderen Hälfte über soziale Medien funktioniert. In der »feministisch sein« irgendwie in einer Reihe steht mit »glamourös, trainiert, erfolgreich und reich«. Als Feministin wäre Chrissie Hynde sowieso nicht vermarktbar, weil sie nie das Gefühl hatte, dass ihr irgendetwas verwehrt geblieben sei als Frau.

Feministin zu sein erschiene ihr als ein Eingeständnis von Schwäche, als bräuchte sie den Rückhalt irgendeiner ominösen Truppe. Als Musikerin und Rockstar war sie schon immer unantastbar, es ist so, als könnte sie mit der Frage nichts anfangen, wenn sie nach der Rolle von Musikerinnen gefragt wird: »Wir fragen nicht, ob wir eine Rolle bekommen dürfen. Wir sind es, die die Rollen verteilen.«[44]

In der Großen Freiheit steht Chrissie Hynde mit drei Jungs auf der Bühne, und ich schreibe »Jungs«, obwohl die gemeinten Männer sicherlich schon über 30 sind, aber neben dieser Frau sind sie eindeutig in der Nebenrolle. Auch wenn Chrissie ihnen immer mal wieder den Vortritt lässt für ein kleines Gitarrensolo, sind die drei ganz klar namenlose Zuarbeiter.

Offenbar mag sie keine Handyfotos, zumindest nicht aus der Nähe, und nachdem sie einen der Männer in den vorderen Reihen von der Bühne aus zusammengefaltet hat, erklärt sie kurz ihre Policy, wonach sie möchte, dass wir zuhören und abtanzen und die Bilder im Kopf mit nach Hause nehmen. Zwischendurch macht immer mal wieder jemand einen Versuch, sie zu filmen, und wird mit einer Unterbrechung des Songs und einem dreifachen »Fuck u!!!« übers Mikro bedacht.

Später an diesem Abend macht Chrissie dieselbe Bewegung wie alle Rockstars, die sich beim Spielen nach hinten beugen, in die Knie gehen und das Becken unter den Gitarrenboden schieben, als würden sie einen riesigen Umschnalldildo balancieren. Manchmal wirkt das, als würde das Instrument ihren Körper bespielen und nicht umgekehrt.

»Don't get me wrong« war die Hymne meiner Abifeier, *»If I come and go like fashion. I might be great tomorrow. But hopeless yesterday«*. Chrissie Hynde war für mich ein Idol, bevor ich Feministin wurde. Nach dem Abi habe ich mich für andere »Mucke« begeistert, und 2015 habe ich sie aus den Augenwinkeln wahrgenommen, als sie von einem Shitstorm eingeholt wurde. Chrissie hatte in einem Interview erklärt, dass Frauen manchmal »selbst schuld« seien, wenn sie betrunken und in Unterwäsche vor einem Mann rumhüpften. Und dass es sie selbst auch »erwischt« habe. Damit stellte sie sich in eine lange Tradition von *Victim Blaming*, die durchaus nicht nur übergriffige oder sexistische Männer, sondern auch weibliche Anhängerinnen hat. Frauen, die mit einem großen Verständnis für angebliche männliche Triebe sozialisiert wurden.

Frauen wie Chrissie Hynde stehen in einer Reihe mit anderen Rockstars, unabhängig vom Geschlecht. Den Part, in dem andere Frauen ihres Alters sich vom Job und in die Familie zurückgezogen haben, hat sie ausgelassen und damit auch alle damit verbundenen Demütigungen, Anpassungen und Abhängigkeiten. Fast 40 Jahre später gibt sie dieses verhängnisvolle Interview, stolz, erfolgreich – und voller Unverständnis für Frauen, die unverschuldet in eine Situation geraten, in der ein Mann übergriffig wird. Denn sie wusste offenbar immer, was sie tat. Es ist ein männlich geprägtes Selbstverständnis, das da spricht, das keine Verletzlichkeit kennt und Gewalt als allgemeines Lebensrisiko betrachtet.

Sie hat diese Aussage auch nie relativiert, und ohne einen direkten Zusammenhang herstellen zu wollen, fällt mir tatsächlich auf, dass mehr Männer als Frauen in der Schlange vor der Großen Freiheit stehen. Aber vielleicht gilt das auch für sämtliche Konzerte, die ich gesehen habe, bei denen immer direkt vor der Bühne zwei bis drei Reihen aus Männern standen, die mit einem Bier in der Hand und in sich versunken vor- und zurückwippten und mit entrücktem Blick den Gitarrensolos folgten, als würden sie selbst gern auf der Bühne stehen.

Beim Warten auf den Einlass muss ich daran denken, wie ich die Pretenders in meinem ersten eigenen Auto auf volle Lautstärke gedreht und mitgesungen habe, und bei mir macht sich ein wenig von der damaligen Aufregung breit, als wäre ich wieder 15 und würde das erste Mal vor einem Klub anstehen. Mit dem großen Unterschied, dass viele der rund 200 anderen Köpfe um mich herum bereits ergraut sind und weiß aufleuchten, wenn die Scheinwerfer vor dem Eingang die Masse abtasten. Die Veranstalter lassen sich mit dem Einlass Zeit.

Womit auch immer es zu tun hat, ob mit einer gewissen Enthemmtheit dank Alkohol bzw. anderer Drogen oder mit der Tatsache, dass Chrissie Hynde ein bestimmtes Publikum anzieht oder dass ich an diesem Abend weniger die Ausstrahlung einer älteren Frau als die eines ziemlich alten Teenagers habe, oder einfach mit dem Gedränge ... Und während ich dies schreibe, fällt mir auf, wie ich die Situation rechtfertige, als hätte ich nichts gelernt in 30 Jahren. Warum eigentlich? Auf jeden Fall taucht neben mir ein Mann auf, kein Weißkopf, sondern deutlich jünger, der mir wie selbstverständlich und mit einem breiten Lächeln durch die Locken fährt, mich mit dem freien Arm eng an sich zieht und seine Hand auf meinen Po legt. Eine blitzschnelle, unbemerkte kleine Machtdemonstration. Nicht, weil er durfte, sondern, weil er es konnte, in dem Gedrängel. Im nächsten Moment öffnen sich alle Türen des Klubs, die Schlange löst sich auf, der Mann ist verschwunden, und in mir macht sich dieselbe alte Scham breit, mit der ich nach mancher Party- oder Klubnacht nach Hause geschlichen bin, obwohl ich tanzwütig und mit bester Laune in den Abend gestartet war. Scham, dass ich zu diesem Pogriff eingeladen haben könnte, dass ich zu naiv oder zu langsam war, um zu verstehen, worauf die Annäherung hinausläuft, Scham darüber, dass ich mich nicht sofort gewehrt habe, nicht den Mut aufgebracht habe, den anderen bloßzustellen. Scham darüber, dass überhaupt andere Menschen Zeug:innen meiner Demütigung wurden.

An diesem Abend kann ich das Schamgedankenkarussell rechtzeitig stoppen, indem ich mich selbst frage, ob ich diesem jungen Mann tatsächlich die innere Erlaubnis geben möchte, mir einen Abend zu verderben, auf den ich mich lange gefreut habe. Und meine Antwort lautet: Nein. Keine weiteren Grübeleien darüber, was ich hätte antworten oder tun können. Chrissie würde über mich lachen, aber ich sage nur:

Wir sind noch nicht quitt!

4 SOLLTE ICH_ARBEIT LOSWERDEN?

Lieblosstrategien

Auf dem Gästeklo einer Freundin hat man in der Sitzposition direkt die Waschmaschine vor sich, und da ich dort öfter mal zu Besuch bin und beim Toilettenbesuch immer auf dieselbe Stelle starre, fiel mir sofort auf, dass dort neuerdings eine laminierte Karte klebte, die so aussah, als wäre die Maschine neu und inklusive dieses Aufklebers geliefert worden. Die Karte war aufwendig gestaltet – mit Icons bebildert, die die Umwelt symbolisierten, einem Wal und Geldmünzen. Der Text dazu lautete sinngemäß, dass der vorsichtige Gebrauch von Waschmittel Geld spare und die Umwelt schone.

Hm … an wen mochte sich diese Botschaft richten?

Da meine Freundin ebenso wie ich seit rund 40 Jahren kompetent ihre Wäsche (und die der Familie) zu waschen wusste, ging ich davon aus, dass sich die bebilderte Erinnerung an die Teenager im Haus richtete, die ab einem bestimmten Alter dazu neigen, die Maschine mit einem einzigen Lieblingsteil zu befüllen, ohne zu checken, ob sich im Wäschekorb womöglich ein paar andere Sachen stapeln, die mitgewaschen werden könnten.

Was dagegen sprach, war die allgemein bekannte Tatsache, dass Teenager Schilder weder lesen noch (selbst wenn sie es tun) verstehen, weil ihre Aufmerksamkeitsspanne nicht ausreicht oder sie den Inhalt sofort wieder vergessen. Zu den speziellen Challenges diese Phase, was die Arbeitsteilung betrifft, später mehr.

Auf Nachfrage stellte sich heraus, dass es der Mann an ihrer Seite war, der den ganzen Haushalt auf Nachhaltigkeitslücken und Sparpotenzial hin überprüft hatte. Daraufhin war das Schild an der Waschmaschine aufgetaucht, nachdem er noch Zeit in die Gestaltung und die wasserabweisende Ausführung investiert hatte – fleißig, fleißig.

Auf dem Weg zurück in die Küche registrierte ich beim Blick auf das Schlafsofa im Gästezimmer den mir bekannten Haufen gewaschener und getrockneter Wäsche, der wohl wie immer darauf wartete, zusammengelegt zu werden, wie bei mir zu Hause auch.

Vielleicht wird schon an dieser Stelle klar, worauf ich hinauswill, trotzdem noch ein kleiner Schlenker, um die Bedeutung dieser kleinen Anekdote zu untermauern: Wäsche gehört zu den reproduktiven Tätigkeiten, für die in einem mehrköpfigen Haushalt konstant Arbeit anfällt. Der Zyklus ist für alle sichtbar. Entweder muss die Wäsche rein oder raus zum Aufhängen oder sie muss zusammengelegt und verteilt werden. Wer auch immer sich berufen fühlt bzw. sich als Team in einem gemeinsamen Haushalt versteht, kann jederzeit anpacken und einfach tun, was zu tun ist.

Es sei denn, derjenige versteht sich als Berater, Manager oder sonst wie Optimierer, der mit einem Hinweisschild an der Waschmaschine den aus seiner Sicht wichtigsten Teil zu einer fairen Arbeitsteilung beigetragen hat, denn einer muss schließlich den Überblick behalten, und für alles andere ist man in so einer Position ja auch überqualifiziert.

Sollten diese Zeilen ungeduldig und etwas genervt klingen, dann ist dieser Eindruck korrekt. Ich habe vor 15 Jahren ein ganzes Buch dem Schwerpunkt »Haushalt und Arbeitsteilung« gewidmet, seitdem hat sich faktisch nichts bewegt. (In den 30 Jahren davor sowieso nicht.) Damals habe ich diverse Anekdoten aus dem Bekanntenkreis zitiert, in denen scheinbar unbeabsichtigt teure Wäscheteile geschrumpft wurden oder immer wieder dieselben Gerichte anbrannten oder nach einem Tag ohne die Mutter im Haus komplettes Chaos ausbrach. Heute ist das Netz voll mit Memes und Videos zu den »angeborenen« Unfähigkeiten von Männern und Vätern. Different time, same story, just a different channel.

Kommt so etwas, wie im Wäschebeispiel, regelmäßig vor, dann kann man irgendwann nicht mehr von einem Versehen sprechen. Geistige Überforderung lässt sich ebenfalls ausschließen, denn das Sortieren von Wäsche nach 30-, 40- oder 60-Grad-Kategorien und nach »dunkel« und »hell« bewegt sich auf dem intellektuellen Niveau eines Grundschülers oder einer Grundschülerin, erste Klasse. Was tatsächlich dahintersteckt, ist eine Taktik, die inzwischen auch von der Populärpsychologie entdeckt wurde: »strategische Inkompetenz«, oder, so habe ich sie in meinem Buch genannt, »Lieblosstrategie«.[1] Anders ausgedrückt: Die Unfähigkeit, oder besser Unwilligkeit, ergibt sich nicht aus dem Nicht-Können, sondern aus dem Nichtkönnen-Wollen. Die Gründe sind unterschiedlich und reichen von einem tief verankerten konservativen Rollenverständnis bis zu passiv-aggressiver Manipulation – aber egal ob bewusst oder unbewusst, am Ende trägt die strategische Inkompetenz dazu bei, dass Care-Arbeit überwiegend an den Frauen kleben bleibt.

Im Einzelnen wirken diese »Ups-Momente« possierlich und verzeihlich, und das macht es so schwer, sie zu identifizieren und in einen größeren Zusammenhang zu stellen. Insbesondere bei den sogenannten reproduktiven Arbeiten wie Kochen, Waschen, Putzen, die täglich anfallen, zeitlich gebunden sind und am meisten Zeit kosten, schleichen sich die seltsamsten »Fehler« ein. Da wird der Reinigungsschaum im Ofen vergessen, werden die Ohrringe von der Kommode gesaugt, mehrfach, oder statt Tabs Spülmittel in die Spülmaschine gefüllt. Weil keine Tabs mehr da waren – und vielleicht geht das ja auch? (Tatsächlich sieht es lustig aus, wenn an allen Seiten Schaum aus der Spülmaschine quillt, aber unter Umständen ist sie danach kaputt.) In meinen soziologischen Stichproben hängen sich die Frauen richtig rein, um ihre Partner bei der Überwindung ihrer Hemmschwellen in Bezug auf mehr Haushaltskompetenz zu unterstützen. Vielleicht fängt das Problem auch damit an, dass eine Person für eine andere Person im selben Haushalt eine Einkaufsliste erstellt, obwohl diese Person ja selbst sehen könnte, was fehlt. Wie auch immer … Auf jeden Fall werden diese Listen von der »weniger kompetenten« Seite oft auf eine Art und Weise abgearbeitet, die es erforderlich macht, dass die Einkaufslistenautorin noch mal losziehen muss: Produkte wurden nicht gefunden und wenn doch, dann die falsche Sorte oder etwas, das so ähnlich klang wie »Hygienespüler« (Aber Spülreiniger ist doch dasselbe! – Nein), statt frisch wird TK eingekauft oder Zitronen statt Limonen und Rapsöl statt Olivenöl, weil, »Ist doch egal«. Manche Frau versucht einen anderen Ansatz, googelt die Produkte, macht von jedem einen Screenshot und erstellt eine WhatsApp-Einkaufsliste mit Fotos. Andere erstellen eine solche Liste unter Berücksichtigung der Reihenfolge der Regalgänge, an denen der Mann beim (geplanten) Weg durch den Supermarkt vorbeikommt, damit er sich im Sortiment zurechtfindet. Irgendwann stellt sich die Frage: Was geht schneller? Eine solche Liste zu erstellen oder selbst einkaufen zu gehen?

Verhaltensstarre und Putzreflexe

Bei meinen Vorträgen sind die Beispiele zur strategischen Inkompetenz immer ein garantierter Lacher, aber eigentlich ist die Nummer gar nicht lustig, weil sie zu einem Phänomen gehört, das weitreichende Folgen hat – für die Verteilung von Einkommen, Rente, Eigentum, Erwerbsarbeit, Bildungs- und Aufstiegschancen, gesellschaftliche und politische Teilhabe. Die Arbeitsteilung im Haushalt und bei der Care-Arbeit entscheidet nicht nur über den Lebensweg des und der Einzelnen, sondern auch über die Entwicklung eines Landes.

Das Abstruseste an diesem Phänomen ist, dass es außerhalb der sowieso schon aufgeklärten Bubbles als privat und unerheblich abgetan oder gänzlich ignoriert wird. Mein Lieblingszitat eines Mannes, bei dem die Arbeitsteilung 20 zu 80 zu seinen Gunsten beträgt: »Wenn man über so etwas diskutieren muss, dann ist das doch keine Partnerschaft mehr.«

Was sagt man dazu? Realsatire? Haus- und Care-Arbeit ist als Comedythema sehr erfolgreich, deshalb wird es einem als Frau umso übler genommen, wenn man bei dem Sujet ernst werden muss. Zu den wenigen, die angesichts der stabilen Schräglage Konsequenzen ziehen, gehören vielleicht die Frauen, die mir schreiben, dass sie sich nach einer langen Ehe oder Partnerschaft zwar wieder verliebt hätten oder offen dafür seien, aber nie wieder mit einem Mann zusammenleben wollen würden.

Wir reden und debattieren schon so lange darüber, dass sich bei der Mehrheit sogar eine gefühlte Gleichstellung eingeschlichen hat, die mit der gelebten Realität jedoch so viel zu tun hat wie ein volles Sparschwein mit einem Vermögen. Es gibt kein gesellschaftspolitisches Thema, bei dem in den letzten 40 Jahren so wenig Fortschritt zu erkennen ist und das bei Debatten zu nationalen Herausforderungen sogar gemieden wird.

Maybrit Illner und ihre Gäste haben im März 2023 eine Sendung lang über den Fachkräftemangel in Deutschland diskutiert, ohne dass jemand die Millionen Frauen erwähnte, die gern arbeiten möchten, aber nicht können, weil sie sich um Kinder und Angehörige kümmern müssen. Unter anderem, weil gleichzeitig rund 384 000 Kitaplätze und über 300 000 Erzieher:innen fehlen. Und ja, auch, weil es kaum Väter gibt, die einfach mal die Hälfte der Familienarbeit stemmen. Nicht mehr und nicht weniger.[2]

Wenn es um Gewaltstatistiken, um fehlendes Wirtschaftswachstum oder den steigenden Meeresspiegel geht, können Zahlen in Deutschland (zu Recht) Entsetzen auslösen. Nicht so beim Thema Care-Arbeit. Vielleicht liegt es daran, dass sich die Statistiken seit Jahrzehnten kaum bewegen, oder an der erwähnten gefühlten Gleichstellung? Wenn der aktuelle Gleichstellungsbericht des Bundesministeriums für Familie, Senioren, Frauen und Jugend klarstellt, dass Frauen in heterosexuellen Ehen immer noch am meisten Care-Arbeit leisteten, nämlich jeden Tag über 50 Prozent mehr als ihre Partner[3], dann ist das inzwischen kaum noch eine Meldung wert, weil: *Whats new?*

Plakative Schlagwörter wie »Gender Care Gap« bleiben zwar als Argumentationshilfe bei den Aufgeschlossenen hängen, an dem Problem an sich ändern sie aber nichts. Genauso wenig wie die anstößigen Zahlen, die dasselbe hartnäckige Problem jedes Mal von einer anderen Seite beleuchten, ohne dass sich maßgeblich etwas tut, obwohl sie in immer neuen Varianten, Statistiken, grafischen Torten bei Insta und Co. zirkulieren.

Auf die Dauer ist es nicht nur ermüdend und frustrierend, wenn sich an einem Missstand nichts ändert, es manifestiert ihn auch, denn das Thema verliert zunehmend an Relevanz. Nicht das Problem an sich, aber seine Wahrnehmung und der daraus resultierende Impact auf die Entscheidungen der Paare, auf die Ausrichtung der Wirtschaft und der Politik. Die Ungerechtigkeiten und Nöte verschwinden hinter all den Gaps (Pay, Care, Pension, Health) und werden zu einem Diskursritual, zur Emanzipationsfolklore, die pflichtschuldigst mit Verständnis und Mitgefühl quittiert wird. Gleichzeitig werden Meldungen und Kommentare zu dieser Dauerschräglage schulterzuckend erduldet wie das sprichwörtliche Gezeter einer frustrierten Hausfrau, die immer mal wieder Dampf ablässt und dann erschöpft zurückfällt in ihre festgefahrene Rolle. Es ist dieselbe angemessene Betroffenheit wie bei der Rentenlücke oder bei Dauerkonflikten in einer entfernten Ecke des Globus.

Trotzdem kann auch ich nicht einfach damit aufhören, obwohl ich mir selbst nicht mehr zuhören mag und mir das Thema seit mindestens 20 Jahren zum Hals raushängt. Seitdem nämlich lautet die soziologische Diagnose für Männer, die sich vor der Haus- und Care-Arbeit drücken, »verbale Aufgeschlossenheit bei gleichzeitiger Verhaltensstarre«. Die dazu passenden Aussagen sind seit der Industrialisierung ungefähr dieselben: »Ich würde ja, aber sie lässt mich nicht«, »Ich würde ja, aber mir fehlt die Zeit«, »Ich würde ja, aber ich kann es einfach nicht so gut (wie sie)«.

Es werden sogar Studien rund um das Phänomen gestrickt, die nach Erklärungen fahnden. Bei manchen frage ich mich, ob vielleicht Satire dahintersteckt bzw. ob man von dem Geld für die besagte Forschung vielleicht besser Doktorand**innen** mit Haushaltshilfen ausstatten sollte. Zumal es beim Thema Geschlechtergerechtigkeit in den Wissenschaften und an den Unis noch rückwärtsgewandter zugeht als auf einer Ölbohrplattform. Aber ich schweife ab.

Die Wissenschaftler der University of Cambridge glauben den Grund für das Ungleichgewicht bei der Haus- und Care-Arbeit gefunden zu haben. Demnach »litten« Frauen unter einer Art internalisiertem Putzbefehl, dem sie reflexhaft folgen müssten. Frauen könnten keinen Schmutz oder liegen gebliebene Wäsche betrachten, ohne den Drang oder gar Zwang zu verspüren, Ordnung zu schaffen. Bei ihnen wird also eine Art Instinkt vermutet, der sie in solchen Situationen förmlich anfällt, weil sie den Anblick unerledigter Hausarbeit kaum ertragen.

Und jetzt darf jeder und jede raten, was man über diesbezügliche Impulse bei den Männern herausgefunden hat – Überraschung, denen geht es ganz anders! Warum? Auch dafür haben die Forscher:innen eine Erklärung: Zwar nehmen Männer Dreck oder Chaos genauso wahr wie die Frauen in der Studie, aber die optische Information löst bei ihnen kein Bedürfnis, geschweige denn einen Drang aus, etwas dagegen zu unternehmen.[4]

Interessant. Ich gebe zu, dass ich mich darüber hinaus brennend dafür interessiere, wie und wo Frauen diesen Drang spüren? Ein beschleunigter Herzschlag oder ein kontrahierender Uterus, sobald die Waschmaschine durchgelaufen ist? Und werden umgekehrt die Männer in derselben Situation womöglich von einer bleiernen Müdigkeit überfallen? Wir alle kennen den Anblick von nahezu bewusstlosen Typen, die sich auf dem nächstgelegenen Sofa ausstrecken müssen, während Kinder und Chaos sie umtoben.

Natürlich gibt es auch Studien, die sich der Vermutung widmen, dass hinter diesen ausgeprägten Unterschieden bei der Reaktion auf Schmutz oder Unordnung ein gelerntes Verhalten bzw. eine ungleiche Konditionierung von Kindheitsbeinen an und jahrhundertealte Geschlechterstereotype stecken. Was wiederum zur Folge hat, dass Männern und Frauen andersartige Fähigkeiten zugeschrieben werden – und sich im Laufe der Evolution vielleicht tatsächlich verschiedene Kernkompetenzen herausgebildet haben.

Wussten Sie, dass die Nippel einer Frau ihr zuflüstern, was zu tun sei, wenn das Baby schreit? Umgekehrt kann es eigentlich nur an der biologischen Ausstattung liegen, dass Männer in derselben Lage hilflos sind. (Das macht dann zwei Hilflose.) Denn alles andere würde ja bedeuten, dass die Männer solche und ähnliche Situationen sauber aussäßen, weil sie sicher davon ausgehen können, dass die Partnerin schon irgendwann einspringt. Weil die Männer selbst es eben nicht tun. Also eine Art Zermürbungstaktik im Sinne der strategischen Inkompetenz.

Vielleicht wird die Forschung in naher Zukunft so weit sein, das menschliche Hirn bei der Hausarbeit von innen nach außen zu stülpen, dann erfahren wir mehr. Bis dahin gilt es immer wieder, die dramatischen Folgen dieses Verhaltens aufzuzeigen. Klappe, die 150. oder 1500.?

Frauen erledigen nicht nur zwei Drittel der Haus- und Care-Arbeit, auch wenn beide arbeiten, sie sind darüber hinaus meistens zu hundert Prozent für den sogenannten Mental Load zuständig – Einkaufslisten, Alltagsorga, Arzttermine, Schulaufgaben, *to be continued* … Von den 21 Dingen, die für den Familienalltag geplant und organisiert werden müssen, liegen nur drei in der Verantwortung von Männern. Paare, die aus dieser Falle raus wollen, müssen vollständige Arbeitspakete schnüren, die sämtliche Aufgaben für einen Verantwortungsbereich bündeln. Für ein fußballspielendes Kind bedeutet das alles vom Kauf der Fußballklamotten über die Fahrten zum Training oder zum Spiel bis zur Trikotwäsche. Wobei Alleinerziehende alle Anforderungen sowieso allein stemmen müssen.[5]

Es sind vor allem diese Verantwortungspakete, die Frauen Zeit und Kraft rauben für ihren Job, für Weiterbildung, fürs Netzwerken, für eine eigene Lobby in der Politik. Dazu passt das Ergebnis einer Umfrage der AllBright Stiftung, wonach 60 Prozent der männlichen Führungskräfte der Meinung sind, dass Frauen mit Kindern im Job weniger engagiert seien als Frauen ohne Kinder. Genau genommen stammen diese Aussagen mehrheitlich von Vätern, die den Rücken frei haben, um sich im Job zu engagieren. Finde den Fehler …

Darauf können Frauen nur selten hoffen. Wenn sie sich reinhängen im Job, zieht der Erfolg oft Beziehungsstress nach sich: Für eine Frau, die befördert wird, verdoppelt sich die Wahrscheinlichkeit einer Scheidung in den folgenden Jahren, wie zwei schwedische Wirtschaftswissenschaftler:innen herausgefunden haben. Überraschung: Die Beförderung des Mannes hat keinen Einfluss auf die Scheidungsstatistik. Homosexuelle Paare sind von diesem Effekt übrigens nicht betroffen. Ob es eine Rolle spielt, dass die Haus- und Care-Arbeit in homosexuellen Partnerschaften eher gerecht geteilt wird?[6] Heterosexuelle Paare stolpern hingegen nach der Heirat oft in ein traditionelles Modell.

Ironischerweise scheint es unter Umständen gerade der Fortschritt zu sein, der Frauen sogar noch mehr Arbeit aufhalst. Die Arbeitslast für junge Mütter und Familien ist trotz Technisierung und künstlicher Intelligenz deutlich gestiegen. Unter anderem, weil wir in den Industrieländern heute doppelt so viel zugewandte Zeit mit unseren Kindern verbringen als noch im Jahr 1965 – Frühförderung, Schulunterstützung, Chauffeurinnendienste … Das »wir« kann man, statistisch betrachtet, durch »Mütter« ersetzen. Und es sind auch die Mütter, die für die Umsetzung einer nachhaltigen und möglichst CO_2-Abdruck-kompatiblen Lebensweise zuständig sind, für die frisch eingekauft, frisch gekocht oder eingemacht wird.

Magische Wäschekörbe und Elternrache

Beim Thema »faire Aufteilung der Care-Arbeit« neige ich wegen der seit Jahrzehnten nahezu unveränderten Statistiken (die eine unfaire Aufteilung belegen) inzwischen zu Galgenhumor. Es gibt einen britischen Comedy-Clip, an dem ich immer wieder kleben bleibe: Eine Frau kommt nach Hause zu ihrem Partner, der auf dem Sofa chillt und auf das (von ihr zubereitete) Abendessen wartet … und beschwert sich über die nie endende Hausarbeit. Dass ihr nach dem Job für nichts anderes mehr Zeit bleibt, dass sie so nicht weitermachen kann … Sie ist kurz vorm Heulen, als er sie unterbricht und ihr verspricht: *»Relax. It's gonna be alright.«* Und er zeigt ihr den magischen Wäschekorb, den er entdeckt hat: in den man alles einfach hineinwerfen kann. Und am nächsten Tag liegt es frisch gewaschen und zusammengefaltet im Schrank. Genauso wie beim magischen Tisch, von dem alles über Nacht verschwindet, egal, wie unaufgeräumt und voll man ihn hinterlassen hat … Unglaublich! Am nächsten Tag ist die Frau verschwunden, und er ruft einen Polizeibeamten für des Rätsels Lösung – der auch so einen magischen Tisch zu Hause hat …

Im vorangehenden Abschnitt lässt sich der »Mann« wahlweise auch durch den oder die »Teenager:in« ersetzen, ohne dass der Inhalt geändert werden müsste. Das Problem scheint globale Ausmaße angenommen zu haben, denn im Netz und auf Social Media trenden aufwendig inszenierte Spaßvideos aus allen möglichen Ländern, die zeigen, wie die Eltern erwachsener Kinder ihren Nachwuchs zum ersten Mal in der eigenen Wohnung besuchen und den Spieß umdrehen. Nach Betreten der Wohnung gleiten die Jacken direkt vor der Tür zu Boden, in der Küche werden Kühlschrank und Schränke geplündert, Dutzende von Verpackungen aufgerissen, alles einmal probiert und dann mit Löffel im Glas überall stehen gelassen, genauso wie das benutzte Geschirr, das sich schnell auf allen Arbeitsflächen stapelt. Danach besetzen die Eltern das Badezimmer, bespritzen den Spiegel mit Zahnpastaschaum, verteilen Schminksachen über alle Flächen und lassen Berge von nassen Handtüchern zu ihren Füßen zurück. In den Schlafzimmern geht es weiter mit dem Inhalt der Schränke, alles wird anprobiert, liegen gelassen, und die besten Teile werden eingesteckt. Genauso wie einige Essensvorräte und der Inhalt der Hausbar, mit dem sie am Ende johlend wieder abziehen, während ihre erwachsenen Teenager mit offenem Mund zurückbleiben. Ich gehe bei diesen Videos oft ein Dutzend Mal auf »noch mal ansehen« und freue mich jetzt schon auf den Tag, an dem meine Kinder im eigenen Haushalt leben und ich diese lustige Racheaktion nachstellen kann. Wenn ich alle Stunden zusammenzählen würde, die ich mit Auf- und Nachräumen in Kinderzimmern verbracht habe, dann hätte ich in dieser Zeit wohl mindestens ein Buch schreiben können. Selbst schuld? Wir könnten auch einfach mal unsere Rechte als Eltern und Haushaltsvorstände durchsetzen. Denn laut Bürgerlichem Gesetzbuch sind Kinder und Jugendliche dazu verpflichtet, gemäß ihrem Entwicklungsstand, im Haushalt zu helfen. Paragraf 1619 des BGB schreibt Folgendes vor:

»Das Kind ist, solange es dem elterlichen Hausstand angehört und von den Eltern erzogen oder unterhalten wird, verpflichtet, in einer seinen Kräften und seiner Lebensstellung entsprechenden Weise den Eltern in ihrem Hauswesen und Geschäft Dienste zu leisten.«[7]

Bin ich die Einzige, der das Wort *Dienste* in diesem Zusammenhang besonders gut gefällt? Das hat etwas von einem Verhältnis zwischen Herrschenden und Untertanen, ein Gefühl, das ich gern mal genießen würde, und sei es nur für einen Tag. Leider haben meine Kinder von diesem Paragrafen noch nie etwas gehört, die Quellen im Netz halten sie für Fake und werfen mir Manipulation vor. Ich habe dann den BGB-Wälzer in Papierform bemüht, die Reaktion war ein Schulterzucken. Stellt sich die Frage: Wie setze ich mein Recht durch? Bundespolizei?

Wären meine Kinder heute erst am Anfang, vier bis sechs Jahre alt, dann könnte ich das Steuer vielleicht noch rumreißen, denn wie ein anderer Trend in den sozialen Medien suggeriert, kann man die Kleinen gar nicht früh genug an das Thema heranführen. Man müsse sie einfach nur machen lassen, sodass sie das Gefühl bekämen, wichtige Aufgaben zu übernehmen, wodurch sie noch dazu Selbstvertrauen gewännen. Da es bei diesem Erziehungstrend mehr um das Empowerment der Kleinen geht und weniger um den Zustand des Haushalts, braucht es selbstverständlich eine Betreuungsperson, die das Ganze beaufsichtigt, um im Notfall einzugreifen, im Idealfall, bevor das Marmeladenglas auf dem Boden landet oder die Milch überkocht, aber hey, irgendwie müssen kleine Kinder ja auch aus Erfahrung lernen können dürfen, und deshalb braucht es natürlich auch noch jemanden, der hinterher aufräumt und sauber macht, und das ist in den meisten Fällen natürlich die – Mutter. Die Kleinen dürfen dabei zuschauen, was dann natürlich wieder eine stereotype Erfahrung wäre, die tradierte Geschlechterrollen manifestiert … Dennoch: Das Vertrauen in die eigenen Fähigkeiten und in die Selbstwirksamkeit ist gestärkt. Was sie dann später als Teenager auf die Probe stellen können, und da schließt sich der Kreis, ohne dass zu irgendeinem Zeitpunkt die Mütter entlastet worden wären, aber das war vermutlich auch nie das Ziel der Übung.

Wäsche im Ofen und nächtliche Küchenorgien

Die Erziehung zur Hausarbeit wäre also ein weiterer Bereich, der von den Müttern übernommen werden müsste und der aus genannten Gründen den täglichen, gegenüber Männern sowieso schon potenzierten Arbeitsaufwand weiter verdichten würde. Ich will keine davon abhalten, es trotzdem zu versuchen, aber meine Prognose wäre, dass der Elan schnell verfliegt und die meisten Mütter nach den ersten Experimenten mit Kleinkindern als Haushaltshilfen desillusioniert und erschöpft aufgeben.

Es sei denn, man gehört zu den Mum- oder Dadfluencern, die gern kleine Katastrophen mit den Kindern bei Insta raushauen und damit Werbeverträge einsammeln, denn dort sind die Szenen zu sehen, die bei den »Mein-Kind-kann-Haushalt-wenn-man-es-lässt-Müttern« aus dem Schnitt fliegen. Eine willkürliche Auswahl aus dem Content verschiedener Portale zeigt folgende Szenen:

Beim Versuch, einen Kuchen zu backen, hat ein Zweijähriger eine Packung Mehl, eine Packung Zucker und einen Liter Milch über den Küchenboden verteilt und die Eier an den Küchentüren aufgeschlagen. Immerhin hatte er die Zutaten drauf.

Eine Vierjährige löst bei dem Versuch, Einkäufe aus dem Auto zu holen, die Handbremse, der Wagen rollt aus der Einfahrt rückwärts auf die Straße und kollidiert mit einem vorbeifahrenden Lieferwagen.

Ein Dreijähriger schaut zu, wie es aus dem Küchenofen qualmt, nachdem er ihn mit nasser Wäsche befüllt und auf 250 Grad gestellt hat. Selbstverständlich muss man ihn trotzdem dafür loben, dass er sich die Funktionsweise des Ofens gemerkt und grundsätzlich die richtige Idee hatte, nämlich Wäsche mithilfe von Umluft zu trocknen.

Wer in so einer Situation schimpft, hat das Konzept der Selbstwirksamkeit wohl nicht verstanden. Und riskiert, dass aus einer Aneinanderreihung von Entmutigungen eine Haltung erwächst, die am Ende lebensunfähige Menschen hervorbringt. Oder?

Okay, das ist jetzt zugegeben übertrieben formuliert, aber so manches pädagogische Konzept muss man sich im Alltag immerhin auch leisten können, und selbst wenn alles nach Vorbild läuft, können wir nicht verhindern, dass Kinder genau beobachten, wer am Ende den ganzen Scheiß wieder aufräumt oder geradebiegt. Allerdings ist nicht sicher, ob sie davon überhaupt irgendetwas mitbekommen – zumindest, wenn sie Teenager sind. In diesem Alter sind Mütter genauso unsichtbar wie die Arbeit, die sie leisten. Kühlschrank und Kleiderschrank füllen sich von selbst auf mit frischen Sachen, bereit, um geplündert zu werden. Im Grunde benehmen sich junge Menschen, die noch zu Hause wohnen, wie Mietnomaden, die man aber aus Befangenheitsgründen nicht rausklagen kann. Selbst schuld?

Ich würde zumindest eine Teilschuld ableiten, denn wir Mütter *müssen* uns das nicht gefallen lassen. Es ist möglich, dem Impuls zu widerstehen, die nassen Handtücher aufzuheben, wenn wir eigentlich in die Wanne wollen. Niemand verhungert, wenn wir die Nutella- und Ketchup-Vorräte mal nicht automatisch auffüllen, und die Funktionsweise einer Waschmaschine ist kein Hexenwerk, das eine angehende Abiturientin nicht kapieren könnte. Wenn wir ganz ehrlich sind, ist vielleicht auch ein wenig unbewusste Absicht dabei, um sich ein Minimum an Herrschaftswissen zu bewahren. Die Hoffnung, die ehemaligen Kleinen, die uns als Teenager plötzlich nur noch die kalte Schulter zeigen, könnten uns für immer dafür lieben, dafür, dass wir ihnen alles aus dem Weg räumen. Wobei sie die unsichtbare Arbeit überhaupt als solche wahrnehmen müssten, um dankbar sein zu können. Was ich bei pubertierenden Jugendlichen für relativ aussichtslos halte, denn dafür müssten sie den Blick vom Handybildschirm lösen und auf ihre Umgebung richten. Vielleicht, wenn sie über etwas stolpern?

Es gab auch Phasen in meinem Leben mit Teenagern, in denen ich mich bei aller Reflektiertheit ganz auf mein eigenes Bedürfnis konzentrieren musste, um richtig zu reagieren. *Ich* hatte zum Beispiel das überwältigende Bedürfnis, alle Pizzakartons und Bierflaschen, klebrigen Teigschüsseln, leeren Haarkurtuben oder verklebten Abschminkpads aus meinem Sichtfeld zu schaffen. Das Einzige, was dafür ausreichend Platz bot, war das Doppelbett des Teenagers. Ich habe alles auf ein Laken gelegt, ins Jugendzimmer geschleift, aufs Bett gehoben und dort ausgebreitet. Sodass kein Platz blieb, sich drum herum hinzulegen. Für Nichteingeweihte: Wenn sie nach dem Feiern im Klub in den Morgenstunden nach Hause kommen, lassen sich die meisten Teenager maximal halb ausgezogen, im Dunkeln und ohne einen Umweg über das Bad aufs Bett fallen und sind sofort weg. Es sei denn, dort wartet ein Müllhaufen. Deshalb zeigt diese Maßnahme eine relativ stabile Lernkurve – nach zwei oder drei Wiederholungen. Sie wirkt deutlich besser als Gardinenpredigten oder entfesseltes Rumgekreische, für das ich mich am Ende selbst am meisten hasse.

Sofern ich es schaffe, mein (ich weiß nicht, woher es kommt, aber es lauert tief im Unterbewusstsein) Pflichtgefühl in den Griff zu kriegen, wenn ich mir mal erlaube, nicht den üblichen Service zu bieten. Nichts ist schlimmer als ein junger Mensch, der verzweifelt durchs Haus rennt auf der Suche nach einem bestimmten Lieblingsteil, das an einem bestimmten Tag für ein bestimmtes Outfit unverzichtbar ist.

Dazu muss man wissen, dass das Leben als Pubertier schlicht zu anstrengend ist, um die einfachsten Aufgaben zu verrichten – vor dem Schlafengehen die Klamotten über einen Stuhl legen, beispielsweise. Ich habe bis heute nicht herausfinden können, wie sie es genau machen, aber Teenager lassen ihre Klamotten im Stehen einfach zu Boden gleiten und steigen dann aus dem kleinen Haufen heraus direkt ins Bett. Irgendwann ist der Boden rund um das Bett übersät von Kleidungsnestern.

Es braucht Übung, aber als Mutter *kann* man lernen, dem Drang zu widerstehen, die Häufchen zu entwirren und zu waschen. Irgendwann kommt der Morgen, an dem kein sauberes Shirt mehr im Schrank wartet. Möglicherweise ein Morgen, der laut Stundenplan mit einem Kurs beginnt, in dem auch der aktuelle Schulschwarm sitzt. OMG. Entsetzen und Klagerufe, begleitet von epileptisch anmutenden Verzweiflungsgesten, enden in einem einzigen lauten Vorwurf – an die Mama. Der Versuch gegenzuhalten und, angesichts des Lärmpegels, leise und sachlich darauf hinzuweisen, dass, wenn die Sachen im Wäschekorb gelandet wären, man vielleicht …, werden mit einer plötzlichen Migräneattacke gekontert. Stirn und Augen werden mit beiden Händen bedeckt. Der:die Teenager:in ruft, mit letzter Kraft: Bitte. Bitte keine Diskussion über Hausarbeit. Nicht jetzt! NICHT JETZT: ICH BIN TOTAL GESTRESST! Teenager:in tritt ab.

Und tickert per Sprachnachricht alle Freund:innen an, um das Desaster mit möglichst vielen Gleichaltrigen breitzutreten. Eine weitere Viertelstunde später treffen sekündlich entsetzte Solidaritätsbekundungen ein: »Geht gar nicht!« Dann steht plötzlich eine Unbekannte vor der Tür mit einem Beutel in der Hand. Der Teenager streift das geliehene Shirt über, stürmt weit nach Schulbeginn aus dem Haus. Nicht ohne einen vorwurfsvollen Blick zurückzuwerfen. Nach dem Vorfall wird die Mutter zwei Tage lang angeschwiegen. Und fühlt sich irgendwie schuldig.

Wellnesswochenenden gegen die Wut

Schuldgefühle machen auf lange Sicht übrigens aggressiv. Zusammen mit dem aufgestauten Ärger darüber, dass man vom Rest der Familie behandelt wird, als sei man Reinigungskraft und Caterer in einem (»Was soll das heißen? Wieso hast du KEINE Cheesies eingekauft?«), kann sich ein explosiver Gefühlscocktail zusammenbrauen.

Der in folgende Szene münden kann, die sich nur zufällig in einem geräumigen deutschen Vorort-Reihenhaus ereignet hat. Sie lässt sich archetypisch auf Familienkonstellationen auf dem Land, in einer Stadtwohnung und auch auf jedes andere westliche Land anwenden: Ein heterosexuelles Elternpaar wohnt mit zwei Teenagern unter einem Dach, beide auf dem Weg zum Abitur, beide, Mutter und Vater, arbeiten Vollzeit. Trotzdem ist es die Mutter, die am Sonntagabend allein die Küche putzt, nach einem Wochenende mit Besuch im Haus, die Kinder sind noch mit ihren Freund:innen unterwegs. Beim Aufstehen am nächsten Morgen will sie unbedingt eine saubere Küche vorfinden. Und weil es am nächsten Tag für alle früh losgeht, stellt sie noch die Müslischüsseln und Sigg-Trinkflaschen bereit und geht total erledigt ins Bett.

Am nächsten Tag, nach fünf Stunden Schlaf, schlurft die Mutter müde blinzelnd in die Küche. Und stößt auf ein Schlachtfeld aus schmutzigen Pfannen und Tellern, leeren Asianudelbechern, Eierkartons und Eierschalen, Popcorn- und Chipstüten, Dutzenden von halb gefüllten Getränkeflaschen. Die Spüle ist randvoll mit dreckigem Geschirr. Um die Kaffeemaschine zu erreichen, müsste sie zunächst haufenweise Müll beiseiteschaffen.

Und weil sie am Abend zuvor schon – zu Recht – stinkig war und nicht nur zu kurz, sondern auch noch schlecht geschlafen hat, passiert das, was viel mehr Müttern passieren sollte, wenn sie, ebenso wie ihre unsichtbare und unbezahlte Care-Arbeit, ab und zu wahrgenommen werden wollen:

Sie flippt aus, stürmt die Kinderzimmer mit den schlafenden Teenagern, hört nicht auf zu schreien, bis der Nachwuchs aufrecht im Bett sitzt, schnappt sich die Handys, bevor sie ganz wach sind, und hält sie aus dem geöffneten Fenster: »Ihr habt ab jetzt 30 Minuten, um die Küche in den vorherigen Zustand zurückzuverwandeln, sonst sind die Phones Schrott« – so ungefähr lautete die Ansage. Den Teenagemonstern muss instinktiv klar sein, dass ihre Mutter Ernst machen könnte, und tatsächlich ist die Küche zumindest wieder nutzbar, bevor sie zur Schule müssen. In den darauffolgenden Tagen lässt sich beobachten, dass die Küche und andere Gemeinschaftsräume ungewöhnlich ordentlich bleiben. Irgendwann aber kippen alle Beteiligten in ihre alten Gewohnheiten zurück, inklusive der Mutter.

Dieser Vorfall hätte den Anstoß geben können für eine überfällige Familienkonferenz zum Thema Hausarbeit. Es hätte der Start sein können in eine entspanntere neue Familienwelt. In der alle einen fairen Anteil an der Hausarbeit leisten und zukünftig jeder und jede die Küche so verlässt, wie er oder sie sie vorfinden möchte.

Stattdessen fragen die Kinder den Vater, ob in der Ehe alles okay sei, warum die Mutter mit solchen Stimmungsschwankungen zu kämpfen habe und dass sie sich Sorgen machten, sie könne irgendwann ganz durchdrehen. Der Vater trägt diesen Verdacht vorsichtig an die Mutter heran und schlägt ihr ein Wellnesswochenende vor. Woraufhin die Mutter zum zweiten Mal die Bude mit einem legendären Wutanfall rockt – sodass sogar die Nachbarn anrufen und sich besorgt erkundigen, ob alles okay sei.

Möglicherweise war bei diesem zweiten Ausbruch wechseljahresbedingt ein wenig Testosteron im Spiel, aber in diesem Fall und in vielen anderen, in denen Mütter einfach mal gepflegt ausrasten, ist diese zusätzliche Munition vor allem ein Geschenk (vielleicht hat es die Evolution sogar genau so vorgesehen?), um sich nach Jahrzehnten Überlastung bei gleichzeitiger Unsichtbarkeit endlich Gehör zu verschaffen. Die Reaktion der Mutter ist vergleichsweise zurückhaltend, wenn man sich klarmacht, dass weder Mann noch Kinder auf die Idee kommen, dass sie *irgendetwas* damit zu tun haben könnten. Alle haben sich so sehr an die himmelschreiend ungerechte Arbeitsteilung gewöhnt, dass ihnen die schleichende Versklavung der eigenen Frau bzw. Mutter gar nicht aufgefallen ist. Ich würde in diesen Haushalten gern mal als Mediatorin auf dem Sofa sitzen und als Einstieg die Frage stellen: »Was denkt ihr euch dabei? Dass hier jede Nacht die Heinzelmännchen am Werk sind?«

Ein Teil des Problems ist natürlich, dass Frauen und Mütter über Jahre hinweg tatsächlich Heinzelmännchen gespielt und ihren Frust aufgestaut haben, statt ihre Arbeit sichtbar zu machen, indem sie die Wäschehaufen und Wollmäuse einfach liegen lässt oder, wie in der WG früher, einen Putzplan einfordern. Vielleicht sind Ausraster in homöopathischen Dosen über den Alltag verteilt sogar sinnvoller als ein Meltdown, der in der Tagesklinik endet.

Curling Mom am Livestandort

Leider passt die Tendenz zur weiblichen Aufopferung allzu gut zu fragwürdigen Erziehungstrends. Fragwürdig auch deshalb, weil nicht ganz klar ist, ob es sich um tatsächliche Verhaltenstrends handelt oder eher um begriffliche, die gern zitiert werden, um Eltern zu dissen. Helikopter-Eltern schwirren schon seit über 20 Jahren durch die Presse und laut Definition über den

Köpfen ihrer Kinder, um jeden Schritt zu überwachen. Ich bin das letzte Mal als Helikopter-Mum beschimpft worden, als meine Tochter anfing auszugehen und ich darauf bestanden habe, sie per WhatsApp-Livestandort zu tracken. Mitten in der Nacht befand sie sich dann laut GPS im Wasser, genauer gesagt, in der Mitte der Hamburger Alster. In meiner Fantasie trieb ihr Körper mit dem Kopf nach unten Richtung Elbe. Ihre Freund:innen erinnern sich bis heute an diesen Abend, weil ich, während ich versuchte, aus dem Pyjama in irgendwelche Klamotten zu springen, erst alle Namen abtelefoniert habe, die ich in meinen Kontakten finden konnte, und danach deren Eltern, die nach meinem panischen Anruf ebenfalls anfingen, ihre Kinder mit WhatsApp-Nachrichten zu bombardieren. Zwischendurch hatte ich auch einen Polizeibeamten an der Strippe, der mir betont ruhig erklärte, dass die besagte App eine hohe Fehlerquote und die Wasserschutzpolizei keine Außenstelle an der Alster habe (inzwischen gibt es eine, aber keine nächtlichen Patrouillen). In der ganzen Zeit hatte meine Tochter mit ihren Freund:innen und einer Kiste Bier auf den Alsterwiesen gechillt, bis meine Nachrichten und die der anderen Eltern aufliefen und ich irgendwann einen Rückruf bekam. Inzwischen hat sie mir verziehen, aber sie hat »die Demütigung nicht vergessen«.

Meine Therapeutin widmete diesem Vorfall damals eine ganze Stunde, in der wir dem Verdacht nachgingen, ob ich vielleicht eigene Ängste auf meine Tochter projizierte (lächerlich) oder damit mein eigenes Bedürfnis nach Fürsorge ausdrückte (kann sein) oder aber unbewusst die Abnabelung meines Kindes sabotierte, weil ich um meine Identität als Mutter fürchtete und keine Ahnung hätte, wie der Lebensabschnitt danach aussehen könnte (stimmt).

Und damit wären wir bei der anderen Seite der Medaille und der heiklen Frage, was wir selbst dazu beitragen, dass sich gewisse emotionale Rollenverteilungen über die Jahre manifestieren. Oft parallel zu einer schwächelnden Paarbeziehung, in der sich die Liebe nach vielen Jahren Rushhour zwischen Job und Familienalltag erschöpft hat, und die für viele ihren Sinn verliert, wenn sich das gemeinsame Projekt in Form von Kindern erledigt hat.

Leider hilft die stichhaltigste psychologische Analyse nichts, wenn man daraus keine Verhaltensänderung ableitet. Ich habe also auch die nächste Steigerung einer Overprotecting Elternschaft mitgenommen – sogenannte Curling-Eltern. In Anspielung auf eine Eissportvariante, bei der ein geworfener Curlingstein so weit wie möglich über eine Eisfläche schlittern soll, indem zwei Spieler eines Vierer-Teams die Eisfläche direkt vor dem gleitenden Stein mit einem speziellen Besen noch glatter schrubben. Analog dazu wird »Curling-Eltern« der Vorwurf gemacht, dass sie alle Hindernisse aus dem Weg räumten, die ihren Kindern auf dem Pfad in ein eigenes Leben begegnen oder auch nur möglicherweise widerfahren könnten: Hausaufgaben, Seminararbeiten, Probleme bei sozialen Kontakten, Wohnungssuche, alle Arten von Konflikten und Herausforderungen im Alltag, privat oder später im Job.

Nicht, dass ich hinter jeden Punkt einen grünen Haken machen müsste, aber ich habe sehr viele Haus- oder Seminararbeiten wenige Stunden vor der Abgabe neu formuliert oder korrigiert, bin mit Lalülala und einem vergessenen Ausweis zum Flughafen oder wegen abgelaufener Pässe zur Botschaft, habe Sportbeutel, Laptops, Fahrräder, Schlüssel und orientierungslose Kinder gesucht, wiedergefunden, von A nach B gebracht, neu gekauft (also nicht die Kinder, aber manchmal hätte ich gern …).

Und bevor ein Familienmitglied damit an die Öffentlichkeit geht, muss ich den Selbstbezichtigungen noch eine Variante hinzufügen: Beim »Hintern-hinterher-Tragen« habe ich geschlechtsspezifische Unterschiede gemacht. Ohne es zu merken. Meine Tochter hat mich darauf aufmerksam gemacht, dass ich es dem männlichen Nachwuchs zu oft durchgehen ließe, dass er sich an den gemachten Tisch setze oder nur seinen eigenen Teller in die Küche trage, während sie regelmäßig in die Hausarbeit eingebunden würde. Ich gelobe Besserung, aber auch, wenn ich ihren Anteil dazurechne, bleibt mehr als 80 Prozent an mir hängen. Tja, bevor ich alles dreimal erklären und dann noch dreimal nachhaken muss …? Seufz.

Dennoch ist die Pubertät keine Erklärung und erst recht keine Rechtfertigung für rücksichtsloses Verhalten. Der sprichwörtliche Umbau im Hirn eines Teenagers mag sich in Hirnscans zeigen, aber er ist nicht vergleichbar mit einer Demenz – ein gern bemühter Vergleich –, denn in dieser Zeit gehen zwar ein paar Synapsen verloren, aber vor allem sprießen ja ständig neue belastbare Nervenbahnen. Das Ziel dieser Entwicklung ist eigentlich ein »besserer« Mensch. Und eben kein Werwolf.

Und so widerspreche ich der weitverbreiteten Annahme, dass die Erziehung mit zwölf Jahren beendet sei. Die Möglichkeit eines Einflusses auf die neu entstehenden Strukturen im Kopf ist so hoch wie nie. Nur dass wir jetzt nicht als Mütter in Erscheinung treten, sondern als Teil des Restes der Welt. Der souverän dagegenhält, wenn die Kids aus dem Ruder laufen. Ich würde also nicht mehr von »Erziehung« sprechen, sondern von »geplanten Kollisionen«. Ein wenig »Auge um Auge« gehört zu einer Kommunikation auf Augenhöhe dazu: Du behandelst mich wie eine Putzfrau? Dann behandele ich dich wie einen Mietnomaden. Reden kann man auch noch danach. Zum Beispiel über die Bedeutung von: *»Get your shit together!«*

Und es ist dabei sogar wichtig, dass wir die ein oder andere Konfrontation verlieren, denn nur die Töchter, die auch mal erfolgreich gegen uns rebellieren, können zu Frauen heranwachsen, die sich da draußen behaupten und zur Wehr setzen können.

5 SOLLTE ICH_MEHR KOHLE SEHEN?

Nobelpreiswürdige Lücken

Frauen und Mädchen erledigen weltweit mehr als zwölf Milliarden Stunden unbezahlte Arbeit am Tag. »Würde man ihnen dafür auch nur den Mindestlohn bezahlen, würde das mehr als elf Billionen Dollar pro Jahr kosten.«[1] Zur Erinnerung: eine Billion sind 1000 Milliarden. Deshalb würde unsere Volkswirtschaft unweigerlich zusammenbrechen, wenn Haus- und Care-Arbeit bezahlt werden müsste.

Dass das Private politisch ist, wurde jetzt auch mit einem Nobelpreis gewürdigt. Immerhin. Nun kann keiner mehr behaupten, er könne sich nicht erklären, warum Frauen seltener Karriere machten. Der Nobelpreis für Wirtschaft ging an die Harvardprofessorin Claudia Goldin.

Im Unterschied zu ihren Kolleg:innen, hat sie den Gender Pay Gap und die geringere Beschäftigungsrate von Frauen aus einer historisch-soziologischen Perspektive erforscht und dafür die Daten aus 200 Jahren Wirtschaftsgeschichte aufgearbeitet. Um das Wichtigste vorwegzunehmen: *It's not the economy, stupid!*, (in Anlehnung an den Wahlkampfspruch von Bill Clinton Anfang der 90er). Dass wir nicht weiterkommen, läge vor allem an hartnäckigen Geschlechterstereotypen.

Claudia Goldin hat eine wichtige Falschannahme aufgedeckt. Bis dahin ging man davon aus, dass ein Wirtschaftswachstum auch die Zahl der Frauen in Arbeit erhöhen und sich die Geschlechterlücke bei der Bezahlung – eben der Gender Pay Gap – durch einen freien Wettbewerb automatisch schließen würde.

Wie sich durch Goldins Arbeiten zeigt, kann der freie Markt solche Probleme *nicht* regeln. Dort, wo überlange Arbeitszeiten besonders belohnt werden, ist der Unterschied sogar am größten, wie zum Beispiel im Finanzsektor, obwohl dort 50 Prozent Frauen arbeiten. In den USA besteht der größte Teil der Einkommensunterschiede zwischen Männern und Frauen im selben Beruf. Der einflussreichste Game Changer ist die Geburt des ersten Kindes. Beim Motherhood Pay Gap hat sich in den letzten 20 Jahren nichts bewegt bzw. vergrößert sich die Lücke mit jedem weiteren Kind noch – im Vergleich zu den Männern und zu kinderlosen Frauen. Man spricht auch von einer »Motherhood Penalty«.[2] Das größte Problem sei dabei, *surprise*, dass Frauen laut Goldin die Primary Caregiver seien, die Primärbetreuerinnen ihrer Kinder. Und dass diese Rollenverteilung in die nächste Generation vererbt würde, als hätte es nie eine Frauenbewegung gegeben.[3] Ewig grüßt das Murmeltier.

Wünschen kann man sich alles

Eine der größten Lücken zwischen Wunsch und Wirklichkeit ergibt sich aus den Träumen und Anfängen junger Paare, die sich auf Augenhöhe zusammentun, ein Kind planen und sich zu diesem Zeitpunkt fest vornehmen, die Kinderbetreuung partnerschaftlich aufzuteilen. Am Ende ziehen nur 17 Prozent das Konzept durch. Das heißt, junge Paare gehen mit ganz anderen Vorstellungen in die Familiengründung hinein, als sie daraus hervorgehen – im Familienmodell ihrer Eltern nämlich. Oder Großeltern. Gleichzeitig sind mehr als 90 Prozent der Väter nach der Elternzeit wieder Vollzeit im Job tätig, und frischgebackene Väter arbeiten sogar mehr Stunden als kinderlose Männer. Der Zusammenhang ist nicht schwer zu erkennen …

Auf dem Weg zur Kleinfamilie gehen die ursprünglichen

Träume von einer Partnerschaft auf Augenhöhe verloren und werden durch Prägung, gesellschaftlichen Druck und die Umstände ersetzt. Nur ein Traum bleibt erhalten: dass die eigene Ehe ewig halten möge, auch wenn mehr als jede dritte am Ende scheitert.

Die Studie »Mitten im Leben« des Bundesfamilienministeriums zu den Wünschen und Lebenswirklichkeiten von Frauen zwischen 30 und 50 Jahren lässt sich ungefähr so auf den Punkt bringen: Junge Paare planen ihre Hochzeit bis ins kleinste Detail, wie das Blumenbouquet in der Kirche und die Sitzordnung beim Essen, aber sie haben wenig bis gar keine Ahnung von dem Vertrag, den sie unterschreiben.[4] Die meisten treffen zu Beginn der Ehe sogar wichtige Verabredungen – und dann kommt das Leben mit Kindern, Jobunterbrechung auf der einen und Karrieresprung auf der anderen Seite dazwischen, und während die Optionen für Männer immer größer werden, schrumpfen die Möglichkeiten der Frauen.

Falls es jemanden tröstet – mit ebendieser romantischen Blauäugigkeit bin auch ich in meine Ehe gegangen, und auch wenn ich weder die damalige Entscheidung noch das aufwendige Fest bereue, würde ich mir heute wünschen, es gäbe eine verpflichtende Beratung zu den juristischen und möglichen wirtschaftlichen Folgen, wenn man einen Termin im Standesamt macht.

Die schlichte Frage einer Studie mit dem Titel »Partnerschaft und Ehe – Entscheidungen im Lebensverlauf« vom selben Amt lautete im Kern: *Wissen die Menschen, was sie tun, wenn sie heiraten?*

Antwort: Nein. Weder Männer noch Frauen. Obwohl sich beide Geschlechter zu über 80 Prozent einen festen gesetzlichen Rahmen für ihre Partnerschaft wünschen, haben sie keine Ahnung, was dieser Rahmen umfasst.

»Nahezu alle bedeutsamen Begriffe im Kontext ›Ehegüterrecht‹ sind einem großen Anteil der Bevölkerung und auch der Verheirateten gänzlich unbekannt. Die Vorstellung über das, was eine Ehe rechtlich konkret bedeutet, ist vage, beruht auf Intuition und Projektionen.«[5]

Es ist selten, dass die Zusammenfassung einer wissenschaftlichen Studie in einem Ton verfasst ist, der darauf schließen lässt, dass die Verfasser:innen selbst von den Ergebnissen schwer irritiert sind, wie es bei »Mitten im Leben« der Fall ist. Zum Beispiel von der Tatsache, dass gerade mal 6 Prozent der Frauen über ein eigenes Nettoeinkommen von mehr als 2000 Euro verfügen und 74 Prozent der geschiedenen Frauen »keine substanzielle eigene Rente erwarten«.[6] Was wiederum bedeutet, dass diese Frauen in eine Altersarmut rutschen – für deren Folgen die Solidargemeinschaft aufkommen muss. Und damit ist nicht gemeint, dass die Frauen die Verantwortung tragen für diese Folgen. Diese Entwicklung nimmt ihren Lauf zu einem sehr viel früheren Zeitpunkt: an dem Frauen in die Rolle der »Primary Caregiver« gezwungen werden, einfach, weil sonst niemand übernimmt, weder Staat noch Partner. Auch aus dieser Perspektive ist das Private am Ende politisch.

Paralleluniversum Landfrauen

Dass eine Ehe für »viele Frauen aufgrund bestehender Anreizstrukturen in ihren Folgen und Risiken abhängigkeitsfördernd ist«[7] und sich existenzbedrohend auswirken kann, wie die Studie warnt, ist keine Botschaft, die gut ankommt, wenn ich Vorträge bei den Landfrauen halte. Dem Bundesfamilienministerium scheint bei Veröffentlichung der Studie 2016 sowieso niemand geglaubt zu haben, denn die Presse hat darauf nicht wahrnehmbar reagiert, vielleicht, weil nicht sein kann, was nicht sein darf.

Ich versuche es bei meinen Vorträgen deshalb gern mit einem plakativen Vergleich, der das finanzielle Abenteuer einer Eheschließung, inklusive einer typischen Ungleichverteilung von Einkommen und Care-Arbeit, besser illustriert, und stelle den durchschnittlich 300 bis 600 Frauen im Saal die folgende Frage:

»Würden Sie Ihr gesamtes Vermögen und die Erträge Ihrer Arbeit zu 90 Prozent in eine hochriskante Kryptowährung stecken?«

Denn angesichts des finanziellen Ungleichgewichts in der Mehrheit aller Partnerschaften sind bei einer Eheschließung ähnliche Ausfälle zu erwarten wie bei dieser Art der Spekulation.

Es gibt dazu selten Wortmeldungen, aber unter anderem erreichte mich dieser Brief nach einem solchen Vortrag:

»Liebe Lisa, gestern baten Sie um Einblicke in das Paralleluniversum der Landfrauen. Zumindest offiziell blieb das Feedback mau. Auch ich habe mich nicht hinstellen mögen, um Folgendes zu sagen: ›Wenn jetzt alle Frauen den Saal verließen, die über 20 Jahre mit demselben Mann verheiratet sind, könnten Sie im intimen Stuhlkreis weitermachen.‹
Ist das gut so? Ja und nein, denn diese traditionellen Strukturen funktionieren vielleicht auch deshalb, weil wir Frauen viele Ihrer Tipps stumpf ignorieren und 100 Prozent auf Kryptowährung setzen.
Hier auf dem Land wird man – zumindest bis in unsere Generation (Jahrgang 68) – noch mit Absicherung und Akzeptanz in guten wie in schlechten Zeiten belohnt. Wir feiern zum Beispiel im Herbst Silberhochzeit, und das, obwohl ich seit 17 Jahren schlaganfallbedingt halbseitig gelähmt bin. Natürlich gibt es auch hier keine Garantien, und ich war froh, gestern bei den entscheidenden Check-Fragen mit ›Yes!‹ antworten zu können (Ehevertrag etc.).
LG aus dem Paralleluniversum«

Als mich dieser berührende Brief zwischen zwei Vorträgen erreichte, beschäftigte mich als Erstes der Gedanke, ob die feministischen Debatten im Netz diesen Frauen eigentlich gerecht werden. Ob sie überhaupt erreicht werden sollen? Führt man sich vor Augen, dass der Landfrauenverein rund eine halbe Million Mitglieder vereint, dann sind es die Leben dieser Frauen, um die sich Öffentlichkeit und Politik kümmern müssten.

Gleichzeitig kamen mehrere widersprüchliche Gefühle in mir hoch. Zuallererst Scham darüber, dass ich vergessen hatte, die Liebe zu erwähnen: die Loyalität, das Vertrauen, die Fairness und die gegenseitige Wertschätzung, auf die so viele Frauen bauen. Ich habe großen Respekt für eine lange Ehe oder Partnerschaft und bewundere Paare, die sich diese Werte gemeinsam geschaffen haben. Alle, die es bis zur Silberhochzeit und darüber hinaus schaffen, die Familien- und Gesundheits- oder finanzielle Krisen zusammen gemeistert haben, können stolz sein auf diese Lebensleistung – auch wenn dieser Begriff ein wenig nach Firmenjubiläum klingt. Denn es ist eine Lebensleistung, das Ego hintanzustellen, den oder die andere bei allem Stress im Alltag mit Kindern im Blick zu behalten und trotz der unvermeidlichen Verletzungen solidarisch zu bleiben.

Ich habe mich im gleichen Moment an meine Eltern erinnert, an die Bemerkungen meiner Mutter über die Zeiten, in denen sie meinem Vater am liebsten die Koffer vor die Tür gestellt hätte und, im selben Atemzug, wie froh sie im Nachhinein war, dass es nie so weit gekommen ist, und wie sehr die beiden im Alter die gemeinsamen Reisen und den entspannten Alltag ohne Jobstress genossen haben.

Es kam Trauer hoch, darüber, dass ich ihrem Beispiel nicht folgen konnte, das Gefühl, versagt zu haben.

Gleichzeitig fühlte ich Ärger und Trotz angesichts eines Ideals, das für so viele unerreichbar bleibt und so viel Unglück mit sich bringt, wenn es zu einem hohlen Versprechen wird und zwei Menschen nur noch aus Gewohnheit aneinanderkleben, weil eine wirtschaftlich vom anderen abhängt, aus Angst vor dem Unbekannten, und im schlimmsten Fall sind sie im gegenseitigen Hass verbunden.

Die ganze Palette verdrängter Kleinstadtgefühle ploppte auf, denn tatsächlich haben fast alle Beziehungen, die in meinen Jugendtagen begonnen haben, die folgenden Jahrzehnte überstanden, und ich fühlte mich (wie bei manchem Wiedersehen in der alten Heimat) ausgeschlossen, weil ich in dem Schreiben aus dem »Paralleluniversum« auch die Distanzierung zu einem anderen Lebensstil herauslas. Den viele immer nur als Notlösung gelten lassen und nie als freie Entscheidung. Ich las daraus die unausgesprochene Kritik, dass Geld in einer Beziehung keine große Rolle spielen dürfe, weil man sonst die Liebe verrate.

Nicht zuletzt weiß ich nach einem Brief wie diesem aber auch, wofür ich arbeite, denn ich halte das Gegenteil für wahr. Wenn beide alles ansprechen können, wenn ein Paar gemeinsam dafür sorgt, dass beide ruhig schlafen können, weil sie auch im Falle einer Trennung gut leben könnten, hat das sehr viel mit Liebe und Respekt zu tun.

Keine von beiden sollte durch eine Beziehung irgendein Risiko eingehen und darauf hoffen müssen, dass sie dafür belohnt wird. Ich halte eine solche Position für würdelos und patriarchal, weil sie dem Allein- oder Hauptverdiener zugesteht, über das Wohlergehen und die Zukunft seiner Partnerin zu entscheiden.

Ich glaube sofort, dass die vielen Ehemänner, die von der glücklich verheirateten Schreiberin zu Recht in Schutz genommen werden, nicht im Traum auf die Idee kämen, ihre Frau übers Ohr zu hauen. Es geht darum, dass ihnen die Tatsache, dass sie es nicht tun, also eine zwischenmenschliche Selbstverständlichkeit, hoch angerechnet wird. Echte Geborgenheit und tiefes Vertrauen entsteht dort, wo ich nicht zulasse, dass sich eine so ungleiche Situation auch nur theoretisch ergeben könnte.

Ich bin darüber hinaus auch unsicher, wie man in einem Rahmen, der Ungleichheit vorgibt, unterscheiden soll, ob sich die Harmonie oder die Kooperationsbereitschaft in einer Beziehung tatsächlich aus der Liebe an sich ergibt oder daraus, dass diese Ungleichheit bei aller Liebe immer präsent ist und unbewusst mitgedacht wird.

Ich kenne zu viele Fälle, in denen eine vordergründige Genügsamkeit und Anpassungsbereitschaft weniger mit dem Wesen der betreffenden Frau zu tun hat als vielmehr mit ihrer wirtschaftlichen Lage im Falle einer Trennung. Oft können die Frauen selbst kaum zwischen beidem unterscheiden, weil sie sich lange genug darin geübt haben, eine innere Konsistenz herzustellen, wenn sich am äußeren Zwang nichts ändern lässt. Wer bei einer Trennung die Lebensgrundlage verlieren würde, neigt eher dazu, erst gar keine Konflikte aufkommen zu lassen.

Nicht gelebtes Leben

Vor diesem Hintergrund ließe sich auch erklären, warum die Zahl der Scheidungen nach einem kurzen Peak seit 2008 kontinuierlich zurückgeht, denn im besagten Jahr wurde das Unterhaltsrecht geändert. Der finanziell schwächere Elternteil hat nicht mehr, wie früher, Anspruch auf Unterhalt, solange er oder (meistens ja) sie für die Kinder sorgt. Nach dem »neuen« Unterhaltsrecht kann die Unterhaltsberechtigte ab dem dritten Lebensjahr des Kindes wieder Vollzeit arbeiten und für sich selbst sorgen, so die sinngemäße Wiedergabe des Gesetzes. In diesem Kontext ist es natürlich besonders blöd, dass rund 400 000 Kitaplätze fehlen und die Ganztagsbetreuung in den Schulen am ehesten auf dem Papier funktioniert, und ja, das ist ironisch gemeint.

Selbst wenn die ganze Infrastruktur rund ums Kind funktionieren *würde,* und das wird, wenn man die heutigen Missstände in die Zukunft denkt, auch in 50 oder 100 Jahren nicht der Fall sein, bleiben folgende Probleme an der Mutter hängen, die keine staatliche Maßnahme auffangen kann: ein Haushalt für eine Familie mit allem, was dranhängt; kranke Kinder, am Anfang der Kitazeit alle paar Wochen; kranke Eltern, weil sie sich anstecken; Arzttermine, Hausaufgaben, Schulprobleme, Elterngespräche, Sport- und Freizeittermine. Eine lange Liste, mit der ein Vater, der die Kinder an jedem zweiten Wochenende sieht, nichts zu tun hat.

Dieses Gesetz tut so, als wäre die Rundumbetreuung des Kindes im Alltag durch die täglichen Kita- oder Schulstunden vollständig abgedeckt. Als würden sich die Ex-Partner:innen nach einer Trennung die Care-Arbeit plötzlich teilen. Diese Regelung orientiert sich damit an einer gleichgestellten Zukunftsvision, von der wir weit entfernt sind. Angesichts der Realität könnte man auch von einer Halluzination sprechen.

Die damalige Justizministerin Brigitte Zypries hat sich in ihrer Begeisterung wohl von einer Wunschvorstellung leiten lassen. Fortschrittliche Familien, in denen Erwerbs- und Sorgearbeit zwischen Mutter und Vater hälftig geteilt wird, gibt es aber bis heute nur als Ausnahme. 95 Prozent aller Empfänger von Unterhaltszahlungen sind Frauen. Und da es für die Neuregelung des Unterhaltes auch keinen Stichtag gab, der berücksichtigt hätte, dass Paare ihre Lebensentscheidungen noch auf der Grundlage einer Versorgerehe getroffen haben, sitzen heute sehr viele ältere Frauen in den Beratungsstellen, die aus allen Wolken fallen, wenn sie nach einer Scheidung Post vom Anwalt des Ex bekommen, in denen ihnen mitgeteilt wird, dass die

Unterhaltszahlungen gestrichen seien, weil sie ja nun arbeiten könnten.

Es sei denn, sie können »ehebedingte Nachteile« nachweisen und genau aufschlüsseln, wann, warum und wie weit sie für die Kinder zurückgesteckt haben. Wenn es aber keinen ehemals potenziellen Arbeitgeber gibt, der vor Gericht bestätigt, dass die jeweilige Mutter ein Arbeitsangebot oder eine Beförderung wegen ihrer häuslichen Verpflichtungen hatte ablehnen müssen, wird es kompliziert und oft auch schmutzig. Wer das nicht riskieren will, müsste jede Absprache innerhalb der Partnerschaft verschriftlichen, jede Diskussion bzw. jeden Streit dokumentieren.

Ich erinnere mich noch gut an Szenen, in denen ich meinen Kopf heulend vor Überforderung auf den Wickeltisch fallen ließ und im Laufe der folgenden Monate und Jahre immer mehr Aufträge und Jobs abgesagt habe – aber dazu gibt es weder Zeugen noch Filmaufnahmen oder Schriftstücke. Ich wüsste auch nicht, wie ich nachweisen sollte, was für eine Laufbahn sich möglicherweise aus diesen abgelehnten Engagements ergeben hätte.

»Beweisen Sie mal nicht gelebtes Leben«,[8] fasst die Anwältin Birgit Kemming vom Deutschen Juristinnenbund das Dilemma zusammen. Und beklagt, dass immer mehr Schriftsätze, Prozess- und Verwaltungskosten anfielen, in denen genau das versucht wird. Wenn die Frauen nicht schon lange vorher einknicken, denn für solche Prozesse braucht es Geld und Nerven.

Um nicht in diese Falle zu tappen, müssten junge Frauen in ihrer Beziehung von Anfang an eine 50/50-Aufteilung bei Job und Familie aushandeln. Theoretisch. Praktisch reden beide weder vor noch nach der Familiengründung über die anschließenden Jahre, geschweige denn über die Folgen ihres Modells nach einer Trennung. Paare, die tatsächlich nach der Vision des neuen Unterhaltsrechts leben, sind nach wie vor eine Rarität. Auch wenn sie unter Medienschaffenden in Hamburg oder Berlin öfter vorkommen, weshalb Millionen Durchschnittsmütter außerhalb dieser Blasen in der Öffentlichkeit kaum stattfinden. Millionen von Müttern, die in 75 Prozent aller Partnerschaften in Teilzeit zuverdienen oder gar kein eigenes Einkommen haben, die selten bis nie einen Ehevertrag zu ihren Gunsten unterschreiben, der diese Nachteile ausgleicht.

Man hätte vielleicht hoffen können, dass verheiratete Frauen, die nach der Reform weniger Unterhalt zu erwarten haben, zumindest schneller und umfassender wieder in den Job einsteigen, so wie es für ihr wirtschaftliches Überleben sinnvoll wäre. Tatsächlich hat eine Studie des Leibniz-Instituts für Wirtschaftsforschung festgestellt: Dieser Effekt ist leider ausgeblieben.[9] Stattdessen greift ein anderer, der von der Unterhaltsreform zwar nicht verursacht, aber durchaus begünstigt wird: »Während der Ehe sind Solidarität und Verantwortungsbereitschaft füreinander groß. Die Bereitschaft aber, auch nach dem Scheitern der Partnerschaft für die Ex-Partnerin/den Ex-Partner eine gewisse Verantwortung zu tragen, z. B. weil sie/er während der Partnerschaft verschiedentlich beruflich zurückgesteckt hat, ist sehr gering ... Und wird oft explizit abgelehnt.«[10]

Und um ein Ergebnis meiner Recherchen hinzuzufügen: Mit jedem Tag nach einer Trennung nimmt diese Bereitschaft schneller ab.

Zum Nachteil der vielen Frauen, die sich nach wie vor darauf einlassen, für die Kinder zurückzustecken. Was sie selbstverständlich weiterhin tun können. Die Mehrheit der Mütter in Deutschland lebt so, und es gibt nichts Schlimmeres als Frauen, die das Lebensmodell anderer Frauen be- oder verurteilen – aber für ein würdevolles Leben und für ihre Zukunft bleibt die alles entscheidende Frage: Sind sie dabei abgesichert?

An dieser Stelle wird es bei meinen Vorträgen im Saal immer sehr ruhig, ich kann spüren, wie die Stimmung ein wenig in sich zusammensinkt, aber wenn ich am Ende eines Vortrags irgendwo auf dem Land nur eine Frau dazu bewegen kann, mit ihrem Partner über eine anständige eigene Altersvorsorge zu diskutieren, dann hat sich der Downer gelohnt. Dafür muss ich ab und zu auch auf abschreckende Beispiele zurückgreifen, die den Frauen wie Extremfälle vorkommen müssen, tatsächlich gehören sie zum Alltag vor Familiengerichten, der aber selten bis gar nicht in der Presse stattfindet.

In dem Fall, den mir eine Berliner Scheidungsanwältin schilderte, ging die Mutter während der Ehe einem Teilzeitjob nach, weil sie Haushalt und Kinder geschmissen hat. Die Familie bewohnte ein eigenes Haus, das noch über Jahre abbezahlt werden musste, im Grundbuch stand aber nur der Mann. Nach dem Trennungsjahr hatte sie deshalb keinen Anspruch mehr darauf, weiter im Familienhaus zu wohnen, bzw. umgekehrt betrachtet, hatte er das Recht, sie rauszuschmeißen, und hat davon auch Gebrauch gemacht, um Platz zu schaffen für die neue Partnerin. Das Ende dieser Trennungsgeschichte: Die Frau musste tatsächlich aus dem Familienheim ausziehen, bekam keinen Zugewinnausgleich, weil auf dem Haus Schulden lagen, und musste in eine Zweizimmerwohnung in einem anderen Viertel ziehen, weil das Teilzeitgehalt nichts anderes hergab. Ihre Kinder blieben beim Ex-Mann, nicht nur, weil das Haus für sie Heimat war und sie dort ein eigenes Zimmer hatten, sondern auch, weil die Schule und ihre Freunde und Freundinnen in der Nähe waren. Man könnte behaupten, ihre Mutter habe zu schnell und ohne Gegenwehr aufgegeben, aber eigentlich hat sie diesen Kampf schon viele Jahrzehnte zuvor verloren, als sie – wie so viele andere – ihr Leben den vermeintlichen Bedürfnissen der Familie untergeordnet hatte. Ohne einen Ehevertrag, der sie 20 Jahre später hätte retten können …

Abgesichert. Für den Todesfall

Sonja hat mit ihrem Mann vor Gericht gestritten, sieben Jahre lang, bis zum Oberlandesgericht. Am Ende ist weniger dabei rumgekommen, als sie gehofft hatte, aber das Kämpfen an sich war für sie ein Sieg, weil sie sich endgültig aus der Opferrolle befreien konnte.

Ich ziehe das Happy End vor, weil es mir nicht nur ums Abschrecken, sondern vor allem ums Mutmachen geht: Inzwischen hat Sonja ein eigenes Unternehmen, sie ist glücklich, und sie lebt mit den Kindern im ehemaligen Familienheim.

Es gab aber Zeiten, in denen ihr einziges Konto gesperrt war und sie nicht wusste, ob sie zukünftig noch ein Dach über dem Kopf haben würde.

Was dazwischen passiert ist, würden viele Menschen für den normalen Verlauf einer traditionellen Ehe halten oder, am Ende, für den üblichen Vorlauf zu einer Scheidung. Tatsächlich handelt es sich um eine unsichtbare Form von Gewalt, die oft nicht mal von Familienrichter:innen als solche erkannt wird.

Finanzielle Gewalt, Definition

Finanzielle Gewalt ist das, was Frauen erleben, deren (Ex-)Partner sie in ihrer finanziellen Autonomie beschränken und finanzieller Rechte berauben. Zum Opfer finanzieller Gewalt werden Frauen, deren (Ex-)Partner Geld bzw. die Verfügung darüber als Machtinstrument missbrauchen. Häufig wird die finanzielle Gewalt von Dritten unterstützt. Hierzu zählen Anwälte, Notare, Banken und Gerichte.[11]

Auch diese Geschichte begann mit einer Liebe und mit einer Beziehung auf Augenhöhe, mit gemeinsamen Reisen, viel Sport, Essengehen – ein Leben, das sich jeder und jede von beiden auch allein hätte leisten können. Am Anfang der Beziehung hat Sonja sogar mehr verdient, er hat dann aber zusätzliche Berufsexamina gemacht und den »Rückstand« aufgeholt, auch, indem er ein paarmal den Arbeitgeber gewechselt hat.

Und als das erste Kind kam und sie den Job aufgeben musste, war Sonja dankbar, dass er mit seiner Arbeit die Familie finanzieren konnte.

In der Zeit bis zum nächsten Kind konnte sie nicht mehr als ein paar Wochenstunden arbeiten, während ihr Mann großen Ehrgeiz entwickelte und mehrere Headhunter beschäftigte, um den nächsten strategisch wichtigen Schritt zu planen. Leider an Sonja vorbei, die zwar wusste, dass er sich umschaute, aber nicht, dass es auch eine andere Stadt werden könnte. Er unterschrieb einen neuen Vertrag, ohne sie zu fragen, obwohl das für die ganze Familie einen Umzug in den Norden bedeutete, weit weg von ihrem Job, ihrem Netzwerk und ihren Freund:innen.

Sonja rutschte immer mehr in die Hausfrauenrolle und war komplett für die Kinder zuständig, ohne dass die beiden irgendwann einmal in Ruhe über diese Rollenverteilung gesprochen hätten.

Ihre Perspektive für einen Job wird immer enger, unter anderem, weil es damals in der norddeutschen Provinz so gut wie kein Betreuungsangebot gab. Ihr Mann arbeitete gleichzeitig Überstunden und war immer weniger zu Hause, bis er nach anderthalb Jahren auch diesen Job kündigt, im Affekt sozusagen. Auch diese Entscheidung machte er allein mit sich aus. In dieser Zeit lag sie nachts wach und entwickelte zum ersten Mal Existenzängste, weil ihr klar wurde, dass sie wirtschaftlich komplett von ihm abhing und nichts tun konnte, um die Situation zu entschärfen.

Bis er den nächsten Job annahm, diesmal ganz im Süden der Republik. Der nächste Umzug stand an.

Sie stritten sich immer öfter, Sonja schluckte den Ärger runter, akzeptierte seine Alleingänge, war am Ende einfach nur froh, dass wieder ein festes Gehalt reinkam. Auch im neuen Job kniete sich ihr Mann richtig rein, arbeitete an den Abenden und fuhr fast jedes Wochenende ins Büro, sodass Sonja auch an diesen Tagen mit den Kindern allein war. Zum Abendessen schaffte er es nie pünktlich, andauernd kamen wichtige Mails oder Anrufe dazwischen, die immer Vorrang hatten. Auch in den gemeinsamen Urlauben, die er manchmal unterbrechen musste, um für ein Projekt nach Hause zu fliegen.

Das teilte er ihr aber immer erst mit, wenn sie schon vor Ort waren. Im Nachhinein findet Sonja es erstaunlich, wie viel Zeit er ihr stehlen konnte, bis ihr klar wurde, dass sie gänzlich fremdbestimmt war.

Um sich sicherer zu fühlen, wäre sie damals gern den nächsten Schritt gegangen – den Kauf einer gemeinsamen Immobilie. Viele ihrer Freund:innen lebten bereits im eigenen Haus. Ihr Mann besaß sogar schon eigene Häuser, von seinen Eltern überschrieben, aus der Zeit vor der Eheschließung, aber obwohl seine Eltern regelmäßig nachfragten, ob sie sich nicht endlich ein eigenes Heim schaffen wollten, zögerte er eine Entscheidung hinaus.

Diese vermeintliche Unschlüssigkeit erklärt sich erst aus heutiger Sicht. Er versuchte zu vermeiden, dass gemeinsames Vermögen entstand, irgendetwas, das potenziell geteilt werden müsste. Gleichzeitig betonte ihr Mann immer wieder, dass sie und die Kinder ja abgesichert seien, falls ihm etwas zustoßen sollte. Also für den Todesfall. Nicht für den Fall einer Trennung.

Der zweite denkwürdige Satz, der nun immer öfter fiel: »Falls wir uns trennen, kannst du froh sein, wenn sich einer deiner annimmt.« Sonja verstand erst sehr viel später, was alles in diesem Satz steckte:

1. Du bist total abhängig von mir.
2. Du findest sowieso keinen anderen.
3. Im Falle einer Trennung bekommst du keinen Cent.

Irgendwann in der Babyphase bestellte er sie zur Bank, damit sie eine Änderung der Kontodaten unterschrieb. Nichts Wichtiges, wie er beteuerte, tatsächlich hatte sie danach keine Vollmacht mehr über das Gemeinschaftskonto. Was ihr aber erst auffiel, als er es nach der Trennung sofort sperrte.

Die Situation spitzte sich weiter zu. Sonja wollte wieder mehr arbeiten und bat ihn um Unterstützung bei der Kinderbetreuung, damit sie zumindest für einzelne Tage einem regelmäßigen Job nachgehen konnte. Er ließ sie auflaufen. Sie könne gern arbeiten, hieß es, aber wie sie das mit den Kindern hinkriegen wolle, sei allein ihr Problem.

Bei einer der Auseinandersetzungen war plötzlich sogar Gewalt im Spiel, und Sonja schaffte es, ihn aus dem Haus zu schmeißen. Leider bemerkte sie zu spät, dass die Ordner mit allen Versicherungen und Vermögenswerten zu diesem Zeitpunkt schon aus dem Arbeitszimmer verschwunden waren.

Direkt nach der Trennung gab er ihr eine Woche, bevor er das Konto sperrte. Zwar überwies er Geld, aber was die Höhe des Trennungsunterhalts betraf, machte er eine eigene Rechnung auf, zog die Miete ab, Lebenshaltungskosten, Strom oder Verbindlichkeiten aus Versicherungen, in die er gar nicht mehr einzahlte, sodass am Ende kaum etwas übrig blieb. Erst als sie eine Anwältin einschaltete und ein angemessener Trennungsunterhalt festgelegt wurde, konnte sie das erste Mal Luft holen.

Er weigerte sich auch, über sein Vermögen Auskunft zu geben, sie versuchte auf anderen Wegen an Informationen zu kommen, recherchierte im Netz, lud Jahresabschlüsse herunter, sammelte alles in Ordnern, um sich zu holen, was ihr zustand. Die Hälfte des Zugewinns aus der Ehezeit.

Danach folgten sieben Jahre, in denen sie um das Geld kämpfte. Sie ging bis zum Oberlandesgericht und bekam recht, trotzdem blieb bis zum Schluss unklar, welche Summen wo versickert waren, das meiste blieb verschwunden, und irgendwann gab sie auf, um endlich alles hinter sich lassen und neu durchstarten zu können. Sonja hat trotzdem viel Kraft aus dem Rechtsstreit gezogen – »weil«, wie sie heute sagt, »ich endlich angefangen habe, für mich selbst einzustehen«.

Gut möglich, dass Sonjas Beispiel drastisch anmutet, ich bezweifle allerdings, dass Fälle von finanzieller Gewalt die Ausnahme sind, und glaube, dass sie oft einfach nur unterm Radar bleiben. Woran sollten wir im Alltag erkennen, dass eine Frau keinen Zugriff auf ein Konto hat und stattdessen Haushaltsgeld in bar bekommt – wenn sie vor uns an der Kasse mit einem Schein bezahlt? Wie sollen wir unterscheiden zwischen einer schlecht gelaunten Mutter, die Stress im Job hat, und einer anderen, die frustriert ist, weil ihr Mann nonstop auf Dienstreisen ist, und die den eigenen Job deshalb hinschmeißen musste? Die Frage wäre, ob den Frauen selbst eigentlich auffällt, dass sie mehr oder weniger gezielt in eine Abhängigkeit gesteuert werden?

Ist der Partner im Job unter Druck und deshalb ein Workaholic? Oder will er in Wahrheit nur mehr Spielraum und täuscht die ständige Verfügbarkeit vor, um im Alltag möglichst viel Freiheiten zu haben? Ist es tatsächlich die kreditgebende Bank, die nicht mitspielt, wie er behauptet, wenn die Frau mit ins Grundbuch will, oder möchte er einfach nur alleiniger Besitzer sein?

Was steckt dahinter, wenn das Familienministerium in seiner Befragung herausfindet, dass jede fünfte verheiratete Frau zwischen 30 und 50 kein eigenes Geld verdient und 63 Prozent über ein Nettoeinkommen von unter 1000 Euro verfügen? Sind die Frauen freiwillig in dieser Situation? Verstecken sie sich damit? Aus Scham? Oder weil sie gezwungen sind, ihren Alltag und ihre Arbeitsteilung rund um ein familien- und/oder frauenfeindliches System zu stricken?

Tradwives essen Blattgold

Frauen wie Carolina[12] überlassen ihre Autonomie ganz bewusst und mit Leidenschaft dem Mann ihrer Träume. Sie sehnen sich nach einer überwunden geglaubten Rollenverteilung, nach der Freiheit eines bedingungslosen Gehorsams. In ihrer Bio bei Insta nennt sich Carolina *»stay at home girlfriend«*, auch »Tradwife« *(»traditional wife«)* genannt – eine Bewegung aus den USA, woher sonst, die zu uns herüberschwappt und im Einklang mit den Erfolgen rechter Populisten angetreten ist, um den Mann an der Seite einer Frau glücklich zu machen. Zumindest ist es extrem unwahrscheinlich, dass eine Frau, die ihre Fähigkeiten, ihre Zeit und ihren Körper in den Dienst eines Mannes stellt, für das Recht auf einen Schwangerschaftsabbruch kämpft. In den Videos der US-amerikanischen Tradwives tauchen auch mal bis zu zehn Kinder auf, die von ihrer Mutter beschult werden, während sie parallel Brot backt.

Ob Carolina noch Zeit findet für ihren Tradwife-Account bei Insta, wenn sie erst mal Kinder hat, ist fraglich, denn auch ohne Nachwuchs hat sie schon alle Hände voll zu tun, sobald sie morgens dem Pool entstiegen ist, denn körperlich fit zu bleiben, gehört auch zum »Job«.

»Ich zeige euch meinen Alltag als Hausfrau. Morgens mache ich mich als Erstes hübsch für ihn«,[13] erzählt sie, während sie Rouge aufträgt und an dem Riemen ihrer High Heels nestelt. In diesen Zwölf-Zentimeter-Absätzen fegt sie anschließend den Balkon der Wohnung in Spanien, räumt auf, während ihr Partner noch schläft, bereitet ihm ein Frühstück zu aus selbst geschrotetem Körnermüsli, selbst gebackenem Brot, Avocado-Blinis, Obst aus dem Garten, in dem sie anschließend flanieren geht und mit geschlossenen Augen und frech gesp(r)itzten Lippen ein paar Himbeeren nascht und die Sonne genießt. Cut. Schon steht sie wieder am Bügelbrett und danach, Cut, in der

Küche, denn, »Huch, es ist ja schon wieder Zeit fürs Mittagessen!«[14].

Ich halte es für bemerkenswert, um nicht zu sagen bewundernswert, wie sie es schafft, zwischendurch für jede dieser Tätigkeiten das Outfit zu wechseln. Das Frühstück wird im knappen rosa Morgenmantel serviert, gebügelt im ultrakurzen kobaltblauen Minirock, Socken werden im kleinen Roten sortiert, und gebacken wird im kleinen Schwarzen. Das einen winzigen Tropfen Teig abbekommt, ups, als sie einen Finger in die Schüssel taucht und ihn genüsslich ableckt, dabei den Rücken durchbiegt und den Kopf mit den langen blonden Haaren in den Nacken wirft. Ich habe noch nie jemanden so sexy backen sehen.

Alle paar Wochen macht sie sich selbst auch mal einen Obstteller und »weil Schönheit von innen kommt, garniere ich das Ganze mit ein wenig Blattgold«[15]. Cut. Blattgold in Nahaufnahme auf einer Blaubeere. Cut. Carolina sitzt mit ihren extrem langen, angezogenen Beinen vor dem Ofen und bewacht den Zitronenkuchen beim Aufgehen. Man kann über ihre Reels sagen, was man will, böse Stimmen in den Kommentaren behaupten sogar, sie würde gar nicht selbst kochen, aber das Rezept für den Zitronenkuchen habe ich mir kopiert, köstlich.

Zwischendurch hängt sich Carolina auch mal gesellschaftspolitisch aus dem Fenster: »Deine Beziehung ist 50/50. Er kümmert sich um die Finanzen und du um den Rest.«

Und das ist wohl nicht ironisch gemeint. Interessanterweise sind manche der Videos mit Archiv-Tonausschnitten aus den 50er-Jahren der BRD unterlegt, der Kommentar des Sprechers, der wohl eigentlich zu irgendwelchen Schwarz-Weiß-Aufnahmen aus dieser Zeit gehört: »Sie wird in der Bundesrepublik von allen Berufstätigen beneidet. Sie ist frei. Sie kann sich zu jeder Tageszeit in die Sonne legen. Für ihren Unterhalt ist gesorgt. Sie kann spazieren gehen oder Geld nach Gutdünken ausgeben, während andere Frauen in den Betrieben schuften. Dieser beneidenswerte Mensch wird Hausfrau genannt.«[16]

Ich wüsste so gern, wie das Arrangement zwischen Carolina und ihrem unsichtbaren Mann aussieht. Gibt es ein gemeinsames Konto, auf das sie selbst zugreifen kann, sooft und soviel sie will? Oder zahlt er ihr ein Gehalt, von dem sie dann selbst in ETFs investieren kann, um sich vor Altersarmut zu schützen? Sollte Carolina wie bei Leonardo DiCaprio nach durchschnittlich vier Jahren durch eine Jüngere ersetzt werden – hat sie dann Anspruch auf eine Abfindung? Sind neben Blattgoldmüslis und Wäsche noch andere Dienstleistungen beim 50/50-Deal mit eingepreist? Was passiert, wenn Carolina sexuell nicht zur Verfügung steht, weil die Hausarbeit in Zwölf-Zentimeter-Absätzen und wechselnden Outfits sie zu sehr erschöpft hat? Wird ihr dann das Blattgold gestrichen?

So viele Fragen, die ich gern der Anführerin dieser Gruppierung stellen würde, aber bisher konnte ich niemanden identifizieren. Zumindest gibt es einzelne Protagonistinnen wie @Estee Williams aus den USA, die begriffsstutzigen Trad-Feminists wie mir per Reel erklären, warum der Tradwife-Trend durch die Decke geht: »Es gibt eine ganze Generation von Frauen, die ausgebrannt sind, weil sie tagsüber Geld verdienen und dann nach der Arbeit noch für den Haushalt zuständig sind.«[17]

Das verstehe ich. Ich kenne das Problem, seit ich denken kann (siehe oben), Frauen aus meiner Generation hätten dazu eine Menge zu sagen, zum Beispiel, dass wir uns seit Jahrzehnten den Kopf schwindelig stoßen, an einer Wand aus männlicher Verhaltensstarre, während sich Männer im Schneckentempo aus ihren patriarchalen Rollen lösen. Wir haben auch die Schnauze voll, würden aber trotzdem davon absehen, in Petticoats zu schlüpfen, um den Gatten nach dem Job perfekt geschminkt und mit einem warmen Abendessen (vor oder nach einem Blowjob?) zu empfangen. Und das darüber hinaus als unser neues Lifegoal und als die eigentliche Bestimmung einer (biologischen?) Frau zu verkaufen.

Und jetzt kommt der eine Satz, den man normalerweise nur

von Kriegsveteranen kennt, die sich am liebsten an die Wirtschaftswunderzeiten erinnern, sorry: »Das hat es früher nicht gegeben.« Es gab mal eine Tagesschausprecherin namens Eva Herman, die mit Mütterqualitäten und Apfelkuchen ein Zurück in die Geschlechtersteinzeit durchsetzen wollte, aber die war dann nicht nur ihren Ruf, sondern auch ihren Job los. Was hätte auf Insta aus Eva werden können ...? Auf jeden Fall blieb es ohne die Reichweitenkraft der sozialen Medien bei singulären Versuchen, die sich immer wieder in Luft auflösten. Das scheint hier anders.

Vielleicht ist diese Bewegung, die weißen Rechtsradikalen und christlichen Fundamentalisten weltweit den roten Teppich ausrollt, die Strafe dafür, dass wir es nicht geschafft haben, die Männer zu einer gerechten Aufteilung von Erwerbs- und Care-Arbeit zu zwingen. Möglicherweise wollen Männer weltweit diesen Anspruch auch ein für alle Mal und langfristig im Keim ersticken. Denn bei vielen dieser Accounts bin ich mir nicht sicher, ob tatsächlich die jeweilige Influencerin oder überhaupt eine lebendige Frau dahintersteckt. Oder ein KI-Geschöpf und dahinter eine Männerlobby, die ihre Botschaften natürlich viel glaubwürdiger via Frau verbreiten kann.

Falls die Frauen doch echt sind, könnte man vielleicht ein gemeinsames Projekt initiieren, denn die Tradwives werden ja nicht wieder verschwinden. Wie wäre es mit einer Kampagne für obligatorische Ehe- und Partnerschaftsverträge, in der auch Ablösesummen und Boni für die Tradwives vereinbart werden, die fehlendes Einkommen und die Lücke bei der Altersversorgung kompensieren? Für die Tradwives gibt es dann einfach ein paar zusätzliche Tantiemen, weil sie die Hausarbeit ja zu hundert Prozent übernehmen, und dann ist da ja noch der Mehrbedarf für die vielen wechselnden Outfits und Stylings. Und das viele Blattgold ...

Mit dem Rest könnte man ein Unternehmen gründen oder Daytrading probieren, denn ausgerechnet da, wo die meiste

Kohle zu holen ist, sind Frauen eher rar gesät – was unter anderem an männlichen Investoren liegt, die ihr Geld lieber an Männer verteilen.

Als Vorbild für Frauen jeden Alters wünsche ich mir Cher, die einst von ihrer Mutter gebeten wurde, sich um ihre Altersvorsorge zu kümmern: »*One day, you should settle and marry a rich man.*« Chers Antwort lautete: »*Mom,* I *AM a rich man.*«

Apropos Männer …

6 WILL ICH_MÄNNER VERSTEHEN?

Die Verwandlung des Mike Tyson

»Ich habe immer geweint vor einem Kampf«,[1] sagt der Boxer Mike Tyson in einem Gespräch, das viral ging. Der Interviewer ist von der Aussage so überrascht, dass er ihn als Frage wiederholt: »Du weinst vor dem Kampf?« »Ja.« »Warum weinst du?« »Weil ich mich auf die Verwandlung vorbereite. In jemanden, den ich nicht mag.«[2]

In einem anderen Interview mit dem zehn Jahre älteren ehemaligen Boxer Sugar Ray Leonard weint Tyson dann auch vor der Kamera und spricht einen berührenden Monolog: »Ich kenne die Kunst des Kämpfens, des Krieges. Das ist alles, was ich gelernt habe. Deswegen habe ich solche Angst, deshalb hatten sie Angst vor mir, wenn ich im Ring war. Ich war ein Vernichter. Das ist alles, wofür ich geboren wurde. Diese Tage sind vorbei. Ich bin leer. Ich bin nichts. … Das ist der Grund, warum ich weine. Weil ich nicht mehr diese Person bin … Ich will nicht, dass diese Person wieder hervorkommt, denn wenn das passiert, dann kommt die Hölle mit ihm. … Ich hasse diesen Typen. Ich fürchte mich vor ihm.«[3]

Mike Tyson ist 58 Jahre alt und hat zurzeit 28,5 Millionen Follower:innen allein auf Instagram. In den vier Jahrzehnten seiner beispiellosen Boxkarriere musste er zweimal ins Gefängnis, einmal wegen Vergewaltigung. Sein 300-Millionen-Dollar-Vermögen soll er verprasst haben. Wer bis hierhin immer noch nichts mit ihm anfangen kann: Tyson ist der Typ, der einem seiner Gegner im Kampf ein Ohr abgebissen hat. Darüber hinaus war er ebenso dafür bekannt, dass seine Fäuste bei Gelegenheit auch mal privat zum Einsatz kamen, zum Beispiel, um einen Paparazzo zusammenzuschlagen. Wenn man alle negativen Eigenschaften zusammenaddiert, die mit klischeehafter Männlichkeit assoziiert werden, dann kommt dabei Mike Tyson heraus.

Wenn so einer in einem Interview in Tränen ausbricht, über Gewalt und innere Leere spricht und dafür gefeiert wird, kann man davon ausgehen, dass etwas in Bewegung gerät in Sachen Männlichkeit. Dachte ich. Und dann flatterte die Nachricht rein, dass Tyson noch einmal antritt. Zumindest hat Netflix die Übertragung eines Kampfes zwischen ihm und dem Influencer Jake Paul (26,5 Millionen Follower:innen) angekündigt. Vor Redaktionsschluss für dieses Buch stand noch nicht fest, ob es wirklich so weit kommen würde, aber der Medienstar Jake Paul posiert bereits als Rocky-Balboa-Nachfolger oder mit einem Tiger als Haustier oder in seinem Ferrari, bei dem er die Reifen durchdrehen lässt. Auf seinem Account ist er meistens mit nacktem Oberkörper zu sehen, beim Krafttraining, Eisbaden oder mit einer blonden Frau auf dem Schoß, deren Pobacken von Pauls starken Händen zusammengehalten werden.

Wenn Tyson mit seinen Geständnissen ein paar Männlichkeitsklischees beerdigt hat, dann sind sie mit dem 27 Jahre alten Jake Paul wiederauferstanden. Nun könnte einem egal sein, was ein blondes Muskelpaket aus den USA auf allen möglichen Kanälen so treibt, aber bei 26,5 Millionen Follower:innen aus aller Welt kann man davon ausgehen, dass Paul für viele, vor allem junge Männer, als Role Model gilt.

Jake Paul steht in einer langen Reihe mit Influencern, die sich in einer Art Hypermännlichkeit inszenieren und auch verbal mit den Muskeln spielen. In der extremsten und im Gegensatz zu relativ braven Jungs wie Paul kriminellen Ausformung dieses Trends präsentieren sich Männer wie der frühere britisch-amerikanische Kickboxer und Influencer Andrew Tate, 37 Jahre, und sein Bruder Tristan, 35 Jahre, die in Rumänien wegen Vergewaltigung und Menschenhandel angeklagt wurden. Bei X hat Tate mehr als neun Millionen Follower, darunter viele junge Männer und Schulkinder, von anderen Plattformen wurde er verbannt, weil er frauenfeindliche Hetze verbreitet hat.[4]

Zwischen Selbstentwertung und Manosphere

Unter Umständen haben die jungen Väter, die mit einem Lastenfahrrad und Helm an mir vorbeifahren, um ihre Kinder zur Studentenkita um die Ecke zu bringen, von diesen Männern noch nie etwas gehört. Selbst wenn es so wäre, würden sie mit großer Wahrscheinlichkeit, ebenso wie die meisten Frauen in meinem Umfeld, kopfschüttelnd und konträrfasziniert auf die Muskelberge, Luxusschlitten und Pobackenbilder starren und sich fragen, ob sie sich überhaupt mit diesen Männern und ihren Fans in ein und derselben Welt bewegen.

So geht es zumindest Lorenz, Anfang 30, freier Journalist, mit dem ich mich in meinem Podcast unter anderem darüber unterhielt, warum er manchmal glaubt, der »hässlichste Mann Hamburgs« zu sein. Lorenz ist auf X nicht mehr aktiv, aber auf diversen Datingplattformen, leider nicht besonders erfolgreich, und genau das ist unser Thema. Wenn man die ganze Palette heutiger Männlichkeit auffächerte, dann würde man Lorenz am anderen Ende der Bandbreite verorten, am entgegengesetzten Pol im Vergleich zu hypermaskulinen Medienstars wie Jake Paul. Zu seinem Vorteil, wie ich finde, und um auch das Äußerliche abzuklären: Lorenz ist groß, blond und schlank, aber anders als die Kerle von der muskelbepackten Seite der Männlichkeitspalette ist er wortgewandt, charmant, humorvoll und gebildet. Lorenz weiß, dass er weit davon entfernt ist, einen trainierten Körper zu haben, und das ist in seinen Augen »gerade auf Dating-Apps, die viel über Bilder funktionieren, wo gefühlt jede dritte Person sich über Fitnessstudios inszeniert, auch echt keine marktwertsteigernde Eigenschaft«.[5] Gleichzeitig steht er recht selbstbewusst dazu, auch gar keinen »Adoniskörper« haben zu wollen, unter anderem, weil es gar nicht zu ihm passen würde. Der fehlende Zuspruch von Frauen macht ihm trotzdem zu schaffen, und er registriert bei sich einen Hang zur Selbstentwertung. Wenn sich eine Frau direkt nach einem ersten Date für immer verabschiedet, dann verschwindet er wieder »zurück ins Internet und wird ein Profil, das man entmatchen und blockieren und ghosten kann, wie man möchte«.

Sosehr die Selbstzweifel an ihm nagen, käme Lorenz nie auf die Idee, es den Frauen vorzuwerfen, dass er nur selten gelikt oder geküsst wird. Aber er kann sich auch vorstellen, »dass sich bei vielen Männern das Gefühl breitmacht: Eigentlich sind alle anderen schuld«, außer sie selbst. Damit meint er eine Männerbewegung, die analog zur langsam, aber sicher fortschreitenden Gleichstellung von Männern und Frauen immer größer wird, sogenannte *Incel*, Definition: »kurz für ›*involuntary celibate*‹ (übersetzt: unfreiwillig zölibatär).

»Mitglied einer Gruppe von Menschen im Internet, die keine Sexualpartner finden können, obwohl sie welche wollen, und die ihren Hass auf Menschen ausdrücken, die sie dafür verantwortlich machen.«[6]

In der Definition zu Incels im Cambridge Dictionary wird auch erwähnt, wer aus Sicht derselben für ihre Sexlosigkeit verantwortlich zu machen ist, denn das sind vor allem Frauen – insbesondere Feministinnen. (Tja, tut mir leid, aber ich sehe es genau umgekehrt. Wenn diese Männer auf uns hören würden, wären sie weniger allein, anyway …)

Zu der anonymen Gruppierung gehören vor allem Einzelgänger, darunter auch gewaltbereite Männer, die gezielt Frauen angreifen. Nach einem tödlichen Messerangriff auf eine junge Frau in Toronto im Jahr 2019 haben die kanadischen Behörden Incels als gewalttätig-extremistische Bewegung eingestuft, der Täter wurde wegen Terrorismus verurteilt.[7]

Incels sind der Meinung, dass sie ein natürliches Anrecht auf Sex hätten, »und fühlen sich durch Frauen dieses Rechtes beraubt. Das macht sie wütend – und gefährlich«,[8] schreibt die Plattform HateAid. Unter Umständen auch für attraktive, sexuell aktive »Alpha-Männer«, die aus Sicht der Incels von Frauen bevorzugt würden. Ihr Hass gilt aber auch schwulen Männern oder trans* Personen – eben jedem und jeder, der oder die traditionelle Geschlechterrollen infrage stellt.

Man spricht inzwischen von einer »politischen Männlichkeit«, die auch Fundamentalisten mit einbezieht, um für das Überleben des Patriarchats mobilzumachen.

Dass diese sogenannte Manosphere im Netz mit ihren Websites, Foren und Blogs weltweit immer weiterwächst und sich dabei zunehmend radikalisiert, erscheint wie ein Fehler in der Matrix, denn im selben Tempo dehnt sich eine andere Realität aus, in der sich alle vermeintlichen Gewissheiten über Mann und Frau in Auflösung befinden und ganz neue Identitäten entstehen. Es gibt Frauen mit Penis und Männer mit Vulva, binäre und trans* Menschen, sexuelle Orientierungen die viele, alle oder gar keine anderen Menschen mit einschließen. Diese Entwicklungen geben uns allen mehr Raum zum Atmen, weil dadurch alle einen Platz finden. Und auch Frauen in meinem Alter manchmal anfangen zu überlegen, ob da noch etwas Unbekanntes schlummert.

Nimmt man Lorenz' Privatleben als Spotlight auf eine erweiterte Realität, dann ist diese Evolution im Beziehungsalltag angekommen. Vier seiner sechs letzten Sexualpartnerinnen waren nicht hetero-, sondern bi- und pansexuell. »Ich wäre selbst gern pansexuell, das ist für mich eine schöne Vorstellung. Ich finde es eigentlich schade, dass ich auf Frauen festgelegt bin, aber ausschließen möchte ich gar nichts.«

Beschämte Männlichkeit

Neben all den neuen Freiheiten und Experimenten wächst auch die Zahl der Menschen, und man könnte hier auch Männer schreiben, die sich dadurch überfordert, übergangen oder ausgegrenzt fühlen. Aus Sicht der US-amerikanischen Psychologin und feministischen Ethikerin Carol Gilligan bedingt die eine Entwicklung die andere – Feminismus und Vielfalt auf der einen und Manosphere auf der anderen Seite. Wenn sich Männlichkeit darüber definiere, dass sie alles Weibliche abwertet und sich davon abgrenzt, dann sei jede Bewegung in Richtung (…) Gleichheit eine Bedrohung dieser Männlichkeit. Und wenn Männlichkeit bedroht sei, ziehe das immer auch Gewalt nach sich. »Es gibt ein Rätsel, das es zu entziffern gilt, und das lautet: Wie kann ein grundlegender (gesellschaftlicher) Wandel erfolgen, ohne dass bei diesem Prozess Männlichkeit beschämt wird, denn das provoziert wiederum Gewalt.«[9]

Nur – was definiert Männlichkeit?

Junge Männer scheinen sich bedroht zu fühlen. Von Frauen. Sie beklagten, der Feminismus sei zu weit gegangen und würde die Möglichkeiten für Männer einschränken, so eine Trendanalyse des *The Economist* in 20 Ländern.[10]

Bei jungen Männern und Frauen zwischen 18 und 29 Jahren driften die politischen Einstellungen immer weiter auseinander, das beobachtet die *Financial Times*. Die Ursache sieht der Autor John Burn-Murdoch vor allem in der #MeToo-Bewegung: »Die klare Kluft zwischen progressiv und konservativ in der Frage der sexuellen Belästigung scheint eine breitere Neuausrichtung junger Männer und Frauen in Richtung eines konservativen oder liberalen Lagers in anderen Fragen hervorgerufen zu haben.«[11]

Eine weltweite Studie des Survey Center on American Life belegt dasselbe Phänomen. Während die Frauen der »Generation Z« eher offen seien für linke Positionen, sähen sich die Männer viel weiter rechts. Junge Frauen in den USA wünschten sich eine Veränderung der sozialen Normen, zum Beispiel mehr Frauen beim Militär, mehr Männer, die mit den Kindern zu Hause bleiben, mehr Kinder mit schwulen und lesbischen Eltern. Was sich abzeichne, ist eine wachsende geschlechtsspezifische Kluft zwischen jungen Männern und Frauen; unterschiedliche Ansätze zu Geschlechtsidentität und sexuellen Vorlieben und sogar die Abneigung gegen oder der Zuspruch für Donald Trump scheinen Gründe zu sein, warum sich Männer und Frauen in verschiedene Richtungen orientieren.[12]

Auch in Deutschland hat die neue Kluft zwischen den Geschlechtern Einfluss auf das Wahlverhalten. Wo junge Frauen ihr Kreuz machen, hängt davon ab, wie stark sich eine Partei pro Gleichstellung und Feminismus positioniert, wie eine Studie des Soziologen Dr. Ansgar Hudde nachgewiesen hat. Entsprechend sammeln sich die Männer eher auf der rechten Seite des Parteienspektrums.[13]

Als männlicher Vertreter der »Generation Z« ist Lorenz auf jeden Fall nicht auf einer Linie mit dieser Mehrheit. Für ihn habe es eine gewisse Logik, dass Frauen wesentlich progressiver aufgestellt sind, denn um sich aus ihren Rollen zu befreien, müssten sie Ordnungen infrage stellen, von denen Männer weiterhin profitierten.

Toar Tiferet gehört zu den Menschen, die sich bewusst für beide Kategorien entschieden haben. In der Netflix-Doku »Beyond Men and Masculinity« schildert er seinen Weg von der Frau, die so schnell wie möglich zum Mann werden wollte und dann beschloss, beides zu sein: »Ich wollte eine Maskulinität, an die ich nicht mal selbst geglaubt habe. Auf einmal sah ich aus wie ein Mann, zumindest fast, aber ich habe mich nicht so gefühlt. Ich mochte es, eine Frau zu sein. Ich wollte nicht aufgeben, eine Frau zu sein. … Ich bin trans*. Das ist mein Geschlecht.«[14]

Dass es eine universelle naturgegebene Zweigeschlechtlichkeit gäbe, ist erstens eben keine Erfindung der Natur, sondern eine Idee. Darüber hinaus war sie vor der Kolonialisierung auf Europa beschränkt und wurde erst durch die Unterwerfung und Unterdrückung indigener Völker zu einer weitverbreiteten Ideologie. In 155 der 400 indigenen Gruppen Nordamerikas galt Geschlecht als etwas Wandelbares und Fließendes, es gab ursprünglich auch ganz offiziell ein drittes und viertes Geschlecht, und diese Menschen galten »als Mittler« zwischen allen Geschlechtern und den Kulturen.[15]

Aus dieser Perspektive betrachtet wäre die strikte Einteilung in »männlich« oder »weiblich« eine Art mentale Kastration beider Geschlechter, denen eigentlich eine riesige Bandbreite an Eigenschaften und Potenzialen zur Verfügung stünde. Es sei denn, sie lassen sich einreden, sie seien nur mit der Ausstattung für eines der beiden Klischees auf die Welt gekommen.

Würden alle Männer Männer sein wollen, wenn sie sich auch bewusst dagegen entscheiden könnten? Was passiert mit ihnen, wenn sie zum Mann »zurechtsozialisiert« werden? Ist das überhaupt noch so? Auf Nachfrage bestätigt mein Teenagersohn, dass auch heutige junge Männer unter dem Druck stehen, einem bestimmten Bild entsprechen zu müssen, und dass die Gespräche mit Mädchen sehr viel offener seien.

Gefühlsverlust und Panikattacken

Wenn daraus für Männer kein Problem erwachsen würde, hätte der Psychologe und Männerforscher Björn Süfke nichts zu tun. Tatsächlich ist sein Terminkalender als Männerberater aber prall gefüllt. Aus seiner Erfahrung leiden Männer nicht nur an einem Bedeutungsverlust und zunehmend auch an Arbeits- und Perspektivlosigkeit, sondern auch an einer inneren Leere. Oft seien es »auch einfach schmerzliche individuelle Lebenserfahrungen, die Männer affin machen für das Gewäsch der Male-Supremacy-Dödel«[16].

Also jener Maskulinisten wie Andrew und Tristan Tate, die eine naturgegebene männliche Überlegenheit unterstellen und deshalb auch eine Vormachtstellung für Männer fordern. (Welche Rolle die beiden in ihrem Weltbild den Frauen zugestehen, lässt sich – abgesehen von ihren frauenfeindlichen Theorien, die ich hier nicht wiederholen möchte – auch aus der Anklage gegen sie ableiten: Menschenhandel und Zwangsprostitution.) »Interessanterweise gibt es eine relativ hohe Zustimmung zu maskulinistischen Aussagen bei geschiedenen Männern«, schreibt Süfke in diesem Zusammenhang.[17]

Süfkes Klienten werden oft entweder von ihrer Partnerin geschickt, weil es massive Probleme in der Beziehung gibt, oder sie kommen heimlich, und ihre Partnerin darf nichts davon erfahren. Beides wirft zusätzliches Licht auf das Selbstverständnis von Männern. Die grundsätzlich dieselben Emotionen hätten wie Frauen und auch über dieselbe Gefühlspalette verfügten, wie es Süfke beschreibt, aber denen immer noch vermittelt würde, dass »›Jungs nicht weinen‹, was am Ende einer Kindheit dazu führt, dass sie ihre Gefühle so weit unterdrückt und verdrängt haben, dass sie als Erwachsene keinen Zugang mehr zu ihnen finden«. Durch die häufige Abwesenheit vieler Väter fehle auch eine reale männliche Identifikationsfigur, erklärt Süfke, ganz konkret: ein Mann, der über Gefühle spricht. Das sei die Lücke, die dann mit medialen Vorbildern gefüllt würde. Im schlechtesten Fall mit Maskulinisten.

»Wenn er ganz ehrlich ist, sagt der Mann in meiner Beratung auf die Frage, wie es ihm geht, häufig: keine Ahnung«, erklärt Süfke. Vielen Männern ist diese ungesunde Distanz zu sich selbst nicht bewusst, sie suchen trotzdem nach Antworten und flüchten sich in folgende semantische Strategien, um sich selbst in Nebel zu hüllen (eine kleine Liste für Frauen, die immer wieder ergebnislos sogenannte POGs, problemorientierte Gespräche, anzetteln): permanenter Gebrauch von »man«, Verschachtelung und Abschweifung, Begriffsokkupation, das heißt, Männer bedienen sich des Therapeutenvokabulars, um Wissen über sich selbst vorzutäuschen: »Ich habe ein Nähe-Distanz-Problem«; aussitzen, monologisieren, Floskeln, ständiges Ironisieren, Sarkasmus, andere Meinungen abwerten, auf die Metaebene ausweichen, kommentieren des Gesagten, ständige Gegenfragen: »Was meinst du damit?« Oder, sehr beliebt: »Was sollte ich denn fühlen?« Eine Äußerung, aus der auch ein nicht therapeutisches Ohr eine gewisse Verzweiflung und Ratlosigkeit heraushören kann.

Wie weit und tief das Problem geht, habe ich zum Beispiel dem Gespräch mit einem Notarzt entnommen, der wegen eines vermeintlichen Herzinfarkts zu einem Bekannten gerufen wurde. Bei dem Infarkt habe es sich um eine Panikattacke gehandelt, wie der Notfallmediziner mir erklärte, und um unterdrückte Ängste und Bedürfnisse, die sich auf diese Art und Weise einen Weg bahnten. Der Fall sei einer von vielen, die er oft erlebe. Vor allem Männer um die 50 zeigten eindeutige Symptome wie extremen Druck auf der Brust, Schmerzen im linken Arm, Kurzatmigkeit, aber wenn er dann mit einer Rettungswagen-Mannschaft anrücke und ein EKG mache, sei nichts zu sehen.[18]

Manchmal macht der Arzt in diesen Fällen einen zarten Versuch, auf seelische Zusammenhänge hinzuweisen, dabei stößt er aber meistens auf taube Ohren. »Am Ende ist es so, das ist meine Erfahrung, dass Männer lieber sterben, und sei es psychosomatisch, als ihre Gefühle auszudrücken.«

Männer, die sich selbst verstehen

Vielleicht lassen sich am Ende fast alle Probleme, nicht nur zwischen Männern und Frauen, sondern auch der Erfolg der Maskulinisten im Kleinen und autoritärer Despoten im Großen, auf dieses Phänomen zurückführen: die Disruption zwischen Kopf und Herz. Den fehlenden Zugang der Männer zu ihren Gefühlen. Aber – *who am I to know?*

Ganz ehrlich? Ich blicke da nicht mehr durch. Es sind zu viele Widersprüche – und Beharrlichkeiten. Oder beides zusammen. Ein Beispiel: In jeder Umfrage beteuert die überwältigende Mehrheit der Männer, sie würden gern mehr Zeit mit ihren Kindern verbringen. Aber genau 9 Prozent arbeiten Teilzeit, gegenüber 67 Prozent der Mütter. Wenn die Zahl der Väter, die Elternzeit nehmen, weiter so langsam steigt wie bisher, dann dauert es noch 400 Jahre, bis wir bei 50/50 angelangt sind. Das hat der Männertherapeut Süfke ausgerechnet. Ist der Wunsch nach mehr Zeit mit den Kindern also reines Wunschdenken? Ein Wegducken? Gelogen? Ausrede: »Ich würde ja gern, ABER …«? Keine Ahnung.

Müsste ich mir nicht Womansplaining vorwerfen lassen, wenn ich mit diesem Kapitel den Anspruch verfolgen würde, Männer zu erklären?

Die Überschrift lautet ja nicht umsonst: »Will ich_Männer verstehen?«. Ich will. Nicht »Ich kann …«. Oder sagen wir, ich würde gern, aber ich muss auch nicht unbedingt alles verstehen.

Deshalb ziehe ich an dieser Stelle einen vorläufigen Schlussstrich und wende mich direkt an den männlichen Leser. Beziehungsweise an alle, die sich mit diesem Konstrukt identifizieren und männlich gelesen werden möchten. Ich habe ein paar Fragen, die sie sich auch selbst beantworten können, wenn sie mögen, gern auch in Arbeitsgruppen.

Denn, so Süfke: »Frauen wollen ganz doll Männer verstehen. Aber wenn die Männer sich selbst so doll verstehen wollen würden, wären wir einen ganzen Schritt weiter.«

(Ich freue mich aber auch über eine DM auf Insta: @lisaortgies)

In jedem Fall – danke!

- Männer leisten fast zehn Stunden weniger Hausarbeit als Frauen.[19] Haben Männer eine höhere Schmutztoleranz als Frauen?
- Wenn Sie hören, dass Al Pacino mit 83 Jahren wieder Vater wird (Robert de Niro mit 79), die Mutter seines Kindes 50 Jahre jünger ist und er auf einen Vaterschaftstest bestand … Anders gefragt: Sollten Männer die Verhütung übernehmen? Und wenn ja – welche Folgen hätte das?
- Spaß beiseite – warum ist Gewalt nahezu ein männliches Monopol? (Körperliche Gewalt ist zu 90 Prozent männlich.)[20]
- Ist Ihnen das eigene Geschlecht manchmal unheimlich?
- Waren Sie selbst schon Opfer von Gewalt? Zu Hause? Auf dem Schulhof oder später im Leben?
- Worauf beruht Ihre Selbstachtung?
- Fühlen Sie sich manchmal hilflos? Wenn ja – was machen Sie mit dem Gefühl?
- Sind Sie ein Vorbild für Ihren Sohn? Und wie erklären Sie ihm, was einen Mann ausmacht?

- Was ist Ihr Anteil am Patriarchat?
- Was empfinden Sie, wenn Ihre Partnerin sagt: »Wir müssen reden.«?
- Was wäre Ihre ehrliche Antwort auf die Frage: »Wie geht es dir?«?
- Sind Sie tief drinnen sauer auf Ihre Mutter? Wenn ja, warum?
- Womit haben Sie Ihre Mutter früher am schnellsten auf die Palme gebracht?
- Wofür fehlt Ihnen Anerkennung?
- Was hat Ihre erste Liebe in Ihnen gesehen?

7 KANN ICH_LIEBEN?

»Ei, ei, ei, was seh ich da? …«

Das Geld war bei uns ein wenig knapp, Mitte der 70er, als die hiesige Landwirtschaft langsam einer Industrie weichen musste und unser Landhandel mit Getreidesamen und Dünger Konkurrenz bekam. Die zweite Frauenbewegung rollte durchs Land – und an meinem Heimatort vorbei. Aber Woodstock, Höhepunkt der Hippiebewegung, das Festival der Liebe, auf dem vier Kinder geboren und unzählige gezeugt wurden, war angekommen. In Gestalt einer jungen Frau mit einem breitkrempigen Schlapphut und einer riesigen Sonnenbrille mit runden Gläsern. In meinen Kinderaugen hatte das Auftauchen von Annie, 17 Jahre alt, angehende Abiturientin, den Stellenwert einer Marienerscheinung, weil sie so vollkommen und grundlegend anders war als alle Frauen, die mir bis zu meinem achten Lebensjahr begegnet waren. Ein Paradiesvogel in Jeansschlaghosen und einem geknoteten, engen Häkeloberteil über dem braun gebrannten Bauch. Ohne BH. Was heute nicht erwähnenswert wäre, aber zu der Zeit auf dem niedersächsischen Land bestaunt wurde wie die Überschalltiefflieger, die durch die Luft donnerten – mit offenem Mund. Annie musste diese Blicke nicht ignorieren, sie nahm sie einfach nicht wahr. Ich will nicht esoterisch werden, aber ich konnte ihre schimmernde Aura sehen, und an der sind diese Blicke einfach abgeperlt. Sie hat jeden und alle lässig gegrüßt, wenn sie über den Hof unseres Landhandels schlenderte, und sich dabei eine Zigarette anzündete.

Ich fand Annie sensationell, alles an ihr. Erst Jahre später habe ich benennen können, was sowohl Kinder als auch Erwachsene an ihr fasziniert und sogar eingeschüchtert hat: Sie war ein Freigeist, so unabhängig, wie eine 17-Jährige zu dieser Zeit und an diesem Ort überhaupt nur sein konnte, die Tochter einer alleinerziehenden Mutter von fünf Kindern.

Der Schulweg von dem Kaff, in dem die Familie lebte, bis zu unserem Kleinstadtgymnasium war zu weit, also zahlte Annies Mutter für das Zimmer mit Bad neben dem Büro, das zu unserem Familienhaus gehörte. Nachdem Annie für sich ein Zuhause daraus gemacht hatte, war der Raum nicht wiederzuerkennen, es gab große Kissen, indische Tücher an den Wänden, überall Kerzen, eine Matratze auf dem Boden und viele Räucherstäbchen.

Meine Mutter muss bis heute erstaunt lächeln, wenn sie sich an diese junge Frau erinnert, und weiß sie nicht recht zu beschreiben, außer, dass Annie in jeder Hinsicht »außergewöhnlich« gewesen sei und »ihrer Zeit weit voraus«. Sie habe sie um ihr unabhängiges Leben beneidet, denn es war nicht etwa so, dass Annies Mutter irgendeinen Erziehungsauftrag an meine Mutter weitergereicht hätte. Es gab nicht mal die Bitte, sie vielleicht im Auge zu behalten. Annie war vollkommen frei und selbstbestimmt. »Sie konnte machen, was sie wollte, wir haben uns nicht dafür interessiert, was sie abends machte oder wer zu Besuch kam. Wir waren ja immer früh im Bett.«

An einem Morgen am Wochenende klopfte Annie an unsere Küchentür und fragte meine Mutter nach einer großen Vase. Sie hatte 50 langstielige Rosen im Arm, und als meine Mutter fragte, wo sie diesen imposanten Strauß herhätte, wurde sie von Annie einfach nur angestrahlt. Ich glaube, sie hat erwartet, dass sie sich mit ihr freut.

Es war ein offenes Geheimnis, dass Annie ein Verhältnis hatte mit einem Lehrer an ihrer Schule, einem verheirateten Studienrat, und nach Auskunft meiner Mutter einer der attraktivsten Männer in unserer Kleinstadt. Und dann waren da noch Annies Schulkameraden, die aber erst auftauchten, wenn ich längst im Bett lag.

Ich liebte die Gerüchte rund um Annies Leben auf unserem Hof, es war so, als würden wir alle ein abenteuerlicheres Leben führen, obwohl sich der Alltag meiner Eltern weiter zwischen Arbeit, Kegelklub, Kneipe und Kirche abspielte.

Männer hielten sich damals mit einer Meinung über Annie zurück, wie mir meine Mutter später erzählte, wahrscheinlich waren sie stumm vor heimlicher Sehnsucht. Die Frauen und Mütter waren dagegen sehr gesprächig und streuten Gerüchte über Annies alleinerziehende Mutter und deren »Männerkonsum« und dass der Apfel ja nicht weit vom Stamm falle und so weiter … Im Übrigen waren sie vor allem gelb vor Neid auf die Freiheiten, die sich diese »ledigen« Frauen herausnahmen.

Eines Tages lud sie mich ein in ihr indisches Untermieterinnenreich. Es gab Messino-Kekse mit Orangenfüllung, und Annie holte ein großes, schweres Album unter dem Bett hervor und legte es aufgeklappt vor uns auf den Boden. Sie hatte eine Art Panini-Buch ihrer Verehrer angelegt, größtenteils mit Fotos, aber es gab auch Felder ohne Bild und ohne Namen, darunter ihre handgeschriebenen Bemerkungen zu jedem der Kandidaten wie »sehr schüchtern, aber so schön sanft« oder »super zum Abblödeln, anhänglich« oder »großes Ego, aber schön, interessante Fragen«. Nicht, dass ich die Notizen hätte entziffern können mit meinen acht Jahren, aber ich durfte auf einzelne Jungs zeigen, und sie las mir ihre Einschätzung zu ihnen vor und erzählte bei einigen, wie die ersten Begegnungen waren, welche Träume sie hätten und was vielleicht aus ihnen werden könnte. In allem, was sie sagte, schwang Wertschätzung mit, manchmal auch Bewunderung.

Ich war tief beeindruckt von Annies Album, von dem Vokabular ihrer Gefühle, von ihrer Offenheit. Der Ausdruck »Bewerber um eine Liaison« erscheint mir heute am passendsten, denn Annie war diejenige, die sie auswählte, keiner der Männer hatte sie ausschließlich für sich.

Ich kannte bis dato keine Männer, auch nicht aus Filmen oder Serien, die sich einer Frau öffneten und sich verletzlich zeigten. Außer vielleicht Tommy, der schüchterne und zögerliche Freund von Pippi Langstrumpf. Oder Obelix und der Typ aus *Love Story* – weil am Ende seine große Liebe stirbt. Drunter ging's nicht.

Ich kannte natürlich auch keine Frauen, die mit mehreren Männern befreundet waren. Um mich herum gab es funktionierende Ehepaare, die ihren Alltag mit Kindern abarbeiteten, die sich als Zeichen der Zuneigung ab und zu gegenseitig frotzelten. Es gab Männer, die versuchten, ihre Frauen mit kleinen Grapschereien aufzuheitern, Frauen, die darüber kicherten, aber genauso schnell wieder gefrustet waren.

Und dann gab es noch verliebte Teenager, die wir Kleineren hänselten: »Ei, ei, ei, was seh ich da? Ein verliebtes Ehepaar. Noch ein Kuss, dann ist Schluss, weil die Braut nach Hause muss.« Dieser kleine Refrain spiegelt die ganze Wucht der Konventionen in den 70ern, und wir ahnten schon als kleine Kinder, dass die knutschenden Teenager genauso enden würden wie die verheirateten Paare um uns herum.

Annie sprengte all diese Vorstellungen, und ich war begeistert von der Zukunftsidee, mit verschiedenen Männern eng befreundet sein zu können und mir aus diesem Pool dann den passenden auszusuchen. Oder auch nicht.

Annie war für mich die Vorkämpferin zu den vielen lebenshungrigen und eigenwilligen Frauen, die mir in den folgenden Jahrzehnten begegnet sind, Freundinnen, mit denen ich zusammengelebt und gefeiert habe, Kolleginnen, mit denen ich unterwegs war, Frauen wie Katja oder Renate oder Simone, die in diesem Kapitel noch eine Rolle spielen werden. Unerschrockene Glücksjägerinnen, die sich dem Leben in die Arme werfen und ab und zu ins Leere fallen, aber es nicht persönlich nehmen.

Lex Barker am Wählscheibentelefon

Meine erste große Liebe war Old Shatterhand, der blonde Blutsbruder von Winnetou. Wie bei den lorenzschen Gänsen, die aus dem Ei schlüpften, als Erstes den Tierforscher Konrad Lorenz erblickten und ihm fortan überallhin folgten, muss mein erotisches Erwachen mit dem Moment zusammengefallen sein, als Lex Barker alias Old Shatterhand auf dem Schirm auftauchte und sich schützend vor seinen indianischen Freund stellte. Von da an war ich für lange Zeit auf große, friedliebende und blonde Männer fixiert.

Wie bei Ernie und Bert wird bis heute gerätselt, ob Winnetou und Old Shatterhand nicht eigentlich ein Paar waren. Eine Frage, die mich nie beschäftigt hat, aber ich fand die Nähe und Zugewandtheit der beiden sehr anziehend und habe gleichzeitig registriert, dass sie ganz anders waren als andere Männer in meiner Umgebung, so etwas wie die filmischen Vorläufer zur Hippie-Bewegung: sanft, gefühlvoll, eher links, moralisch überlegen, stylish und naturverbunden.

Dass der Mann hinter der Filmfigur zu diesem Zeitpunkt schon über 50 Jahre alt gewesen sein muss, hat mich damals nicht interessiert, aber nach einer Weile wurde mir die Sache mit Lex dann doch zu einseitig. Zumal die Kassetten, die ich vorm Fernsehgerät aufgenommen hatte, um seine Stimme auch in meinem Zimmer hören zu können, anfingen zu leiern.

Irgendwann tauchten alle möglichen US-amerikanischen Teenagerserien im Programm auf und verdrängten die Karl-May-Klassiker. Unter anderem fand ich »Flipper«, den fröhlichen und hilfsbereiten Delfin aus Florida, unglaublich toll. Ich lasse das jetzt mal so stehen.

Mit circa elf Jahren entdeckte ich in der Nachbarschaft meiner Oma einen etwas älteren Jungen, der Lex Barker unglaublich ähnlich sah, und war lange Zeit schwer verknallt, allerdings ohne jemals mit ihm zu sprechen. Mit seiner am Arm geschoppten Lederjacke, den Westernboots und der Poppertolle spielte dieser Junge irgendwie in einer ganz anderen Liga und war für mich unerreichbar. Ich habe zwei Jahre damit verbracht, ihn von Weitem anzustarren. Viele Jahre später habe ich gehört, dass er Polizist geworden ist und Ärger bekommen hat, weil er eine Portion Currywurst/Pommes mit Blaulicht zu seiner Dienststelle gefahren hat – damit sie vor der Mittagspause nicht kalt wird. (Vielleicht stimmt die Story gar nicht, aber sie ist einfach zu gut.)

Wenn ich diese Phase in meinem Gefühlsleben exemplarisch auf den Punkt bringen soll, würde ich sagen, dass meine Generation früh gelernt hat, extrem genügsam zu sein.

Lange bevor das erste Smartphone auf den Markt kam, gab es Telefone, die meist im Flur standen und für deren Benutzung es ein Ranking innerhalb der Familie gab, was bedeutete, dass alle Gespräche der Erwachsenen vorrangig waren und die der Kinder nach spätestens 50 Sekunden wieder beendet sein mussten, damit die Leitung wieder frei war. Für die wichtigen Anrufe der Eltern – unabhängig davon, ob irgendein Anruf erwartet wurde. Auch wenn es bei den Teenager-Kindern um Leben und Tod (»Kann ich dein neongelbes Shirt für die Party leihen? Bitte!«) oder um die große Liebe ging (»Ich glaube, Christoph hat mit mir Schluss gemacht. Aber ich weiß es nicht genau.«).

Intime Gespräche mit Gleichaltrigen waren nur möglich, wenn die Eltern länger nicht zu Hause waren oder man es schaffte, die gekringelte Telefonschnur unter der Tür durchzuziehen, sodass man im Esszimmer weiter telefonieren konnte, aber nur, wenn man sich dort flach auf den Boden legte, weil sonst das Gerät im Flur vom Schränkchen runtergehüpft wäre.

Wenn man Glück hatte, merkte eine Zeit lang niemand, dass der Hörer nicht auf der Gabel lag, und es reichte für mehrere Anrufe beim jeweiligen Schwarm. Dass man nie wusste, wer am anderen Ende der Leitung abnehmen würde, war Teil der inszenierten Aufregung.

Ein beispielhafter Dialog hörte sich in etwa so an:

»Schneider … Hallo?«

»Äh, hallo, kann ich deinen Bruder sprechen?«

»Vielleicht … (Gekicher) Kommt drauf an, wer anruft.«

»Sage ich ihm dann, wenn er dran ist …«

»Hm, also, ich bin die ältere Schwester, und ich glaube, mein Bruder ist zu jung für so was.« (Prustet laut los, hält den Hörer zu und spricht mit jemandem)

»Äh, wie meinst du das?«

»Ach, warte mal, da kommt er … Da ist so eine komische Tante für dich dran, die will ihren Namen nicht sagen.«

Anruferin legt auf.

Mehr oder weniger peinlich-lustige Gesprächsfetzen wie diese waren lange Zeit das Einzige, was ich in der dehnfähigen Rubrik »Liebe« erlebt habe. Aber in dem Ungesagten zwischen den Zeilen und in der Fantasie rund um jede vorgestellte oder reale Begegnung lag eine intensive Sehnsucht. Die viel mit mir und wenig mit dem Objekt der Sehnsucht zu tun hatte. In der Sehnsucht steckte wiederum der Hunger auf den ganzen Rest der Welt und auf die ungewisse Zukunft.

Irgendwann gab es einen etwas zu realen ersten Kuss, mit wem auch immer, an den Namen erinnere ich mich nicht –, es ging vor allem darum, keine Kussjungfrau mehr zu sein.

Mit dem nächsten Entwicklungssprung gehörte ich zu einer Mini-Mädchengang, die wiederum zum festen Ensemble des selbstverwalteten Jugendzentrums vor Ort gehörte und dort an jedem Wochenende ausschwärmte, um irgendjemanden anzuhimmeln. Es ergaben sich erste Liebeleien und zum Ende dieser Phase der erste feste Freund, ein Abiturient und Hobby-Bodybuilder. Der sogar in unserem katholischen Haushalt übernachten durfte, ohne dass irgendjemand davon erfahren sollte, aber da alle befreundeten Katholikeneltern es genauso machten (wie unsere Putzkraft aus anderen Haushalten berichtete), wurde diese Praxis in unserer Kleinstadt stillschweigend toleriert.

Mein Gorilla

Wenn mein Freund am Wochenende unangemeldet vorbeikam und ich es nach dem Klingeln nicht rechtzeitig die Treppe hinunterschaffte, öffnete mein Vater die Tür einen Spalt, um sie gleich wieder ins Schloss fallen zu lassen, und rief in Richtung meines Jugendzimmers: »Dein Gorilla steht vor der Tür.« Dieses Ritual sollte andeuten, dass meine Eltern mit dieser Beziehung nicht ganz einverstanden waren, was aus meiner Zuneigung eine Art kleine Revolte machte, oder umgekehrt. Zumindest verstärkte es meine von amerikanischen Romantikkomödien vorgeprägten Gefühle. Ob diese Gemengelage etwas mit Liebe zu tun hatte, keine Ahnung, das Wort gehörte in meiner niedersächsischen Heimat sowieso nicht zum gängigen Vokabular.

Das »Gorilla-Ritual« wurde erst aufgegeben, als mein Freund ein Diplom in der Tasche hatte und ich auf dem Sprung ins Ausland war. In der Zeit dazwischen ging es in vorgezeichneten Schritten in Richtung einer etablierten Beziehung – erste Pille, erste Übernachtung, erster gemeinsamer Urlaub, teuer Essen gehen am ersten Jahrestag, erste Reizwäsche, erster (echter) Schmuck, Kinosamstage mit Romantikkomödien, Disconächte mit Cocktailtasting, Sonntage mit Brunchtreffen und Pärchenverabredungen, erste Valentinskarten, erste Treffen und Essen mit den Herkunftsfamilien. Die Schritte folgten einerseits den gesellschaftlichen Vorstellungen einer verbindlichen Beziehung und dem Vorbild unserer Eltern und andererseits einer Art Performance aus all den Dingen und Aktionen, die Paare nach außen als Paar definieren. Wie die Soziologin Eva Illouz in ihrem Klassiker über den »Konsum der Romantik« beschreibt, war meine Vorstellung von Liebe weniger durch Innigkeit und Intimität geformt, sondern vielmehr von bestimmten Freizeitangeboten, die für romantische Paare bestimmt waren.[1] So wie Liebe ursprünglich als ein Refugium galt, um den Zwängen und Routinen des Alltags und der Arbeit zu entfliehen, wurden irgendwann all die Dinge und Aktionen, die rund um die Liebe inszeniert wurden, zu einem Refugium. Manchmal auch zu einem Rückzugsraum, um echter Intimität und Verbindlichkeit zu entkommen. Alles das, was vermeintlich zu einem Paarleben gehörte, wurde zu einer Verheißung von Gefühlen und manchmal auch zu einem Ersatz für diese Gefühle.[2]

Oder auch zu einer Inszenierung von Liebe: Weil man sich wie ein Paar verhielt und plante, glaubte man zu lieben. Unausgesprochen gehörte dazu auch immer die Aussicht auf eine Fortsetzung in einer gemeinsamen Wohnung und eine Familiengründung.

Exakt diese Aussicht ließ in mir irgendwann Panik aufsteigen.

Es gab sehr glückliche Tage in dieser ersten Beziehung und ein Gefühl von Rückhalt, das mir geholfen hat, durchs Abi zu kommen. Wir sind beide erwachsener geworden in dieser Zeit, vielleicht zu erwachsen, im spießigen Sinne, angesichts einer gemeinsamen Langeweile und der fehlenden Worten, die sich zunehmend breitmachten. Aber aus heutiger Sicht war diese Beziehung eine wunderbare Helferin für den Absprung aus dem Elternhaus und ein sicherer Raum, um Mut und Zuwendung zu schöpfen für den Rest der Welt.

Es folgten ein paar bunte Jahre als Flugbegleiterin mit verschiedenen Liebschaften, darunter ein holländischer Pilot, ein österreichischer Ingenieur und ein australischer Rugbyspieler, die alle weit genug weg wohnten, um sich in meinen Lebensstil als Teilzeitsingle zu fügen. Der Mitarbeiterrabatt auf Flugtickets machte es möglich, meinen romantischen Radius auf unterschiedliche Länder auszudehnen und damit auch meine

Menschenkenntnis, aber vor allem meine Menschenliebe. Eine andere Sprache, Klima, Humor oder ein anderes Körperbewusstsein und eine andere Lebensphilosophie des Gegenübers verändern die eigene Wahrnehmung und erweitern den Empfindungshorizont. Viele dieser Lieben haben ein kleines Gefühlstattoo hinterlassen: eine Sehnsucht nach einer Landschaft, einer Straßenecke oder einer anderen Sprache. Manche Lieder oder Gerüche holen aus dem Stand ein Gefühl von intensivem Erleben und grenzenloser Freiheit hoch. Und das gilt auch für die nicht sexuellen und magischen Begegnungen (darunter auch Frauen), bei denen ich Kopf und Herz aufgemacht habe. Manchmal nur für ein paar Stunden oder eine Nacht …

»Gender Fun Gap«

… die Ruben und ich (fast) ausschließlich mit Reden verbracht haben. Zusammengezählt waren es circa 48 Stunden, aber die Begegnung ist hängen geblieben, weil sie für eine Episode zwischen einer Flugbegleiterin und einem Co-Piloten in einer tropischen Umgebung, genauer genommen, in einem Fünfsternehotel, überraschend weit weg war von allem Erwartbaren. Und ich habe daraus zwei, neudeutsch: Learnings für mein Leben abgeleitet. Erstens: Liebe ist abhängig vom Zeitpunkt, an dem sie zuschlägt. Zweitens: Stereotype können eine Liebe killen.

Die Kollegen von der KLM waren beliebte Matches zum Feiern, wenn man sich in einer der Fliegerkneipen rund um den Globus über den Weg lief. Ruben war Co-Pilot, im selben Alter wie ich, und so wie ich drehte er nach Sonnenuntergang noch mal auf, um kein Ende zu finden. Glaubt man meiner DNA-Analyse des Unternehmens *My Heritage,* trage ich reichlich niederländisches Blut in mir, vielleicht hat das auch eine Rolle gespielt. Innerhalb von zwei Jahren haben wir uns zweimal zufällig in Singapur getroffen – angesichts der über 100 000 Beschäftigten in der Luft, die sich über den ganzen Globus verteilen, kann man kaum von einem Zufall sprechen, und, zugegeben, neige ich dazu, an energetische Affinitäten zu glauben, wenn es zwischen zwei Menschen etwas zu klären gibt. Zumal die zweite Begegnung mit meinem Abschiedstrip als Flugbegleiterin zusammenfiel, tatsächlich war das meine allerallerletzte Reise in einer Flugbegleiterinnenuniform. Inzwischen war ich Teilzeitfliegerin, hatte ein Studium begonnen, mich für einen Kommilitonen interessiert und war an der Journalistenschule angenommen worden.

Bei unserer ersten Begegnung standen Ruben und ich beide in einem Pulk von Kolleg:innen unserer jeweiligen Airline und beäugten uns so lange und intensiv quer durch den Laden, dass wir von unserer jeweiligen Entourage in die Richtung des/der anderen geschubst wurden und irgendwann am Tresen nebeneinanderstanden. Er war frisch getrennt von einer zehn Jahre älteren Kollegin und nicht wirklich »available«, ich war auch nicht auf der Suche, vielleicht sind wir aber gerade durch dieses ziellose Interesse aneinander gleich so tief eingestiegen, ohne großen Vorlauf. Später haben wir festgestellt, dass wir beide nach dem ersten Satz die Eingebung hatten, das ganze übliche Geplänkel einfach flachfallen zu lassen. Jeder und jede von uns war aus unterschiedlichen Gründen von vorangegangenen Beziehungsgeschichten erschöpft und viel zu genervt, um irgendwie zu performen oder zu flirten. Wir haben beide aus dem Stand einen Deep Dive angepeilt, so oder gar nicht.

Deshalb wusste ich nach weiteren zehn Minuten, dass er mit 25 noch keine Kinder wolle, aber fast so weit war, ein erstes zu zeugen, weil seine Freundin eben schon 35 war. Dass er sie zwar liebe, dass seine Eltern sie ebenfalls liebten, dass er aber auf keinen Fall daran schuld sein wolle, dass sie möglicherweise kinderlos bleibt, wenn er jetzt nicht zustimmt. Deshalb habe er panisch Schluss gemacht, und jetzt seien alle unglücklich: er selbst, seine Ex-Freundin und seine Eltern. Seitdem frage er sich, warum Liebe allein nicht ausreiche, um so einen Schritt zu gehen, ob er wirklich zu jung oder einfach nur zu egoistisch sei und ob er diese Trennung vielleicht für immer bereuen würde. Die eine Hälfte seiner Freunde bestätigt ihm, dass genau das eintreten würde, und die andere Hälfte hielt ihn für wahnsinnig, sollte er ernsthaft in Erwägung ziehen, in nächster Zeit Vater zu werden.

Eigentlich war ich für ihn ein völlig fremder Mensch, eine Zufallsbegegnung am anderen Ende der Welt, aber genau diese Kombination machte es möglich, dass er alles aussprechen und gleichzeitig fühlen konnte. Und ich konnte mit Haut und Haar einsteigen, weil ich in seinem Leben nichts verloren und gleichzeitig den Überblick hatte, weil er mich in seiner Offenheit und Verzweiflung sehr berührte, und am Ende dieser langen Nacht waren wir – völlig unabhängig von den Lieben in unserem eigentlichen Leben – verknallt. Wir lagen einträchtig nebeneinander und dann voreinander, Rücken an Bauch, es ist nichts passiert, ein einziger Kuss auf mein Schulterblatt, und wir sind eingeschlafen.

Ich habe nie erfahren, was genau passiert ist, als er wieder zu Hause war, aber von da an habe ich mehr oder weniger neben dem Telefon geschlafen, um keinen Anruf aus Amsterdam oder von sonst wo zu verpassen. Wir haben in diesen Gesprächen alle unsere bisherigen Beziehungen vor dem und der anderen ausgebreitet, wann, wer, was der- oder diejenige in uns zum Schwingen gebracht hat. Nebenbei wurde klar, dass Ruben die Freiheiten des Fliegerlebens genutzt hatte, um sich auszutoben, offenbar ausschweifender als ich, aber in meinen Augen waren diese Geschichten vor allem lustige Anekdoten und ohne weitere Bedeutung.

Wie sich dann zeigte, galt das aber nicht für uns beide, denn obwohl wir für die nächsten freien Tage zu einem gemeinsamen Wochenende verabredet waren und ich das Ticket schon gekauft hatte, hörte ich plötzlich nichts mehr von ihm. Zwei, fünf, zehn Tage. Nach dem x-ten Versuch hatte ich ihn schließlich am Telefon, wortkarg, ein leises »Hi« und nur der Satz: »*I heard stories about you.*« Was er gehört hatte, war genau eine »Story« eines Kollegen, mit dem er Bier trinken war und der ihm von einer großen, schlanken, blond gelockten Stewardess erzählt hatte, mit der er eine betrunkene Nacht lang rumgeknutscht hätte. Vielleicht gab es noch andere Kolleginnen mit derselben Frisur und Figur, aber ich sah keinen Grund, mich zu rechtfertigen, denn wir hatten uns ja über unsere Flieger:innenanekdoten ausgetauscht, und ja: Gut möglich, dass ich es gewesen war. Also fragte ich einfach nur: »*And?*« Seine Antwort war: »*That's it.*«

Die Intensität meines Liebeskummers entsprach der Besonderheit der Begegnung und meiner Hoffnung, vielleicht nicht den, aber einen Richtigen gefunden – und wieder verloren zu haben. Allerdings wurde er deutlich durch die Tatsache gemildert, dass Ruben mir ein Verhalten vorwarf, das er bei sich selbst für selbstverständlich und mehr oder weniger naturgegeben hielt.

Fast genau zwei Jahre später liefen wir uns dann auf meinem besagten letzten Trip über den Weg, bestätigten uns gegenseitig, dass wir immer mal wieder aneinander gedacht hatten, und redeten wieder eine ganze Nacht. Über unsere jeweiligen Pläne für die Zukunft (ich würde Journalistin werden, und er hatte sich für ein Jurastudium beworben), über unsere aktuellen Beziehungen, aber vor allem über den großen »Gender Fun Gap«, wie ich ihn heute nennen würde, der uns zwei Jahre zuvor auseinandergebracht bzw. genau genommen ihn zu mir auf Distanz gebracht hatte. Ich holte weit aus, die ganze feministische Dröhnung über die unterschiedliche Wahrnehmung von Frauen und Männern, die dasselbe taten. Über angebliche Schlampen und dass er in jedem Fall die größere von uns beiden sei, was für mich völlig okay gewesen sei. Bis er mich für eine gehalten hatte. Wie ungerecht ich es fand, dass es für Männer nicht mal ein adäquates Schimpfwort gäbe. Und dass ich diese ganze ungerechte Scheiße als Journalistin zum Thema machen würde. Ruben war eher still, schaute während meines Vortrags zu Boden und aus dem Fenster, nickte, fragte, ob ich seine verspätete Entschuldigung annehmen würde, (ja), lächelte, strahlte und bat um Erlaubnis, mich zu küssen, weil *»I think, I'm in love«*.

Es blieb beim Küssen, weil ich ohne schlechtes Gewissen zu meinem Freund zurückkehren wollte, und wir haben uns darauf geeinigt, dass wir uns vielleicht ein drittes Mal über den Weg laufen würden. Wenn das Schicksal es so wollte. Ich erinnere mich, wie ich mich am Ende des endlosen Hotelflurs umdrehte und Rubens Silhouette vor der Tür zu seinem Zimmer sah, wie er mir nachschaute.

The End. Unter dieser Szene hätte ein Abspann Platz gehabt. Als Zuschauerin würde ich mir die Frage stellen, was aus den beiden hätte werden können und wie solche Optionen, die das Leben uns immer mal in den Schoß wirft, zu verstehen sind. Was, wenn wir beide unser neu angefangenes Leben noch mal umgeschmissen hätten und einer zum anderen gezogen wäre? Ist Liebe am Ende doch eine Entscheidung und die fehlende Entschlossenheit zu einer Entscheidung ein Hinweis, dass das Gefühl allein nicht reicht? War diese Entscheidung eigentlich in uns angelegt, und dann überwog an einem bestimmten Zeitpunkt im Leben eben doch die Angst vor der eigenen Courage?

Die Sozialpsychologin Hazel Markus hat den Begriff der *»Possible Selves«*[3], »möglichen Selbste«, erfunden, in denen wir uns vorstellten, was wir werden könnten oder möchten, eine Mischung aus Erkenntnis, Emotion und Motivation. Lauter verschiedene Versionen unserer Identität, die wir im Wesen mit uns herumtrügen, die wir hoffen, denken oder fürchten zu werden. Sie böten einen Rahmen für das Verständnis des ge-

genwärtigen Selbst und seien Anreize für unser Verhalten in der Zukunft.[4]

Vielleicht war der Abschied vom möglichen Liebesselbst an der Seite von Ruben nach unserer ersten Begegnung der Anstoß, mich in eine ganz andere Richtung zu entwickeln. Denn ohne dass wir Kontakt hatten, kam Ruben interessanterweise fast zeitgleich auf die Idee, dass die Fliegerei ihn vielleicht langfristig nicht glücklich machen würde. Und er begann zu überlegen, was sonst noch aus ihm werden könnte.

Ich habe seit dieser Zeit großen Respekt vor zufälligen Begegnungen, denn es ist immer möglich, dass sie ein weiteres Selbst eröffnen.

Magic Mike

Trotzdem hatte ich noch eine lange Strecke vor mir. Und manchmal waren die Geschichten hinter dem nächsten Lernschritt sogar ziemlich lustig, wie bei einem gewissen Piloten, nennen wir ihn Mike, der bei einem morgendlichen Crew-Briefing im Türrahmen stehen blieb, nachdem er zu spät gekommen war. Mike füllte diesen Türrahmen mit seinem Körper komplett aus, während seine Bauchmuskeln den Eindruck erweckten, als könnten sie jederzeit ein paar Hemdknöpfe absprengen. Mike war sozusagen das Fleisch gewordene Klischee eines Kopiloten und so sehr ich mich heute dafür schäme: Er sah Sascha Hehn extrem ähnlich (»Das Traumschiff«, genau der …). Zu meiner Entschuldigung: Ich war sehr jung und ich war hin und weg. Beim Stopover im Süden ergab sich eine laue Nacht mit viel Wein aus der Karaffe. Vielleicht hätte ich damals bemerken können, dass die Kolleginnen an Bord leicht genervt reagierten auf den Start dieser kleinen Romanze. Die Choreografie kam ihnen wahrscheinlich bekannt vor.

Es folgten einige Wochen, in denen wir uns gegenseitig handschriftliche Nachrichten in unseren Dienstpostfächern hinterließen, und ich hatte schnell den Eindruck, dass Mike nicht nur als Pilot, sondern auch privat ziemlich ausgebucht war. Ich hatte natürlich größtes Verständnis dafür, dass er sich nach der Trennung von seiner Frau so oft wie möglich um die gemeinsame Tochter kümmern wollte, die noch klein war, und dass deshalb kaum Zeit blieb für ein Treffen zu zweit. Ich hielt durch, und die romantische Blase wurde immer größer.

Die Durststrecke wurde einmal unterbrochen, als wir uns irgendwo auf einem europäischen Flughafen über den Weg liefen und er mich an meinem Uniformblazer hinter eine Stellwand zog und schwindelig küsste. Mir ist klar, dass sich das liest wie eine Szene aus »Catch Me If You Can« mit Leonardo DiCaprio, aber ich schwöre, es hat sich genauso zugetragen. Auch das, was danach passierte, denn nach einem weiteren aufregenden Treffen bei einem gemeinsamen »Layover«, so hießen die Stopps mit Übernachtung tatsächlich, hagelte es romantische Versprechen, mit Tinte auf fliederfarbenem Briefpapier geschrieben. Unter anderem die Aussicht auf einen gemeinsamen Kurzurlaub.

Irgendwann hatte ich einen kleinen Stapel dieser Briefe zusammen, die ich wiederum mit einem fliederfarbenen Geschenkband umwickelte und in einem verschlossenen Fach meiner Diensthandtasche aufbewahrte.

Bis ich eines Abends einer gleichaltrigen schwedischen Kollegin gegenübersaß, die, wie so vieles in dieser Geschichte, dem Klischee einer ausgesprochen attraktiven Blondine entsprach und die mir schon bei der Arbeit in der Küche der Boeing 737 ganz aufgeregt erzählt hatte, dass sie kaum noch schlafen könne, weil sie so unglaublich verliebt sei.

Einige Stunden später trafen wir uns im Cafe des Crewhotels, und sie erzählte von dem großen, ebenfalls blonden Co-Piloten, der sich von seiner Frau getrennt hatte, um mit ihr zusammen zu sein, und leider wenig Zeit hatte wegen seiner kleinen Tochter, aber bald würden sie gemeinsam nach Stockholm fliegen, damit er ihre Eltern kennenlernen könne. Ich überlegte tatsächlich kurz, ob ich die Kollegin ihrer rosaroten Seifenblase überlassen und die Klappe halten sollte, hielt es aber nach ein paar grundsätzlichen Überlegungen zur Solidarität unter Frauen für angezeigt, das Ganze platzen zu lassen. Als ich sie fragte, ob sie über ihr Dienstpostfach vielleicht einige mit Tinte beschriebene fliederfarbene Briefchen gefunden habe, tat mir diese Entscheidung fast leid, weil ich zuschauen konnte, wie sie sehr blass wurde und Panik in ihr aufstieg.

Während sie noch nach ihrem Stapel wühlte, hatte ich meinen schon in der Hand und fing an vorzulesen.

Um die folgende Szene abzukürzen, reicht es vielleicht zu erzählen, dass wir zusammen eine Flasche Alkohol geleert haben, nachdem sie aufgehört hatte zu weinen. Wir haben gemeinsam Rachepläne geschmiedet – und nie umgesetzt. Zumal wir bei Weitem nicht die Einzigen waren, die auf »Magic Mike« hereingefallen waren, wie sich nach einigen Recherchen herausstellte, und natürlich war auch seine Frau, die von alldem nichts ahnte, zu Recht der Meinung, dass die beiden noch zusammen seien. Wie wir aus einer Frankfurter Vorortquelle erfuhren.

Ich habe meinen Fliederstapel noch bei einigen Crewabenden ausgepackt und Mike in der Geschichte anonymisiert, und hin und wieder war eine Kollegin dabei, die auffällig still wurde.

Mich hat es nicht so hart getroffen wie andere Kolleginnen, ich war bereits davon ausgegangen, dass seine Frau nichts gewusst hatte von einer Trennung … und machte mir auch nie Hoffnungen, dass aus unserer Liaison eine feste Beziehung würde. Eigentlich war ich sogar ganz happy mit diesem Arrangement, weil es genug Freiheit ließ für andere Optionen.

Für mich hätte Mike keine fliederfarbenen Illusionen abfeuern müssen, ich hätte mich auch ohne große Versprechen eingelassen, die angespannten Diensthemdknöpfe und das breite Lächeln waren mitreißend genug. Ich fand es im wörtlichen

Sinne abtörnend, dass er glaubte, mich und die Kolleginnen so manipulieren zu müssen, dass möglichst die ganz großen Gefühle entfacht wurden und manch eine sich schon vorm Altar mit ihm wähnte.

Wenn man es positiv betrachten will, haben ein paar junge Frauen einen großen Teil ihrer altersbedingten Naivität verloren, ich war auf jeden Fall endgültig meinen Landeiflaum losgeworden. Und ohne es zu wollen, hatte Mikes Romantikoffensive so etwas wie Solidarität, aber zumindest eine größere Verbundenheit unter Kolleginnen, mit sich gebracht. Viele von uns nutzten fortan jede Crewfreizeit, um die Geschichte mit den Fliederbriefen möglichst breit zu streuen, damit andere gewarnt waren.

Ich denke ohne Groll an Mike zurück und bin sogar etwas dankbar für eine der lustigsten Anekdoten meiner Fliegerinnenzeit, #kannsteDirnichtausdenken, mit der ich bis heute manche Dinner- oder Frauenrunde zum Kichern bringe. Was nicht auf alle meine kleinen und großen Liebesgeschichten zutrifft.

Fifty Shades of Men

Ich habe es oft zugelassen, kontrolliert zu werden – unter anderem, weil ich es von zu Hause gewohnt war, diese Art von übergriffiger Fürsorge und Einmischung als Liebesbeweis zu betrachten. Da versuchte jemand, mir zu zeigen, wer ich bin, dachte ich. Was ich nicht merkte, war, dass diese vermeintliche Spiegelung immer mit einer Abwertung einherging und dass diese Männer nie wirklich etwas von sich selbst preisgaben.

Rückblickend gab es eher wenige Männer, die gar keine Ambitionen zeigten, mich in irgendeiner Art und Weise zu kontrollieren, zu verändern, zu bewerten oder mit mir in Konkurrenz zu gehen. Vielleicht weil sie sich ihrer selbst nicht sicher waren. Möglicherweise liegt es an meiner Alterskohorte? Eventuell gab es auch ein paar »issues« mit der Mutter, die sie an mir abarbeiten wollten? Gleichzeitig gehört es auch zu den typisch weiblichen Prägungen, immer gleich eine Erklärung mitliefern zu müssen, wenn einer sich offensichtlich scheiße benimmt.

Eigentlich soll es hier aber um die gehen, die achtsam, wirklich interessiert und liebevoll waren. Und die ich leider wieder wegschicken musste, wahrscheinlich, weil ich nicht erkannt werden wollte. Noch nicht.

Erst Jahre später fielen mir die kleinen Szenen oder Sätze ein, die trotzdem hängen geblieben sind, weil sie offenbaren, dass mich jemand tief erkannt und verstanden hat. Auch in meiner Unfähigkeit, vorbehaltlos zu fühlen und wirklich aufzumachen.

Es gab Max, der meine rätselhaften Albträume sanft zu analysieren wusste. Ich hätte nur noch hinschauen müssen, aber ich war noch nicht so weit.

Daniel war Mitstreiter in einem Psychoseminar und hat von Weitem gesehen, wie sehr ich mit meinen Familiengeschichten zu kämpfen hatte und warum. Und dass wir beide ein ähnliches Problem hatten. Aber das Seminar an sich war mir schon zu viel – ganz zu schweigen von einem Menschen, der mich in dieser Auflösung gesehen hatte.

Einem etwas älteren Ingenieur in Kuala Lumpur bin ich nicht nur sprichwörtlich in die Arme gefallen, als ich in einer Bar nach ein paar Cocktails auf dem Tresen weitergetanzt habe statt auf der Tanzfläche. Beim Versuch einer Drehung ging ein Bein ins Leere, und ich verlor das Gleichgewicht. Johannes hat blitzschnell die Arme ausgebreitet, ich bin weich aufgeschlagen und für den Rest des Abends einfach dort sitzen geblieben. Auf seinem Schoß. In dem folgenden Gespräch hat er keinen einzigen Move gemacht, wir haben nur geredet. Darüber, warum und wie ein Leben aus dem Gleichgewicht geraten kann, über das Gefühl der Verlorenheit und über seltsame Heimatgefühle in einer ganz fremden Umgebung. Johannes war als Expatriate für ein Unternehmen in Malaysia stationiert, und im Jahr nach unserem Kennenlernen habe ich immer wieder Dienstflüge dorthin »requested«, wie es in der Fliegersprache heißt. Wir haben uns in Bangkok oder Kuala Lumpur getroffen, und am Ende dieser wunderbaren Zeit erzählte er von einem Haus in Tirol und dass er Sehnsucht spüre, bei jemandem »anzukommen«. Damit war ich raus. Ich fürchte, ich habe ihn damals, sehr unerwachsen, geghostet, und ich möchte mich auf diesem Weg unbedingt entschuldigen …

Und es gab Philipp, in seinem Einzimmerapartment, nicht weit von Sacre Cœur, von wo aus wir die Stadt erobert oder wohin wir uns verkrochen haben, je nach Stimmung. Philipp war genauso alt, aber in einigen Aspekten auch sehr viel erwachsener als ich und hat vorausgesehen, dass die Fliegerei mich irgendwann unglücklich machen würde. Bei unserem letzten Treffen, ich war für ein »Layover« in Paris, hat er mir Ultraschallbilder seines ersten Kindes gezeigt, und wir haben gelacht und geweint.

Love Fomo

Aus heutiger Perspektive erscheinen mir mein jahrelanger Flightroadtrip und die ganzen 20er vergleichsweise abenteuerlich, riskant und aufregend, aber auch ungesteuert. So, wie es sich eben anfühlt, wenn man einfach mit dem Flow geht und das Privileg junger Jahre nutzt, nicht weiter als bis zum nächsten Monat zu planen. Gleichzeitig lässt sich aus meinen Eskapaden natürlich ebenso viel Desorientierung und Einsamkeit herauslesen, wenn man will. In meinen Augen ist es kein Paradox, dass beides zutrifft. Der Hunger nach Leben und neuen Impulsen und intellektuellen oder spirituellen Herausforderungen mündete auch einfach mal in einer kleinen Affäre. Manchmal ging es auch nur darum, nicht allein zu schlafen. Eigentlich nicht mal der schlechteste Grund, jemandem nah sein zu wollen. Wie ich damals schon gelernt habe, sagt es etwas aus, wenn man neben einem Menschen ruhig schlafen kann. Ein geteiltes Bett setzt manchmal mehr Intimität und Geborgenheit voraus als Sex. (Es sagt auch etwas aus, wenn man neben jemandem nicht mehr gut schlafen kann. Aber das Thema »getrennte Betten« gehört nun wirklich an das Ende dieses Kapitels.)

Ich habe die »wilden 20er« gebraucht, um mich von ein paar Glaubenssätzen aus den ersten 20 Jahren meines Lebens zu befreien und mich besser kennenzulernen. Selbstverständlich ist das ein Prozess, der bis heute andauert, aber ich bin für diese Zeit besonders dankbar, weil ich durch das Erlebte auch zukünftig nie auf die Idee kommen würde, irgendetwas verpasst zu haben oder nachholen zu müssen. Im Gegensatz zu vielen Menschen Ü-40, bei denen ich manchmal Zeugin werde, wie sich dieses aufgestaute und ausgedehnte Bedürfnis nach ungelebtem Leben auf herabwürdigende Weise Bahn bricht.

Es ist nicht so, dass ich die FOMO, die *Fear of missing out*, nicht kennen würde, aber diese Angst bezieht sich auf andere Aspekte der letzten 40 Jahre, nicht auf mein Liebesleben.

Mit keinem der wunderbaren Männer aus dieser Zeit konnte oder wollte ich mir eine gemeinsame Zukunft vorstellen oder sie sich nicht mit mir, und vielleicht haben sie gerade deshalb mein inneres Leben bereichert, weil sie alle meine verschiedenen Ichs zu einem bestimmten Zeitpunkt meines Lebens gespiegelt haben – mit 16 oder 20 oder 30.

Vielleicht sind alle meine Ichs in verschiedenen Paralleluniversen an der Seite dieser Männer verblieben und ich habe mich dort zu einer Tiroler Bio-Bäuerin oder zur Regisseurin und

Mutter von vier französischen Kindern oder zu einem weiblichen Selbsterfahrungsguru entwickelt? (Letzteres habe ich immer noch auf meiner To-do-Liste. Ü60 wäre ich dafür genau im richtigen Alter, oder?)

Natürlich handelt es sich bei den kurzen Einblicken in vergangene Liebschaften um eine einseitige Sicht, und möglicherweise würden die jeweiligen Männer etwas ganz anderes erzählen. Am liebsten würde ich sie alle ausfindig machen, um zu erfahren, wie sie sich an unsere Begegnung erinnern, was für ein Mensch ich in ihren Augen damals war und/oder ob sie mich vielleicht verfluchen. Vielleicht können wir von denen, die wir mal geliebt haben, am meisten lernen über uns selbst?

In jedem Fall wäre ich jetzt im richtigen Alter für einen solchen Reality-Check – neugierig, aber auf alles gefasst. Da ich jedoch bei vielen nicht einmal den Nachnamen weiß, möchte ich auf das Experiment einer Kollegin verweisen, die mir zuvorgekommen ist. Und die mit ihrem Buch zeigt, dass die Konfrontation mit ehemaligen Leben und Lieben helfen kann, sich mit sich selbst zu versöhnen.

Lernen vom Ex

Die Autorin Katja Lewina hat aus dem Pool ihrer Ex-Beziehungen zehn Männer ausgewählt und nach langer Zeit ein Treffen initiiert, um sich von ihnen erklären zu lassen, wer sie damals war und was aus ihrer Sicht schiefgelaufen ist. Mit manchen dieser Männer herrschte 20 Jahre Funkstille, bei einem war die Verletzung so präsent wie damals, und er wollte gar nicht mit ihr sprechen, und ein anderer ist inzwischen wieder Teil ihres Lebens. Aus diesen zehn Geschichten ist ein Buch geworden mit dem schlichten Titel: »EX«, und allein die Recherche dazu war für Katja »besser als jede Therapie. Ich bin besser geworden. Das, was so tief in mir klingt, ist die unmittelbare Erfahrung, mich den Menschen gestellt zu haben, die ich verletzt habe und die mich verletzt haben. (…) Wir haben alle aufgeatmet (…) Wir alle fühlten wieder Wohlwollen füreinander.«[5]

In der Folge »Date mit dem Ex« in meinem Podcast »Lisas Paarschitt« erwähnt Katja den schicksalhaften Startschuss zu ihrem Experiment. Kurz zuvor hatte sie erfahren, dass sie an einer unheilbaren und genetisch bedingten Herzerkrankung leidet, die jederzeit Herzrhythmusstörungen auslösen kann – und im schlimmsten Fall einen plötzlichen Herztod, seitdem lebt sie mit einem Defibrillator, Lebenserwartung ungewiss. Die Herzdiagnose brachte Katja dazu, näher an ihre eigene Geschichte heranzurücken, sie hatte damals gerade Liebeskummer, eine Beziehung war zu Ende gegangen, sie war Mitte 30 und fragte sich, warum sie es nicht »hinkriegt, mit der Liebe«.

Nach vielen Jahren traf sie Paolo, einen ihrer Ex-Freunde, und beide stellten im Gespräch fest, dass jede und jeder sich selbst eine komplett andere Geschichte über die gemeinsame Zeit erzählt haben und auch über die jeweils andere Person. Für Katja ein Schlüsselerlebnis: »Ich dachte, wenn ich das jetzt auch mit den anderen mache – was kann ich dann alles über mich selbst und über mein Beziehungsverhalten lernen, das mir weiterhelfen könnte?«

In jedem ihrer geliebten Männer hatte Katja einen hingebungsvollen Begleiter, der ihr sanft über die nächste Schwelle im Leben geholfen hat, und folgerichtig war die Beziehung vorbei, sobald ein nächster Entwicklungsschritt vollzogen war. Mit Ausnahme von zwei Männern.

Heute ist Paolo an ihre Seite, Klappe, die Zweite, als Geliebter und Partner, neben ihrem Mann Julius. Katja wechselt zwischen beiden Welten hin und her, zwischen Familienleben mit Kindern und dem Paarleben mit Paolo. Und wenn es eine

Schulveranstaltung gibt, kommt vielleicht auch noch Max dazu, der Vater ihres ersten Kindes.

Für viele Menschen wäre das mindestens ein Mann zu viel, für Katja fühlt sich dieses Lebensmodell genau richtig an, und sie glaubt, dass es in Zukunft immer mehr Familien geben wird wie ihre.

Jeder hat schon davon gehört, dass es eines ganzen Dorfes bedarf, um ein Kind großzuziehen. Wahrscheinlich gilt dasselbe für die Liebe, wenn ihr Sinn sein soll, einen Menschen in seiner ganzen Größe aufleuchten zu lassen – mit allen bunten und tiefen Facetten, und jede von ihnen wird von einem anderen Menschen zum Schwingen gebracht.

»Vielleicht braucht es gar nicht die eine große Liebe«, schreibt Katja Lewina, »vielleicht reichen viele kleine, die uns auf unserem Weg begleiten, Stück um Stück.«[6]

Alle möglichen Lieben und warum eine nicht (annähernd) alles kann

Ich bin meist möglichst früh am Flughafen, wenn ich jemanden abholen soll. Es gibt so viel zu sehen. Vor allem Liebe. Das größte Improvisationstheater der Welt öffnet jeden Tag seine Türen, 24/7, in der Ankunftsebene eines jeden Flughafens weltweit stehen Tag und Nacht Dutzende von wechselnden Menschentrauben, die darauf warten, dass die automatischen Schiebetüren einen bestimmten Menschen freigeben. Weder Ankommende noch Abholende sind Teil der beiden Menschenmengen vor und hinter den Türen, sie gehören einander in unterschiedlichen Paarungen und sind unsichtbar verbunden, suchen und finden sich in der Menge – Kinder die Eltern, Familien die Großeltern, Brüder die Schwestern und umgekehrt, Verliebte den oder die Geliebte, Freund:innen die Freund:innen, und je öfter die Köpfe bei jedem Sesam-öffne-dich herumfliegen und ein gebräunter, gewachsener, reiferer, befreiter oder gebeutelter, irgendwie veränderter Lieblingsmensch auftaucht, desto größer die Aufregung.

Wie oft ist noch der coolste Teenager plötzlich überwältigt, weil mit der Wiedersehensfreude auch das Heimweh und das Fernweh in einem herzzerreißenden Gefühlsüberschwang verschmelzen?

Manche liegen sich länger in den Armen, als sie es womöglich in den Jahren zuvor jemals getan haben, andere schauen sich nur strahlend an und werden ganz still, oder sie müssen wegschauen, weil sie die Intensität des Gefühls nicht aushalten. Bei kleinen Kindern löst sich manchmal so viel Anspannung und zurückgehaltenes Gefühl, dass sie weinend zusammensinken, sobald Mama oder Papa in Sichtweite sind und bevor jemand sie auf den Arm nehmen kann.

In diesen Millionen von emotionsgeladenen Szenen zeigen sich alle Facetten und Untiefen der Liebe, zusammengeschnurrt auf einen Augenblick. Von der Ungeduld, der Ambivalenz, der Verspieltheit über die Sehnsucht, und manchmal über viele Verletzungen hinweg, bis zur tiefen Verbindung. Und natürlich ist auch das Unglück vor Ort. Unübersehbar an einem Lächeln mit zusammengepresstem Kiefer, dem mechanischen Abklopfen der Schulter in der Hoffnung, der oder die andere möge schnell wieder loslassen. An der abwesenden Vorfreude und der mühsam überspielten Trauer, der emotionalen Erschöpfung, der passiven Aggression. Das alles findet nebeneinander statt, minutenlange Clips aus den diversen Gefühlswelten.

Diese Begegnungen erinnern mich daran, wie viele verschiedenste Beziehungen auf Liebe gründen, und ich frage mich, warum in den meisten Erzählungen und Filmen in unserer ganzen Kultur nur die eine Variante im Mittelpunkt steht.

Bei einem Telefonat mit einer langjährigen Freundin erkundigte ich mich unter anderem, wie es bei ihr mit der Liebe aussähe, und bekam eine Antwort, die später nachklang: »Es gibt zurzeit keine Liebe in meinem Leben.« Gemeint war natürlich, dass es gerade keinen Mann an ihrer Seite gab, ich hatte sie schon richtig verstanden. Trotzdem musste ich darüber nachdenken, dass wir uns schon rund 30 Jahre kannten, dass wir bei der anderen jede Achterbahn miterlebt hatten: Verliebtheiten und Trennungen, neue und verlorene Jobs, Fehlgeburt und Schwangerschaft. In der ganzen Zeit waren einige Lieben in unser jeweiliges Leben getreten und wieder verschwunden, während wir uns nie aus den Augen verloren und oft Händchen gehalten haben. Man könnte bei dieser Freundschaft von einer Liebesbeziehung sprechen. Minus Erotik. Vielleicht als Ergänzung zur Freundschaft plus – die Liebesbeziehung minus? Ich könnte mir vorstellen, irgendwann für eine Alten-Wohngemeinschaft um ihre Hand anzuhalten. Wie kommt sie darauf, dass es in ihrem Leben keine Liebe gäbe?

Die meisten Menschen in der westlichen Welt sind fest davon überzeugt, dass nur die eine romantische Liebe durchs Leben tragen kann. Auch wenn jetzt zumindest in Deutschland der Weg frei gemacht wurde für eine sogenannte Verantwortungsgemeinschaft. Der Glaube an die eine Liebe, vielleicht auch zwei oder drei hintereinander, in serieller Monogamie, bis zum Ende, hält sich beharrlich. Unabhängig davon, wie reflektiert, lebenserfahren, klug und finanziell unabhängig eine Freundin sein mag, die Diskussionen über alternative Lebens- oder Liebesmodelle enden beispielhaft mit einem Argument, das jede Überlegung unter Zuckerguss erstickt: »Du schaust doch auch gern diese romantischen Komödien mit Happy End, oder?« Erwischt.

Ich schaue diese Filme bevorzugt mit anderen Frauen oder mit meiner Tochter und lasse mich sehr gern einen Abend lang von der Beseeltheit einer beginnenden Liebe mitreißen. Wobei die Schwärmerei ja nicht mehr dem Hauptdarsteller gilt, wie in meinen Teenagertagen, sondern meiner eigenen melancholischen Sehnsucht, die gar keinen konkreten Menschen als Ziel hat. Vielmehr den Wunsch, gesehen, gespiegelt und umsorgt zu werden. Und einem Gegenüber dasselbe geben zu können.

An vielen anderen Abenden denke ich deshalb darüber nach, was passiert, gelingt oder schiefgeht, wenn der Abspann vorbei ist. Und wie viele dieser Lieben nach dem Abspann allein schon an dem Anspruch scheitern, der ihnen von unserer Kultur übergestülpt wird. Jahrhundertelang galt die Ehe als eine ökonomische Institution, eine eher unromantische, aber stabile Kameradschaft fürs Leben, die die Fortpflanzung und einen bestimmten sozialen Status sichern sollte. In den Grundzügen ist sie das bis heute, eine Wirtschaftsgemeinschaft, aber der Überbau ist gewaltig gewachsen.

Die weltweit bekannteste Psychotherapeutin Esther Perel umschreibt die romantische Überforderung mit einem Bombardement aus idealisierten, widersprüchlichen Anforderungen, die aus diesem Überbau erwachsen und die ich um ein paar Zitate aus den Gesprächen mit den Frauen meiner Generation ergänze: *Sei mein bester Freund, mein Vertrauter, mein Seelenverwandter, mein leidenschaftlicher Geliebter. Sei bitte geheimnisvoll, aber auch authentisch, gib mir das Gefühl von Zugehörigkeit, gib mir meine Identität, einen festen Platz in deinem Leben, aber sei nicht ständig um mich, gib mir Kontinuität, sei verlässlich und berechenbar, aber überrasche mich. Sei verführerisch und charmant, aber nicht für andere Frauen. Gib mir eine Heimat, aber auch Abenteuer, sei gemütlich, sei durchtrainiert, sei gepflegt, stylish, elegant und/oder sportlich, aber nicht zu eitel, sei präsent, sei unterhaltsam und lustig, aber bitte keine Rampensau. Begeistere meine Freund:innen und meine Verwandtschaft für dich, aber nimm mir nicht die Sonne.*

Und all das unter Umständen für die nächsten 50 bis 60 Jahre, denn wir werden im Schnitt ja immer älter.

Eine wahnwitzige Illusion, blöderweise eine weitverbreitete. Ich behaupte, dass es die Zahl glücklicher, zumindest zufriedener und entspannter Menschen bzw. Paare deutlich erhöhen würde, wenn all diese herausfordernden Aufgaben auf – sagen wir – rund ein Dutzend kluge oder lustige oder mutige Menschen verteilt würden, die eine bedeutende Rolle in unserem Leben spielen. Könnten. Unser:e Lebensgefährt:in und Sexualpartner:in wäre dann entlastet, um sich ganz auf das zu konzentrieren, was er oder sie am besten kann. Er oder sie selbst zu sein, den eigenen Passionen und Potenzialen nachzugehen. Denn das wäre auch die ideale Ausgangsposition, um ausgeglichen und zufrieden durchs Leben zu gehen. Was uns wiederum zu idealen Lebensgefährt:innen macht, die Ressourcen haben für die Wahrnehmung, die Bedürfnisse und Probleme des:der anderen. Die ausreichend stabil sind, um dem:der anderen auch mal in die stillen und dunklen Ecken zu folgen, in die das Leben uns immer mal wieder schubst.

Es ist genau dieses Ganz-bei-sich-, In-seinem-Element-Sein, das den Partner oder die Partnerin, aber auch einen neuen Menschen anziehend macht.

Esther Perel hat Tausende von Männern und Frauen in vielen verschiedenen Ländern befragt, in welchen Momenten sie sich am meisten zum Partner oder der Partnerin hingezogen fühlen. Die Antworten glichen sich:

Wenn er unterwegs ist, wenn wir uns nach einer Reise wiedersehen, wenn sie auf der Bühne ist, wenn sie etwas tut, wofür sie brennt, wenn ich ihn bei einer Party von Weitem beobachte, um ihn herum Menschen, die ihm zuhören, wenn sie in ihre Arbeit vertieft ist, wenn er im Studio arbeitet, wenn sie einen Vortrag hält.[7]

In allen geschilderten Momenten begegnet oder beobachtet der oder die Liebende den Partner oder die Partnerin aus der Distanz, die es manchmal braucht, um den anderen und die andere in seiner oder ihrer Einzigartigkeit (wieder-)erkennen und genießen zu können. Was auch wieder eine erotisierende Perspektive möglich machen könnte, die im Alltag oft hinter Wäsche- und Windelhaufen verschwindet. Es scheint paradox, aber gerade durch die erzwungene Nähe, den ständigen Kontakt in einer Familie, passiert es, dass wir die:den andere:n aus dem Blick verlieren.

Auf der anderen Seite haben wir ein größeres Bedürfnis, uns zurückzuziehen, wenn alle anderen ständig etwas von uns wollen. Wir gehen innerlich auf Abstand, um unsere Bedürfnisse abzugrenzen und unsere Identität zu wahren, um uns selbst treu bleiben zu können. Von dort müssen die anderen uns zurückerobern.

Der Abstand durch verschiedene Jobs, Bücher, Freund:innen, getrennte Freizeit und getrenntes Reisen lässt Raum für Mysteriöses, Interpretationen, ein wenig neue Faszination für einen vertrauten Menschen. Nur wenn der oder die andere von uns abrückt und ohne uns etwas erlebt, gestehen wir ihm oder ihr auch zu, sich zu verändern, und können die Veränderung überhaupt erst wahrnehmen. Das Gegenüber loszulassen, birgt gleichzeitig das Risiko und die Chance, dass wir beim Wiedersehen ein Stück aufregende Fremdheit zurückbekommen.

Die Intensität der Wiederbegegnungen am Flughafen lässt ahnen, wie groß die Sehnsucht war. Und damit verbunden das Gefühl der Unsicherheit. Wird uns derselbe Mensch begegnen, der uns vorher geliebt hat? Hat die Entfernung das Gefühl infrage gestellt?

Jede Unsicherheit bringt eine gewisse Verletzlichkeit mit sich und damit die Bereitschaft, sich zu öffnen, sich zu zeigen – die Voraussetzung für Intimität.

Aber ohne jedes Geheimnis ist Intimität nur eine Form der Nacktheit. Das klingt kompliziert, kann aber ganz einfach sein, wenn man den Gedanken zulässt, dass in der Liebe auch immer das Gegenteil von allem wahr ist.

In diesem Sinne muss sich manches Paar erst trennen, um wieder zueinanderzufinden …

Verliebt, verlobt, verheiratet, getrennt, nicht entliebt, weiter verheiratet?

Es gibt nicht wenige Paare in meinem Bekanntenkreis, die schon als Teenager oder im Studium zusammen waren. Und es bis heute »geschafft« haben. In meinem Umfeld ist das Verhältnis von »immer noch zusammen« versus »getrennt«, »neu liiert«, »solo« allerdings eher bei 30 zu 70 – das liegt wahrscheinlich an der urbanen Blase. Deshalb sind die Langzeitehen bei Dinnereinladungen oder Partys manchmal in der Minderheit, während ich bei einem Besuch in der Heimat zum Beispiel die Exotin bin.

Auf den ersten silbernen Hochzeiten habe ich Paare gesehen, die tief verbunden sind, souverän und liebevoll miteinander umgehen, entspannt herumalbern – dafür aber auch lange Durststrecken und irgendwelche Katastrophen hinter sich gebracht hatten. Die vordergründige Leichtigkeit Ü-50 ist oft hart erarbeitet.

Und dann gibt es die Paare, die in einem frühen Stadium, manchmal schon nach der Kleinkindzeit der Kinder, eingefroren sind und sich selbst dafür verachten, dass sie sich nicht trauen zu gehen. Bei denen aus dem Einschlafritual mit Kleinkindern ein willkommenes Alibi wurde, für immer aus dem Ehebett zu fliehen. Die gern Leute einladen, um nicht zu zweit sein zu müssen. Die alles besprechen, Versicherungen und

Fahrradhelm-Testsieger, Zinsen und Inflation, Schulnoten und Google-Bewertungen und mit Vorliebe andere Menschen und Paare, bei denen sie immer einen Fehler finden: zu blöd, zu laut, zu spießig, zu erfolglos, zu ungebildet, zu dick, die idiotischsten Jobs, den falschen Humor, zu wenig Geld, seltsame Verwandte. Und die ihnen deswegen sogar leidtun. Gemeinsames Naserümpfen über andere verbindet und hat den Nebeneffekt, dass es das eigene Leben aufwertet, ohne auf den Zustand der eigenen Beziehung schauen zu müssen. Darüber sprechen diese Paare selten bis nie.

Wieder andere Paare machen nichts anderes, als über ihre Beziehung zu sprechen, und streiten sich so brutal und ausdauernd, dass selbst die eigenen Kinder zur Trennung raten oder mindestens einer oder eine von beiden angesichts des Dauerstresses ernsthaft krank wird. Die Auseinandersetzungen dieser hochstrittigen Paare sind davon geprägt, dass Bedürfnisse und Wünsche nicht einfach angemeldet oder angesprochen, sondern gleich aggressiv verteidigt werden in der Annahme, dass der oder die andere sowieso nicht darauf reagieren wird. Weil einer oder beide in ihrer Kindheit so oft emotional vernachlässigt oder übergangen wurden, dass sie beim leisen, meist unbewussten Verdacht, dieser Schmerz könne sich wiederholen, mit Kanonen auf Spatzen schießen. In der enttäuschten Hoffnung, der oder die andere könnte doch auch einfach so wissen, was wir brauchen oder was uns verletzt, ohne dass wir es artikulieren müssen, fallen viele in die Gefühlswelt des Kindes zurück und zeigen ihrem Partner oder ihrer Partnerin jetzt die ganze Wut über das Versagen der Eltern. Leider ist der andere der falsche Adressat, und hier schließt sich der Teufelskreis, denn um dem anderen zu zeigen, was sich seit Kindertagen in uns versteckt, müssen wir uns sicher und geborgen fühlen. Passive Aggressivität, Sarkasmus, Dauerkritik oder Geschrei schaffen keine Umgebung, in der sich irgendjemand geborgen fühlt. Menschen, die in solchen Konstellationen zusammenbleiben, haben oft vergessen, dass Beziehungen nicht etwa den vorrangigen Zweck haben, Schmerz auszuhalten. Tragischerweise fühlen wir uns in selbst gebauten Ehegefängnissen auch ohne Geborgenheit erstaunlich lange zu Hause, solange wir keinen Vergleich haben. Wer nicht weiß, wie sich Zugewandtheit und Vertrauen anfühlen oder liebevolle Zärtlichkeiten im Alltag, kann auch nichts vermissen.

In Simones Ehe gab es mehr Sex als Turteleien, ihr Mann sei nie besonders kuschelig gewesen, sagt sie, außer am Anfang der Beziehung (wem kommt das bekannt vor?), damit konnte sie leben. Das größere Problem war vielleicht, dass es nie Streit gab, aber das ist ihr erst rückblickend klar geworden.

Inzwischen gehören sie und ihr Mann zur ersten Kategorie der Paare, die sich ihre Silberhochzeit hart erkämpft haben. Mit einer Trennung. Was davor und danach geschah, passt einerseits auf die Schablone von Millionen Paaren, die sich jung kennenlernen, früh committen, Kinder bekommen, ein eigenes Zuhause schaffen und nie wieder etwas infrage stellen. Bis sie müssen. Andererseits fällt die Geschichte der beiden in ihrem Verlauf aus jedem Rahmen, denn die Zahl der Paare, die nach einer langjährigen Trennung wieder zusammenfinden, bewegt sich wahrscheinlich im Promillebereich. Und selbst die beiden Betroffenen hätten diese Entwicklung für undenkbar gehalten.

Womit ich auf keinen Fall eine Trennung als Maßnahme zur Rettung einer Beziehung promoten möchte, aber vielleicht ist die immer mal wieder diskutierte Idee eines befristeten Eheversprechens, das man nach sieben Jahren erneuern muss, ein gutes Modell, um vorzubeugen? Weil es manchmal unmöglich ist, sich miteinander oder nebeneinander weiterzuentwickeln. Es muss ein klarer Cut her. Aber auch das war Simone erst im Rückblick klar.

Simone

Rückblickend ist es erwähnenswert, dass es in dieser Beziehung nie die typischen deutschen Einkommensunterschiede zwischen Mann und Frau gab. Beide sind beruflich immer am Ball geblieben, haben sich weitergebildet und haben dann wieder dem oder der anderen den Vortritt gelassen, immer abwechselnd.

Aber trotz finanzieller Augenhöhe zog sich Simone auf ein Rollenbild zurück, das sie wiederum aus ihrer Herkunftsfamilie mitgebracht hatte und von dem sie glaubte, dass es ihre eigene Ehe stabilisieren würde: »Ich habe mich im Laufe der Ehe verändert. Ich wollte eine gute Frau sein und eine gute Ehefrau. Ich bin mit Brüdern aufgewachsen und habe früh gelernt, wie Jungs oder Männer ticken, dass sie Rumgezicke hassen wie die Pest, und mein Mann ist da genauso. Er konnte es überhaupt nicht leiden, wenn es Streit gab oder mal lauter wurde. Also habe ich auch Ja gesagt, wenn es mir überhaupt nicht gepasst hat. Und das kam recht häufig vor. Ich glaube, in der Zeit bin ich mir selbst ein wenig verloren gegangen. Von meiner Seite war die Anpassungsbereitschaft deutlich höher, zu hoch. Meine Psychotherapeutin hat mir später einmal erklärt, dass sich das für den Partner auch nicht gut anfühlt, wenn es nie Streit gibt. Das ist wie eine Wand, die immer zurückweicht.

Vielleicht hatte es etwas damit zu tun, dass sie ihre selbst gewählte Machtlosigkeit irgendwie ausgleichen wollte, denn auf ihren Dienstreisen, weit weg von der Familie, hat sich Simone irgendwann fremdverliebt, in einen Arbeitskollegen.

»Mein Mann war nie wahnsinnig überschwänglich mit seinen Gefühlen«, sagt Simone heute, »deshalb war ich damals wohl auch empfänglich für ein bisschen Romantik und mehr Beachtung. Und ein wenig Abenteuerlust war auch dabei.«

Zum ersten und einzigen Mal hatten sie richtig Krach und viele Diskussionen, mit dem Erfolg, dass ihre Affäre vorbei war, bevor sie richtig angefangen hatte. Anders als bei ihrem Mann, der sich Jahre später aktiv nach einer anderen umschaute. Ausgerechnet – oder bezeichnenderweise? – in einer Zeit, in der er in eine berufliche Krise schlitterte, wegen Rückenproblemen pausieren musste und viel zu Hause war. Zu viel. »Ich glaube, ihm fehlte die Bestätigung. Das war eine Art Midlife-Crisis.«

Es fiel ihr auf, dass er immer mehr an ihr herummeckerte – Gewicht, Klamotten – und sich gleichzeitig sexuell zurückzog. Trotzdem wäre sie nie im Leben auf eine andere Frau gekommen, weil er eigentlich nur tagsüber Zeit hatte, wenn die Kinder in der Schule waren. Ihr Mann hatte eine Art »Mittagsaffäre« gestartet, mit einer Frau in einer benachbarten Kleinstadt. Spätestens für die Hausaufgaben war er wieder brav zu Hause, monatelang ging das so.

All das erfuhr Simone aber nicht von ihrem Mann, sondern von der anderen, bei der sie irgendwann vor der Tür stand, um zu erfahren, woran sie war. Mit einem Blumenstrauß.

»Ich habe die Schuld nicht bei dieser Frau gesucht, sondern bei meinem Mann und auch bei mir, in unserer Beziehung. Er hat sich verliebt, so etwas passiert. Und ich wusste, wenn mein Mann sich in sie verliebt hat, muss es eine tolle Frau sein, weil mein Mann ein toller Mann ist.«

Er machte mit der Affäre Schluss. Die beiden blieben zusammen, genau genommen lebten sie unter einem Dach, nebeneinanderher.

Paartherapeuten raten in so einer Situation dazu, sich bewusst für einen Neuanfang zu entscheiden, langsam und vorsichtig wieder Vertrauen aufzubauen, indem der Fremdgeher seiner Partnerin ganz viel Zuwendung und Aufmerksamkeit schenkt, die Wut und die Eifersucht aushält, immer wieder um Verzeihung bittet – kurzum, dass er zu Kreuze kriecht. Nichts davon ist passiert. Stattdessen musste Simone ihrem Mann beim Trauern zuschauen, und während er sich erholte, kam Simone emotional nicht mehr auf die Füße. Drei Jahre nach der Affäre hatte sie genug Kraft gesammelt, um zu gehen, zog allein in eine andere Stadt, immer in der Hoffnung, dass er vielleicht doch noch anfangen würde zu kämpfen.

»Ich habe ihn nicht verlassen, weil er eine andere hatte, sondern weil wir es in den drei Jahren danach nicht geschafft haben, wieder ein Paar zu werden.«

Sie hatte Sorgen, dass die Kinder es schwer nehmen würden, aber der Kommentar ihres Sohnes war unerwartet: »Ich hab mich schon gewundert, Mama, wie lange du dir das noch gefallen lassen willst.«

Zwei Wochen danach war ihr Mann wieder mit seiner Affäre zusammen. Simone suchte nicht nach einem anderen, und dann lief ihr doch einer über den Weg, und sie dachte: *Ich bin ja Single, warum nicht?* Der Neue war alberner als ihr Mann, sehr leidenschaftlich und zugewandt, aber auch unbeständig in seinen Gefühlen. Es folgte eine zweijährige On-and-off-Beziehung, die ihr irgendwann zu anstrengend wurde. Und genau in dieser Phase schlug ihr Mann eine Paarberatung vor, »als hätte er es gerochen«, stand plötzlich bei ihr vor der Tür, so wie ihr Lover, der sie ebenfalls zurückhaben wollte, und es kam zu einer Art Showdown wie in einer albernen Komödie. Und wie in so einer Komödie üblich, drehten alle Beteiligten eine weitere Schleife, sie mit ihrer On-and-off-Beziehung, er mit seiner Affäre. Die beiden blieben verheiratet, sahen sich aber nur bei Familienfesten. Eines Tages nahm ihr Mann erneut Anlauf und begann damit, ihr Briefe zu schreiben.

Schöne, lange Briefe, in denen er sich langsam annäherte und die sie berührten: »Ich hatte das Gefühl, dass er mich endlich wieder sieht. Als eigenständige Person, die selbst entscheidet und auch Nein sagen kann.« Zum ersten Mal ließ sie ihn eine ganze Weile im Ungewissen, ob sie ihm eine weitere Chance geben würde. Die respektvolle Distanz tat ihr gut.

Irgendwann ließ sie sich auf ein gemeinsames Wochenende ein, dann auf einen Urlaub zu zweit. Sie einigten sich, dass jeweils einer abwechselnd die Führung für einen Urlaubstag übernehmen und der andere folgen sollte. Es war so, als würden sie ein neues Modell ausprobieren für den Rest der gemeinsamen Jahre.

Mit diesem Neustart nach der Trennung, dieser zweiten Ehe, hat sich die Beziehung sehr verändert.

»Diese vier Jahre Trennung waren für mich enorm wichtig, um meinen Selbstwert wiederzufinden. Auch, um meine eigene Sexualität zu entwickeln. Ich weiß jetzt, dass es ›da draußen‹ noch andere tolle Männer gibt. Und mein Mann auch …«

Simone und ihr Mann haben eine Antwort gefunden auf eine Frage, die so alt ist wie die Liebe: Wie können wir wollen, was wir bereits haben?

Eine Frage, der auch Esther Perel in ihrer Forschung nachgeht, und sie kommt zu einem ähnlichen Ergebnis. Anziehung und Respekt kann sich erst aus einer gewissen Distanz entwickeln. Sodass der oder die andere wieder zu einem Geheimnis werden kann.

Geheime Innenwelten

»Alles, was man sagt, sollte wahr sein, aber nicht alles, was wahr ist, sollte gesagt werden.«
Voltaire

Geheimnis, Definition
Ein Geheimnis ist eine Information, die bewusst vor anderen Personen verborgen wird und die potenziell Auswirkungen auf sie haben kann, wenn sie offenbart wird.[8]

Der US-amerikanische Psychologe Michael Slepian und sein Team haben in verschiedenen Studien rund 13 000 Geheimnisse von ihren Studienteilnehmer:innen gesammelt und sie in 38 Kategorien eingeteilt: Lügen, sexuelle Untreue, emotionale Untreue (also Flirten), sexuelle Orientierung, Drogenkonsum, geheime Hobbys, Diebstahl, Trauma, Glaube an eine Ideologie, ungewöhnliche Verhaltensweisen, schlechte Leistungen im Beruf, eine Schwangerschaft, eine Familienbegebenheit, Finanzen, Vertrauensbruch usw. Laut Slepian schleppe jeder und jede von uns durchschnittlich 13 Geheimnisse mit sich herum, fünf davon hätten wir noch nie einem anderen Menschen verraten.[9]

Sofern es nicht um Untreue oder Kriminelles geht und unabhängig davon, wie banal oder dramatisch diese Heimlichkeiten ausfallen, scheinen sie einen großen Teil unserer Persönlichkeit auszumachen, den wir instinktiv beschützen, weil wir uns damit unterscheiden und abgrenzen von anderen. Dieser Teil macht unsere Individualität aus. Und wie andere Forschende herausgefunden haben, steuern wir mit unseren Heimlichkeiten unsere Beziehungen – wem auch immer wir uns anvertrauen, der- oder diejenige rückt näher an uns heran.[10]

Die Königsdisziplin ist die gemeinsame Untreue, nichts schweißt mehr zusammen, als wenn beide ein zweites Liebesleben vor ihrer Familie verbergen müssen. Jede weitere Person, die eingeweiht wird, vergrößert diesen Nukleus, trifft damit eine Entscheidung für eine Seite und entfernt sich von der anderen. Die Eingeweihten bilden zusammen mit dem heimlichen Paar ein neues Beziehungsgeflecht aus Loyalitäten, das oft auch nach dem Ende der Heimlichkeit trägt.

Die Entscheidung für einen neuen Partner oder eine neue Partnerin ist oft auch eine Entscheidung für Lebendigkeit und Weiterentwicklung, für die Rückkehr zu unserem eigentlichen Potenzial, das in der vorherigen Beziehung unter Alltag, Stress und multiplen Verletzungen begraben war. Der Neustart in eine andere Beziehung ist damit auch ein Neustart als Mensch. Je mehr wir uns in einer langjährigen Beziehung oder für irgendwelche Konventionen verbogen, unsere Bedürfnisse verleugnet, uns von uns selbst entfernt haben, desto größer die Sprengkraft der Affäre. Und desto eher kommen wir zu der Überzeugung, dass die alte Beziehung sterben muss, damit wir aufleben können.

In manchen Fällen ist das nicht nur fair und unumgänglich, sondern eine Frage der Selbstfürsorge. Und nebenbei kein Grund, den oder die Ex zu verteufeln, denn auf Umwegen wird das Ende der alten Beziehung zum Geburtshelfer für das wiedergefundene Ich. Mit all seinen einzigartigen Facetten und Geheimnissen.

Vielleicht muss das legitime Bedürfnis nach Individualität, nach Selbstfürsorge, Abgrenzung und Lebendigkeit aber auch gar nicht in eine neue Beziehung münden, wenn sich beide gegenseitig ein Recht auf Geheimnisse einräumen. Vielleicht muss nicht immer eine Familie auseinanderfliegen, damit wir uns als Mensch weiterentwickeln können.

Auf der einen Seite sind Geheimnisse belastend und bringen manchmal depressive Stimmungen und Isolation mit sich, wenn sie über Jahre begrübelt oder gedeckelt werden. Gleichzeitig füllen sie unsere Aura, verfeinern unser Mitgefühl und unsere Achtsamkeit, wenn wir dem oder der anderen eigene Geheimnisse zugestehen. Wir sind dann sanft gezwungen, die Eigenheiten und Reaktionen des oder der anderen zu tolerieren, ohne immer den Hintergrund zu kennen. Weil wir vielleicht gar nicht alles wissen wollen? Oder müssen?

Liebe durch Neugier

Und weil Liebe, wie bereits erwähnt, ein paradoxes Phänomen ist, muss ich an dieser Stelle ein Experiment erwähnen, bei dem das Gegenteil bewiesen wurde: Je mehr ich über den anderen weiß, desto mehr Liebe wird aktiviert. Grundlage ist eine Studie des Psychologen Arthur Aron aus dem Jahr 1997, bei der zwei Fremde in einer Laborsituation aufeinandertreffen, sich gegenseitig 36 Fragen stellen, die im Laufe des Gesprächs zunehmend intimer werden, und sich am Ende vier Minuten lang schweigend in die Augen schauen.[11]

Die Journalistin Mandy Len Catron war 2014 gerade von ihrer großen Liebe verlassen worden und versuchte ihren Liebeskummer mit einer ausführlichen Recherche zum Thema Liebe zu neutralisieren. Was sie an der Studie faszinierte, war das Gerücht, dass eines der Probandenpaare sechs Monate nach der Studie geheiratet hätte und das ganze Labor zur Zeremonie eingeladen gewesen wäre.

Zufällig traf Catron 2015 einen alten Studienkollegen beim Klettern, die beiden gingen in einen Pub. Sie erzählte von ihrer Recherche, von der Studie, googelte die 36 Fragen, die beiden stellten den Versuch im Pub nach. Und verliebten sich.

Nachdem sie sich gegenseitig Fragen wie diese beantwortet hatten, ein Auszug:

- Welchen einen Gegenstand würdest du bei einem Feuer in deinem Haus retten?
- Gab es schon mal eine Situation, bei der du einen Anruf vorher geprobt hast? Wenn ja, warum?
- Was würdest du heute ändern, wenn du auf deine eigene Erziehung zurückblickst?
- Du wachst morgen mit einer Superkraft auf – welche wäre das?

- Wann hast du das letzte Mal geweint?
- Was war dein peinlichster Moment im Leben?
- Hast du eine Vorahnung, wie du sterben wirst?
- Wie ist die Beziehung zu deiner Mutter?

Mandy Len Catron hat einen Blogartikel über ihren Selbstversuch und das Ergebnis geschrieben. Innerhalb eines Monats hatte sie acht Millionen Leser:innen.[12] Sie und ihr Versuchskaninchen haben längst geheiratet, und offenbar hat der Crashkurs in Vertrautheit den Grundstein gelegt. Danach werden die beiden aber genauso wie alle anderen ein paar Achterbahnfahrten überstanden haben. Oder nicht. Leider gibt es keine aktuellen Meldungen zum Status quo der Beziehung.

Ich frage mich, ob sich langjährige Paare am Anfang ihrer Beziehung jemals derlei Fragen stellen? Oder ob es gerade eine gewisse Distanz zum Innersten des anderen ist, die eine Beziehung stabilisiert?

Ob das fertige Bild vom anderen und viele unvermeidliche Verletzungen nach, sagen wir, 15 Jahren vielleicht verhindern, dass sie kurz zurücktreten und mit Interesse und Respekt zuhören? Dass sie sich vier Minuten in die Augen schauen? Ohne dass einer oder eine einen erlösenden Witz reißt. Anders ausgedrückt, ob sie die Verletzlichkeit und Intimität noch zulassen können, die dafür nötig ist? Oder ob der Alltag längst dazu geführt hat, dass sie sich voreinander verschließen, damit der oder die andere nicht in die dunklen Ecken schauen kann …

Warum nicht einen Schritt weitergehen und den anderen von Anfang an auch in die Abgründe luschern lassen? Indem man die Fragen überspringt und gleich ein paar Antworten gibt, in denen man alles offenlegt, was zu einer Zerreißprobe für die Beziehung werden könnte. So in etwa:

»Ich möchte dich vor ein paar Dingen warnen: Ich wirke

selbstbewusst, aber dahinter bin ich oft ängstlich und bedürftig. Sobald es ruhig wird und ich nichts zu tun habe, schwillt eine unangenehme Leere in mir an. Ich muss dann arbeiten und kann es auch nicht ertragen, wenn jemand anderes nichts tut. Ich bin schwer zu beleidigen, trage aber Verletzungen lange mit mir herum und verwende sie im unerwarteten Moment gegen dich. Ich neige dazu, nahestehende Menschen vor anderen abzuwerten, um mich selbst aufzuwerten. Manchmal habe ich ein emotionales Loch im Bauch, dann esse ich zu viel, bin sauer auf mich selbst und lasse es an dir aus. Ich muss alle Ausgaben in eine Tabelle schreiben, auch Cent-Beträge, sonst habe ich das Gefühl, die Kontrolle über mein Leben zu verlieren. Ich zettele gern einen Streit an, damit du mir beweisen kannst, dass du mich trotzdem liebst. Es ist gut möglich, dass ich dich unbewusst mit meiner Mutter gleichsetze, und versuche an dir meine Kindheitstraumata abzuarbeiten.«

Während ich schreibe, kommt mir der Gedanke, dass es ein spannendes Experiment wäre, ein derartiges Geständnis, ganz ungefragt, bei einem ersten Date loszuwerden. Ich wäre neugierig zu sehen, was passiert, wenn man auf die Frage: »Und was machst du so?«, statt über Job und Hobby zu berichten, alles auf den Tisch packt, was man im Laufe der Jahrzehnte in anderen Beziehungen oder in einer Therapie über sich selbst herausgefunden hat. Könnte lustig werden. Wenn das Gegenüber drüber lachen kann und den Ball aufnimmt, hätte man zumindest schon mal einen Gesprächspartner auf Augenhöhe vor sich. (Ich würde gern ein Drehbuch schreiben, das so anfängt …)

Wir könnten all die Enttäuschungen und Streite und vergeblichen Anpassungsversuche und die vielen kleinen Identitätsverluste umgehen und direkt aufs Ziel zusteuern, indem wir von Anfang an nackig voreinander stünden und schlagartig Intimität aufkäme.

Spaß beiseite: So ein Bekenntnis zur eigenen Durchgeknalltheit braucht Mut und birgt das Risiko, den anderen abzuschrecken. Aber vor allem setzt es voraus, dass wir in unserer Selbsterkenntnis weit genug fortgeschritten sind, um unsere Untiefen ausgelotet zu haben und sie darüber hinaus artikulieren zu können. Das wäre ein ziemlich hoher Anspruch.

Auf der anderen Seite sind sich die meisten Paartherapeut:innen einig, dass es in jeder Beziehung Dinge gibt, die man unbedingt für sich behalten sollte. Im Detail wird es allerdings kompliziert. Wie viele und welche Geheimnisse brauchen wir für die ganze bunte Vielfalt in unserem Inneren? Was geht nur uns selbst etwas an? Wenn wir uns treu bleiben, uns authentisch fühlen wollen? Um lieben zu können, ohne uns selbst zu verlieren?

Geheimnisse unter Paartherapeut:innen

Nadja und Clemens von Saldern sind nicht nur beide Paartherapeut:innen, sie sind auch im realen Leben ein Paar, seit 35 Jahren. Wenn es zwei Menschen gibt, die wissen, wie ein Paar die Langstrecke schafft, dann diese beiden. Die von Salderns haben für ihre Beziehung einen geheimnisvollen Abend kultiviert, an dem beide ausgehen können, ohne berichten zu müssen, mit wem oder wo man verabredet ist. Auch danach wird Stillschweigen darüber toleriert, was man »ausgefressen« hat, und Nachfragen sind nicht erlaubt. Wenn man auf diese Vereinbarung Esther Perels Theorie von der Erotisierung durch Distanz anwendet, müsste es sich um eine relativ einfache Methode handeln, verloren geglaubte Anziehungskräfte wieder zu beleben.

Das Gegenteil ist allerdings genauso wahr, #Liebeistparadox, zumindest am Anfang: Gegenseitige Geständnisse schaffen Verbindlichkeit und Vertrauen. Verliebte schütten einander ihr Herz aus, offenbaren einander die intimsten und peinlichsten Geschichten aus ihrem Leben, um größtmögliche Nähe entstehen zu lassen und sich gemeinsam gegen andere abzugrenzen, was wiederum das Gefühl der Zusammengehörigkeit und Vertrautheit intensiviert.

Im Laufe der Beziehung gehen die zwei Liebenden dann mit ihren Geheimnissen wieder getrennte Wege, um sich nach der anfänglichen Verschmelzung ein Stück Autonomie zurückzuerobern. Manchmal entwickelt sich daraus ein Eigenleben, das immer schwerer zu vermitteln ist. Und unter Umständen auch für immer unterm Teppich verschwinden sollte.

Clemens von Saldern sieht für Paare keine Verpflichtung, alles offenzulegen. Er warnt sogar davor: »Wenn ich dem anderen etwas gestehe, dann bin ich von meinem schlechten Gewissen, von meinem Geheimnis entlastet – der andere ist aber in gleichem Maße be-lastet.«[13] Oder sogar darüber hinaus. Denn die Folgen so eines Geständnisses sind unvorhersehbar. Was dem einen als Leichtgewicht auf der Seele liegt, kann bei der anderen eine Erschütterung auslösen. »Der Belogene oder Betrogene hat dann unter Umständen mit einem Kopfkino zu kämpfen, um das er nicht gebeten hat«, sagt Clemens von Saldern. Und niemand erlöst ihn oder sie von der eigenen Fantasie, wenn die Fakten auf dem Tisch liegen, aber die Details noch offen sind.

Wer ahnt, dass sich hinter einem Geheimnis etwas Verletzendes verbergen könnte, und trotzdem auf der Wahrheit besteht, trägt aus von Salderns Sicht durchaus Verantwortung für das, was danach passiert. Deshalb warnt er in seinen Sitzungen auch den oder die Empfänger:in eines Geständnisses. Weil zur Wahrheit immer zwei gehören: »Der eine muss den Mut aufbringen, die Wahrheit zu sagen, der andere muss aber auch den Mut aufbringen, sich die Wahrheit anzuhören. Ich sage den Klienten dann: Wenn Sie die Wahrheit hören wollen, dann sind

Sie mit im Boot. Sie müssen dem Partner auch das Gefühl geben, dass Sie das aushalten. Wenn dem anderen dann alles um die Ohren fliegt, wird er in Zukunft nie mehr etwas sagen.«

Alle Paartherapeut:innen, mit denen ich gesprochen habe, werden von ihren Klient:innen irgendwann gefragt, was denn der Maßstab sei, um ein Geheimnis offenbaren zu müssen. Darauf gibt es nicht unbedingt eine schwarz-weiße Antwort, es sei denn, der Partner oder die Partnerin hat im Laufe der Beziehung mehrfach klargestellt, dass er oder sie immer sofort informiert werden möchte. Andere gehören zum Team »Was ich nicht weiß, macht mich nicht heiß« und haben Angst, mit dem offenbarten Wissen nicht umgehen zu können. Beides verdient Respekt und Achtsamkeit. Vielleicht ist der einzig brauchbare Maßstab die Frage, ob der oder die andere daraus eine neue Lebensentscheidung ableiten würde. Und ob es noch andere Eingeweihte gibt, die in der Vertrauensskala nach dem Partner oder der Partnerin rangieren sollten.

Oft fällt es den Klient:innen leichter, dem Partner oder der Partnerin etwas zu beichten, wenn sie sich zunächst dem:der Paartherapeut:in geöffnet haben. Manchmal legt Nadja von Saldern aber auch ein Veto ein. »Wenn eine Frau mir erzählt, dass sie seit Jahren einen Orgasmus vorspielt, gleichzeitig aber mit diesem Partner zusammenbleiben will, dann stelle ich die Frage, was dieses Geständnis bringen soll. Außer eine Verletzung.«

Das größte und häufigste Geheimnis, das bei allen Paartherapeut:innen landet, ist naturgemäß der Betrug – vom betrunkenen Seitensprung bis zu einem ausgewachsenen Parallelleben.

Und natürlich erübrigt sich die Frage nach dem Maßstab, wenn einer von beiden spürt, dass der andere mit seinen Gedanken und Gefühlen woanders ist, dass er oder sie emotional und körperlich auf Distanz geht und genau das auch benennt.

Partner:innen, die in diesem Moment weiter leugnen, riskieren beim anderen eine weitaus größere Verletzung, als ein Betrug selbst verursachen könnte. Den anderen anzusprechen auf eine Vermutung kostet Mut und Kraft, und wer vom anderen immer wieder zu hören bekommt, dass das alles Unterstellungen und eifersüchtige Fantasien seien, wird tief verunsichert und beginnt, der eigenen Wahrnehmung zu misstrauen – bis hin zu einem Gefühl von Schizophrenie.

Riskantes Geständnis

Nadja von Saldern berichtet von Klient:innen, die diese Verletzung ein Leben lang mit sich herumschleppen, weil ihnen nicht nur »die Intuition genommen wurde, sondern auch der innere Kompass, der Selbstwert«.

An diesem Punkt ist meist ein emotionaler Tipping Point erreicht, denn wer weiter leugnet und darauf hofft, dass es keinen eindeutigen Beweis gibt, hat jeden Respekt vor seinem Gegenüber verloren, es geht nur noch darum, möglichst wenig zuzugeben, um für spätere Verhandlungen die eigene Position zu verbessern. Das ist der beste Vorlauf für den späteren Rosenkrieg. Denn auf der Gegenseite (Betonung auf »Gegen«) ist die Würde so beschädigt, dass sie nur noch durch Rache wiederhergestellt werden kann.

Manchmal reicht auch eine kleine Rache. Ich erinnere mich an einen Schweizer Unternehmer, der von seiner Frau mit einem Fitnesstrainer betrogen wurde. Ein feinsinniger und charmanter Mann, interessiert und großzügig, der mir ein moralisches Angebot machte. Er wollte nicht mehr, als in einem Restaurant Händchen haltend mit mir gesehen werden, mit einer 20 Jahre Jüngeren, damit genau das an seine Frau herangetragen würde.

Ich hatte großen Spaß an dieser Inszenierung und habe sowohl das Sternerestaurant, seine Gesellschaft als auch die Blicke der anderen Gäste sehr genossen. Er und seine Frau sind wieder zusammengekommen, eine große Liebe. Soweit ich es noch verfolgt habe, hat sie nie erfahren, dass zwischen mir und ihrem Mann nichts weiter passiert ist.

Ich bin mit einem spannenden Einblick in eine reife Partnerschaft weitergezogen und habe ein paar Anekdoten für meine Spaghetti-Bollo-Abende in der WG-Küche mitgenommen.

Die Wiederversöhnungsgeschichten werden sehr viel seltener erzählt als die Break-ups. Dabei sind sie der Regelfall. Neun von zehn Fremdgänger:innen kehren zu ihrem Partner oder ihrer Partnerin zurück.

Die oder der Neue soll den Partner/die Partnerin nicht ersetzen, sondern ergänzen. Manchmal nur für ein paar Nächte, genug, um Abstand zu gewinnen, sich wieder zu spüren, sich ein wenig Gefühls-Wellness zu gönnen. Genug Stoff für ein Geheimnis, das die dringend benötigten Tagträume befeuert, und für die kleine Rache am Unwissenden, wenn es Streit gibt, dem eigenen Partner der Rücken zugedreht wird und die Affäre einen Moment später eine schwärmerische WhatsApp-Nachricht bekommt.

Unter Umständen kann das geheime Doppelleben ein Machtgefälle aufheben und die Partner:innen (wieder) auf Augenhöhe bringen. Vielleicht schaut der Betrogene plötzlich irritiert auf ein versonnenes Lächeln, ein heißes Outfit und spürt unbewusst, dass beides nicht ihm gilt, möglicherweise schaut er sie aber zum ersten Mal seit Langem wieder mit Interesse und Verwunderung an, bereit, das festgefügte Bild vom anderen seit langer Zeit mal wieder infrage zu stellen.

Das Gefühl für die Affäre geht auf der anderen Seite vielleicht gar nicht tief genug, um die Kernbeziehung, die Lebenspläne und -versprechen infrage zu stellen. Der Rausch der ersten Gefühle für jemand Neues vernebelt aber eine Zeit lang alles andere – kein guter Zeitpunkt für große Entscheidungen.

In einer solchen Situation könnte ein Geständnis mehr Schaden anrichten, als es der Bedeutung einer Außenbeziehung angemessen wäre. Wenn es für die Affäre keine wirkliche Perspektive als zukünftige Beziehung gibt, dann hätte ein Geständnis vor allem den Zweck, das Gewissen des Betrügenden zu erleichtern, sich selbst zu entlasten und die aufreibenden Lügen loszuwerden.

Das Geheimnis für sich zu behalten, ist demnach vielleicht verantwortungsbewusster als das Gestehen und eine größere Anstrengung, denn es bringt auch lange nach dem Beenden der Affäre viele Momente der Einsamkeit mit sich. In denen sich der Fremdgänger oder die Fremdgängerin allein erinnert, möglicherweise mit den Gefühlen hadert, aber ausgerechnet den vertrautesten Menschen außen vor lassen muss.

Älter zu werden hilft in so einem Fall, weil es zu den Vorteilen einer gewissen Reife gehört, Ambivalenzen und Paradoxien immer besser aushalten zu können.

Ich werfe meine ganze Erfahrung in den Ring, wenn ich behaupte, dass so manche Familie nicht zerbrechen müsste, wenn der oder die Betrügende das Leben von hinten denken würde und sich die Frage stellte, ob sie mit dem jetzigen Partner vielleicht doch irgendwann alt werden möchte.

Ich habe liebevolle, stabile und langjährige Partnerschaften beobachtet, in denen das passierte, was so vielen passiert, die sich in Schuljahren oder Studienjahren kennengelernt haben und nach mehreren Kindern, aufreibendem Alltag zwischen Job und Haushalt sich selbst verloren haben, ihre Bedürfnisse verkümmern ließen. Und plötzlich, bei einem Flirt, einer Berührung, einer Begegnung werden sie von längst vergessenen Gefühlen überwältigt. Manchmal trägt eine kurze Affäre sogar dazu bei, der bisherigen Beziehung wieder Leben einzuhauchen, weil ein Partner oder eine Partnerin in sein oder ihr lebendiges und erotisches Selbst zurückgefunden hat und sich damit auch dem alten Partner oder der alten Partnerin neu zuwendet.

Unter Umständen ist es in so einem Fall besser, die Klappe zu halten. Denn im Gefühl und im Kopf des Betrogenen kann das Offenbarte monströse Ausmaße annehmen und sich zu einem chronischen Schmerz auswachsen, der selbst eine große Liebe auffrisst. Während die untreue Partnerin die Affäre längst hinter sich gelassen hat, quält sich der Betrogene mit Details und Rückblicken und kann den Vertrauensbruch nicht verzeihen, obwohl noch Liebe da ist.

Wenn keine mehr da ist, wirkt die Affäre wie ein Katalysator. Um zu einer dysfunktionalen Beziehung oder zu einer lieblosen oder aggressiven Person auf Distanz gehen zu können. Die Affäre kann auch helfen, die Unzumutbarkeit einer Beziehung überhaupt als solche zu erkennen, und manchmal fühlt sie sich nicht mal an wie ein Betrug, weil jede Verbindung und Loyalität längst aufgekündigt wurde und die Liebe und der Respekt durch jahrelange Machtkämpfe und Gleichgültigkeit aus der Beziehung verschwunden sind.

Plötzlich die Grätsche

Das Umfeld spielt eine große Rolle bei der Entscheidung, lieber im Unglück zu verharren. Die Finanzen auch, aber das hatten wir bereits in einem anderen Kapitel (Will ich_Kohle sehen?).

Wer der oder die Erste und Einzige ist, die aus dem Vorbild der Herkunftsfamilie ausbricht und auch im Freundeskreis nur von langjährigen bzw. lebenslangen (Ehe-)Paaren umgeben ist, braucht Mut und nimmt das Risiko in Kauf, sich mit der Partnerschaft auch von einem Teil des Freundeskreises zu verabschieden.

Paare bevorzugen Paare und möchten sich nicht unbedingt mit den Folgen einer Trennung beschäftigen, soweit die über eine voyeuristische Anteilnahme hinausgehen, wenn zum Beispiel eine Affäre involviert war. Was als echtes Interesse daherkommt, entspricht unter Umständen mehr der Faszination, die einen auch an einem Video von einer zerstörerischen Flutwelle auf YouTube hängen bleiben lässt.

Die Ereignisse und Szenen, die die Trennung eines befreundeten Paares mit sich bringt, stellt vielleicht das eigene Paarleben infrage, wühlt Probleme auf, die unter den Teppich gekehrt wurden, insbesondere ein unerfülltes Sexleben, und hat das Potenzial, eine »funktionierende« Beziehung zu destabilisieren.

Oder es hat den umgekehrten Effekt, wenn man sich innerlich zügig distanziert, weil einem »so was nicht passieren kann«, und die Geschehnisse mit etwas küchenpsychologischer Logik und im Austausch mit anderen Paaren analysiert. In diesem Fall haben auseinanderfliegende Paare einen stabilisierenden Effekt auf bestehende Paare, unabhängig, in welchem Zustand sich die jeweilige Beziehung befindet.

Da Getrennte irgendwann wieder auf der Suche sind, wird auch ihr Intimleben Teil des halböffentlichen Interesses unter Bekannten, während die Sexualität der verheirateten Paare unter die eheliche Schweigepflicht oder allgemeine Diskretion zu fallen scheint. Die Tatsache, dass man wieder »auf dem Markt ist«, ermutigt manch fest Liierte zu indiskreten Vorstößen, selbst wenn man in der Vergangenheit nie über Sexualität oder Intimität gesprochen hat: »Wir haben schon vermutet, dass du mit dem im Bett warst – und?« Hinter solchen Fragen steckt zuweilen eher Sensationshunger, um die Ereignislosigkeit in der eigenen Ehe oder langjährigen Beziehung zu bekämpfen.

Wer als Erstes einen offiziellen neuen Partner, eine neue Partnerin vorweisen kann, erhöht seine/ihre Chancen, wieder eingeladen zu werden.

In der Zeit als Paar mit Kind sind andere Paare oft der unkomplizierteste Match – dieselbe Zeitnot, derselbe Stress, dieselben Themen, alle sind gleich früh müde und haben im Urlaub dieselben Bedürfnisse. Viele Kontakte verschieben sich allein dadurch, dass sich wieder andere Wünsche und Interessen melden, sobald die Kinder unabhängig werden, aber bei keiner Gruppe zeigt sich ein ähnlicher Wandel wie bei den Frauen, die nach vielen Familienjahren getrennt sind.

Manchmal wird man auch neu zugeordnet – bei einer Bekannten, die immer zu einer Party mit Partner:innen eingeladen hatte, fand ich mich in einer reinen Frauenrunde wieder, lauter Nachbarinnen. Ausschließlich Mütter im ähnlichen Alter, aber das war auch schon der einzige gemeinsame Nenner, sodass sich der Abend für mich sehr mühsam zog. Es gab durchaus neugierige, in der Tendenz aber eher mitleidige Fragen zum Leben nach einer Trennung, mit denen die Frauen Argumente zu sammeln schienen, warum sie selbst im Reihenhaus und in der dazugehörigen Ehe verbleiben sollten.

Als ich mich bei einer Netzwerkveranstaltung für Frauen erkundigte, wer in der Runde alles getrennt sei und wie und warum sich das Sozialleben danach verändert habe, gab es viel Schulterzucken und etwas verschämte Antworten, die darauf deuteten, dass sich sowohl die Verheirateten als auch die Getrennten lieber um den heißen Brei herumbewegten. Hinterher wurde ich aber von einer der Ehefrauen beiseitegenommen, die so nett war, mich aufzuklären: »Weißt du – für die anderen Frauen bist du ja jetzt die Grätsche.«

Grätschen, Definition:
Turnen; die gestreckten Beine [im Sprung, Schwung] seitwärts abspreizen[14]

Aha, wo hinein und zwischen wen würde ich jetzt grätschen? Intuitiv hatte ich eine Ahnung, was mit dem Begriff gemeint sein könnte, aber ich wurde netterweise rückhaltlos aufgeklärt. Ehefrauen oder Frauen in festen Beziehungen scheinen aus Sicht der Kollegin – und der Armee von Frauen, für die sie aus ihrer Sicht sprach – davon auszugehen, dass getrennte Frauen aus ihrem Freundeskreis den fest liierten (also auch ihren) Männern Avancen machen und damit ihre langjährigen Ehen gefährden und mindestens bei jedem Abendessen eine gewisse Unruhe verbreiten würden, weil sie ja jetzt »available« seien und dringend nach Ersatz für ihre letzte Beziehung suchten. Und da sich auch die besten Ehemänner irgendwann nach Abwechslung sehnten, stellten die »Frei-Gewordenen« eine potenzielle Bedrohung dar. Nur weil eine aus dem Bekanntenkreis getrennt sei, könne man nicht das Risiko eingehen, dass das eine Kettenreaktion nach sich zieht. Das wäre doch nicht schwer zu verstehen …? Ich habe mit großen Augen zugehört und fragte mich, wie viele wirklich so dachten? War ich die Einzige, die naiverweise geglaubt hatte, dass solcherart angeranzte Klischees über Männer und Frauen längst ausgerottet wurden? Ich musste nachhaken:

Ich: Aber wenn eine Frau diese Männer seit Jahrzehnten kennt und noch nie erotisch fand und im Leben nie auf die Idee gekommen ist und kommen würde, irgendetwas mit einem von ihnen anzufangen?

Sie: Tja, so eine Meinung kann sich aus der Not heraus ja durchaus mal ändern …

Ich: Als Getrennte bin ich also in Not, so schnell wie möglich jemanden zu finden? Manche genießen das Alleinsein ja auch durchaus …

Sie: Keine Frau will auf Dauer allein bleiben, das glaubt dir niemand.

Ich: Aber wenn die Männer diese Frau umgekehrt ebenfalls nie anziehend fanden – etwas anderes hätten diejenigen im Laufe der Jahre doch gemerkt …

Sie: Männer sind in der Hinsicht immer empfangsbereit. Wenn sich eine Gelegenheit bietet, schlagen sie zu.

Ich: Selbst wenn es so wäre – was ist mit der Loyalität zwischen den Frauen, die sich ja unter Umständen auch schon so lange kennen?

Sie: Come on, es gibt keine Solidarität unter Frauen. Nicht, wenn es um Männer geht.

Ich hätte in diesem Moment auch noch eine Statistik zitieren können, wonach alleinstehende Frauen ohne Kinder die glücklichste Bevölkerungsgruppe stellen.[15] Aber es war klar, dass ich bei meinem Gegenüber auf ein festgefügtes Weltbild gestoßen war. Lustig fand ich in diesem Zusammenhang auch, dass die mitzitierten Frauen ihre Männer ja für unwiderstehlich halten mussten, oder es wurde ihnen unterstellt (vielleicht waren die Singlefrauen auch nur ausreichend verzweifelt?), unabhängig vom Zustand des Einzelnen mit Plauze, Brustansätzen, Halbglatze, Nasenhaaren etc., um nur ein paar Stichworte zu nennen. Vielleicht könnte man auch von bedingungsloser Liebe sprechen?

Ich hatte in diesem Moment auch keine Lust, eine erschöpfende Diskussion über den großen Haufen an Geschlechterstereotypen loszutreten, der hier zum Vorschein kam, und bedankte mich sogar für die Aufklärung: »Alles klar, dann muss ich mich zukünftig ja nicht mehr grämen, wenn Einladungen ausbleiben.« Ich bekam ein wissendes Lächeln geschenkt und ein aufmunterndes Schulterklopfen.

Dating-Burn-out

Renate, inzwischen 60 Jahre alt, als Diplom-Betriebswirtin in der Öffentlichkeitsarbeit bei einer Behörde tätig und seit Kurzem neu verheiratet, muss vorm Mikro loskichern, als ich sie nach der magischen Anziehungskraft der Männer ihrer Freundinnen frage. Spontan kann sie die These bestätigen, dass bei den meisten Frauen selten plötzliche Erotik aufploppe, wenn man einen Mann über Jahre oder Jahrzehnte aus dem Freundeskreis kennt. Was sie allerdings ebenfalls bestätigen kann, ist der Verdacht meiner Kollegin, dass die Frauen aus ihrem Freundeskreis sich dennoch Sorgen um ihre Männer machten. Denn nachdem sie getrennt war, sah sie einige Geburtstage verstreichen, die in den Jahren zuvor immer gemeinsam gefeiert wurden, ohne dass eine Einladung erfolgte, gefeiert wurde trotzdem, aber ohne sie. Macht nichts.

An den meisten Wochenenden war sie ohnehin viel zu beschäftigt, denn Renate ist so etwas wie die inoffizielle deutsche Queen of Online-Dating. Rund 400 Dates in sechs Jahren. Wenn es diese Diagnose geben würde, dann hätte Renate einen Dating-Burn-out. Das bedeutet unter anderem, dass sie sich selbst nicht mehr reden hören konnte, weil sie bei jedem Treffen eine Kurzversion ihrer Lebensgeschichte wiederholte: 23 Jahre verheiratet, eine Tochter, arbeitet für X, hat hier …

und dort … gelebt, macht Fitness und geht gern in Ausstellungen …

Am liebsten hätte sie einen fertigen Text aufgesprochen und demjenigen vorab als Sprachnachricht geschickt. Womöglich haben diese standardisierten Kompaktinfos auch gleich am Anfang das Flirten gedrosselt. Aber hinterher ist man nicht nur sowieso immer schlauer, darüber hinaus ist Renate in den sechs Jahren zu einer Expertin für digitale Annäherung herangereift. Und natürlich weiß sie auch, wie man so schnell wie möglich feststellt, ob sich mehr entwickeln könnte:

»Nach dem ersten Date stelle ich mir selbst die Frage: Könnte ich mir vorstellen, diesem Mann am Ende des zweiten Dates einen Kuss zu geben. Wenn da ein klares Nein kommt, ziehe ich die Bremse.«[16]

Ein weiteres Kriterium: die Art und Weise, wie derjenige über seine Ex-Frau oder seine letzte lange Beziehung spricht. »Wenn bei dem Mann Tränen in die Augen steigen, dann ist er emotional noch gebunden. Wenn er in allen Details über seine Ex herzieht, Aussehen, Verhalten, Geldfragen, dann ist er ebenfalls noch nicht durch mit dem Thema.« Auch Hass kann verbinden und ist manchmal nicht von Hassliebe zu unterscheiden. In beiden Fällen ist das Gegenüber noch sehr mit der letzten Beziehung beschäftigt. Renate hat entdeckt, dass es viel über einen Mann aussagt, wenn er die Frau, mit der er viele Jahre oder Jahrzehnte verbracht und mit der er vielleicht auch noch gemeinsame Kinder hat, diffamiert oder dämonisiert. In dieser Logik muss er selbst eine Klatsche haben, um es so lange mit einer so schrecklichen Person auszuhalten. »Da darf man zu Recht vermuten, dass sich jemand in einer Opferrolle einrichtet und alles Schlechte in seinem Leben auf den Ex-Partner projiziert«, sagt Renate und hält Abstand. Aber auch, wenn die Infos zur Scheidung, zu Geldfragen oder einem Sorgerechtsstreit sachlich vorgetragen werden, ist die Grenze der Zumutbarkeit bei einem Date nach maximal zehn Minuten überschritten. Wer seine Verabredung mit solchen Details »vollquatscht«, offenbart, dass es ihm eigentlich egal ist, wer vor ihm sitzt.

Das Phänomen des *»too much information«* ist schon durch das Design der Datingportale vorgegeben, bei »Elite« zum Beispiel müssen lange Fragebogen ausgefüllt werden, bevor man als Belohnung ein paar Männerfotos geschickt bekommt. In den ersten Chats und Telefonaten offenbaren viele alles über ihre Herkunft, Träume, Gewohnheiten, vorangegangene Lover, finanziellen Details oder sexuellen Vorlieben und begegnen dann einem Menschen, von dem sie sich körperlich überhaupt nicht angezogen fühlen, einfach weil es noch so etwas wie Chemie gibt, die erst bei einer realen Begegnung ihre Wirkung entfaltet. Oder eben nicht. Genau das ist Renate mehrfach in aller Peinlichkeit passiert. In der Kommunikation vor dem Treffen haben sich beide den Bauch aufgeschlitzt, beim ersten Treffen hat sie sich dann gewünscht, sie könnte die ganzen offenbarten Geheimnisse zurückholen.

Damit wären wir bei einem ersten grundlegenden Unterschied zu der Art und Weise, wie Menschen in den 80ern oder 90ern des letzten Jahrhunderts Interesse für jemand anderen zeigten. Niemand hätte damals einen Annäherungsversuch in einem Klub so gestartet, wie es heute ein Datingportal vorgibt. Es gab Blicke quer durch den Raum, vorsichtiges Anlächeln, viel Körpersprache, »zufällige« Berührungen oder gar gemeinsame Tanzbewegungen – bevor auch nur ein Wort gesprochen wurde. Wer dann die erste Unterhaltung mit irgendwelchen biografischen Details oder Hobbys begann, war sofort raus.

Anmerkung der Autorin: Mein nostalgischer Unterton ist sicher nicht zu überlesen … Es ist nicht so, dass ich mir die ganze damalige Welt zurückwünsche, aber auf dem Weg zum Online-Profil scheint einiges an Zauber durchs Raster gefallen zu sein. Manchmal vermisse ich den zufälligen und smarten Flirt auf der Straße, der allein deshalb oft nicht mehr zustande kommt, weil alle mit ihren Augen am Handybildschirm kleben.

Auf der anderen Seite könnte sich vor allem meine Alterskohorte noch von vielen Vorurteilen gegen das Online-Dating verabschieden, denn wer, abgesehen vom Job, noch durch Kinder oder hilfsbedürftige Eltern gebunden ist, nicht auf einen Freundeskreis aus Single-Männern zurückgreifen kann, keine Zeit für einen Chor oder ein Ehrenamt etc. hat, dem bieten sich außerhalb der Portale wenig Chancen, jemanden kennenzulernen – wofür auch immer. Er muss ja nicht gleich einziehen – vielleicht könnte es zur Selbstvorsorge gehören, sich ab und zu ein kinderfreies Wochenende zu gönnen, an dem man einfach nur mit jemandem zwischen den Kissen versinkt. Bis es so weit kommen kann, und das gilt nicht nur für Online-Dates, kostet es oft Überwindung, sich Unbekannten zu präsentieren und damit auch verletzlich zu zeigen.

Es gehört zur ganzen Wahrheit, dass Enttäuschungen, Ghosting und absurde Situationen nicht zu vermeiden sind, wenn eine Frau in der Mitte des Lebens, oft nach einer langjährigen Beziehung, wieder auf die Suche geht. Gerade deshalb erzählt Renate auch von den Fails, die im Nachhinein oft eine lustige Anekdote hergeben (auch wenn sie sich im selben Moment nicht so angefühlt haben …).

Viele Frauen Ü-40 oder Ü-50 empfinden es schon als Hemmschwelle, sich überhaupt auf einem Profil zu zeigen, als ein Mensch mit Sehnsüchten und Bedürfnissen. Dazu gesellen sich Geschlechterstereotype, wonach eine begehrenswerte Frau nicht suchen muss, sondern wartet, um gefunden zu werden, passiv bleibt und sich lange umwerben lässt, um ihren Marktwert zu demonstrieren – der ganze Prinzessinnenquatsch, der dazu führt, dass ein potenzielles Liebesleben ungenutzt vorbeizieht.

Umgekehrt wird von Männern erwartet, dass sie die proaktive Rolle einnehmen, auf Frauen zugehen, sich bemühen, am besten sogar über ein angebrachtes Engagement hinaus, sodass in dem späteren Narrativ über die Anfänge gleich klargestellt wird, wie sehr er sie wollte – was wiederum ihren Wert hebt. Klingt mittelalterlich, aber leider greifen auch bei den pragmatischsten, erfolgreichsten, unabhängigsten Frauen unbewusste Glaubenssätze aus der Hausfrauenhölle, wenn es um ihr Liebesleben geht.

Die aktive Suche nach einem Partner, noch dazu online, ist für Frauen immer noch scham- und fremdschambesetzt.

Wenn eine ihre Dating-Storys bei einer Dinnerparty oder in einer Frauenrunde zum Besten gibt, sind alle fest Liierten ganz Ohr und sehr dankbar für die Schauergeschichten aus einer anderen Welt. Neugier und Anteilnahme mischen sich aber allzu oft mit einer gewissen Sensationsgier, dem Bedürfnis nach Abgrenzung und der eigenen Aufwertung, dass man das »Gott sei Dank nicht nötig hat«.

Insofern ist Renate ein furchtloses Role Model, angetreten, um anderen Frauen Mut zu machen, sich aus der Deckung zu wagen, und das Selbstbestimmte, das Abenteuerliche, das Spielerische an so einer Suche bewusst zu genießen.

Auch wenn man nicht aus den Augen verlieren sollte, dass es hier genauso wie bei Amazon oder Meta um knallharte wirtschaftliche Interessen geht. Bei einer Recherche zu Tinder hat Isolde Ruhdorfer, Journalistin beim Recherche-Netzwerk Krautreporter, herausgefunden, dass die Plattform vor allem das Ziel hat, die Leute so lange wie möglich auf dem Portal zu halten, um mit dieser Verweildauer der User:innen und mit Werbung Gewinn zu machen. »Tinder will nicht, dass du dich verliebst«,[17] schreibt Ruhdorfer, »Tinder will, dass du tinderst.«[18] Dafür kommen ein paar simple psychologische Tricks zum Einsatz, zum Beispiel der Novelty-Effekt (»Neuheits-Effekt«): Das Gehirn mag viele neue Reize, deshalb werden im Sekundentakt neue Bilder auf den Account gespielt. Was unsere Sucht nach schneller Belohnung bedient. Tinder manipuliert den Spieltrieb, indem es seinen User:innen Profile zuspielt, die eigentlich nicht passen, sodass sie möglichst lange weitersuchen.

Die Soziologin Eva Illouz vergleicht das Selbst in den Datingforen mit jeder anderen Ware, für die es keinen festen Preis gibt. Die Regeln des Kapitalismus greifen demnach auf die Liebe über, sodass der Wert des Selbst über den Wechsel von Angebot und Nachfrage bestimmt wird. Für einen sehnsüchtigen Menschen auf der Suche nach einem anderen sind das brutale Parameter, denn hier gibt es keine Zwischenwährungen oder Händler:innen. Die Nachfrage misst sich ganz direkt an den Likes und Matches für eine Person, und um gleich eines der größten Missverständnisse bei der digitalen Partner:innensuche zu entkräften: Natürlich sagt das nichts über den Wert eines Menschen. Man sollte meinen, dass es sich bei dieser Erkenntnis um eine Binse handelt, aber über alle Gespräche mit Online-Datern beider Geschlechter bin ich zu dem Schluss gekommen, dass jeder noch so souveräne Mensch irgendwann porös wird, wenn er oder sie ständig beurteilt oder kategorisiert wird. Wer sich diese Bewertungen zu Herzen oder sie mit in den Schlaf nimmt, hat über kurz oder lang verloren bzw. riskiert seine mentale Gesundheit.

Nackte Kanonen

Die Niederlagen, die Renate erlebt hat, könnte man mit der marktwirtschaftlichen Theorie erklären, dass wir uns in einem permanenten Wettbewerb befinden. Wenn dann auch noch das typisch kapitalistische Überangebot, in diesem Fall an Frauen, hinzukommt, kann das eine vielversprechende Romanze gleich zu Beginn plattmachen.[19]

Der charmante und hilfsbereite Lehrer war Neuling auf Renates Datingplattform und in kürzester Zeit total verknallt. In sie. Zunächst. Am Wochenende waren sie verabredet, weil er ihr beim Umzug helfen wollte. Der Termin verstrich, sie saß auf ihren gepackten Kisten und wartete. Die WhatsApp-Nachrichten gingen zunächst nicht durch, schließlich zwei graue Häkchen, zwei blaue Häkchen. Es verging noch eine Stunde, bis er endlich anrief. Und ihr mit angemessener Verzweiflung in der Stimme erklärte, dass es ihm wahnsinnig leidtue, dass er normalerweise sehr zuverlässig sei, aber dass er ein Riesenproblem habe. Seit er bei der Datingplattform eingestiegen sei, habe er (mit ihr) drei Frauen getroffen, und nun sei er in alle drei gleichzeitig verliebt und leider nicht in der Lage, sich für eine zu entscheiden und damit auch nicht für sie. Aber auch nicht gegen sie, und ob sie das verstehen könne? »Schlimmes Schicksal«, sagte Renate, und dass sie ihm schon mal eine Entscheidung abnehmen könne, denn nach dem Telefonat gäbe es für ihn nur noch zwei Optionen. Und tschüss.

Nach einer anderen kurzen Lovestory mit einem Online-Dating-Greenhorn war Renate etwas vorsichtiger, trotzdem endete auch diese Beziehung, bevor sie anfangen konnte, denn auch dieser Kandidat konnte sich weder für noch gegen sie entscheiden. Aus Geiz. Er bat sie um Verständnis, er fände sie wirklich umwerfend, aber er habe eben erst die Jahresgebühr bezahlt und würde die Investition gern ausreizen.

Für so viel mikroökonomische Effizienz hat Renate als Betriebswirtschaftlerin sogar Verständnis. Solange sie bei der Kosten-Nutzen-Analyse nicht ungefragt mit einkalkuliert wird. So geschehen bei einem anderen Sparfuchs namens Martin, der nach seiner Trennung in eine Männer-WG gezogen war. Renate hatte ihn nach einem ersten Date inklusive vielversprechender Knutscherei zu sich nach Hause eingeladen. Sie hatte Fleisch eingekauft und werkelte in der Küche, als es klingelte und Martin in der Tür stand – mit einem Koffer. Im ersten Moment dachte Renate, er hätte vielleicht Einkäufe und Kochutensilien mitgebracht. Wie sich herausstellte, hatte Martin jedoch Klamotten für ein paar Wochen dabei, weil er aus seiner Männer-WG rausgeflogen und nun der Meinung war, dass er doch genauso gut gleich bei ihr bleiben könne. Wo sie doch jetzt ein Paar seien.

Renate regelte die Sache noch an der Tür und klärte ihr Date darüber auf, dass sie sich und ihn keinesfalls als Paar betrachte, nicht nach einem einzigen Treffen, und sich die Chancen auf eine Paarung gerade eben deutlich verschlechtert hätten und dass er seinen Koffer spätestens nach dem Essen auf jeden Fall wieder mitnehmen müsse. Martin fühlte sich gekränkt, zog noch vor dem Dinner mit seinem Koffer wieder ab und ward nie wieder gesehen. Pragmatisch und ebenso sparsam, wie Renate ist, hat sie das Fleisch eingefroren und irgendwann für ein anderes Date wieder aufgetaut.

Als Hobbysoziologin würde ich im Kontext dieser Geschichte folgende Statistik bemühen: Für Männer ist eine feste Partnerschaft lebensverlängernd, bei Frauen ist es genau umgekehrt. Woran könnte das liegen? Womöglich am Gender Care Gap, also der Tatsache, dass Frauen nach wie vor drei Viertel der Care-Arbeit erledigen und demnach auch ihre Männer besser versorgen, als sie es selbst könnten. Es fällt zumindest auf, dass Männer zwar generell die geringere Lebenserwartung haben, sollten sie aber krank werden, haben sie in einer festen Beziehung die besseren Chancen, trotzdem länger zu leben als ihre Geschlechtsgenossen.[20]

Manche gehen deshalb lieber auf Nummer sicher und sorgen dafür, dass gleich mehrere Care-Takerinnen am Start sind, so wie Sebastian. Mit dem Renate über Monate hinweg regelmäßig telefonierte, der alles aufsaugte, was sie erzählte, und sich noch Wochen später an Details aus ihren Gesprächen erinnerte. Von Anfang an war Renate tief beeindruckt über seine große Offenheit und die Nähe zwischen ihnen. Sebastian arbeitete angeblich als Topmanager für eine Kölner Firma, neben seinem zeitraubenden Job gehörte er zu einem Reserveregiment, so sagte er, deshalb kam bei jedem Versuch, sich tatsächlich persönlich zu treffen, irgendetwas dazwischen, Dienstreisen ins Ausland, wichtige Übernahmegespräche für sein Unternehmen, dann ein Einsatz in Mali, alles top secret, sie solle ihm die Daumen drücken. Bei einem Urlaub mit ihren Freundinnen erreichte Renate frühmorgens ein Anruf von Sebastian – er sei verletzt worden, und nun wolle er nach einer Zwischenstation in einem Militärkrankenhaus zurück nach Gütersloh, um sich dort auszukurieren.

Spätestens an diesem Punkt kamen bei mir Bilder hoch aus »Die nackte Kanone 33 1/3«, dem Comedy-Agenten-Thriller aus Mitte der 90er. Ich würde gern befreit lachen dürfen, aber leider dreht Renate die Geschichte noch etwas weiter, denn statt ihren Freundinnen bei einem gemeinsamen Cocktail von diesem durchgeknallten Hochstapler zu erzählen, fuhr sie direkt nach ihrer Rückkehr aus dem Urlaub 200 Kilometer, um Sebastian zu »retten«, der am Telefon hörbar betrunken schien und dann nicht mehr erreichbar gewesen war.

Bis heute ist sie sich selbst ein Rätsel in dieser Zeit, und sie fragt sich, wie es möglich war, dass sie alle Warnungen in den Wind geschlagen und sich heillos in ein Wunschbild verliebt hat. Zumindest hat sie sich nach dem einen »Rettungsversuch« schlagartig entliebt. Anders als ihre Mitstreiterinnen, die das Spiel über Monate mitmachten, ist Renate nur einmal zu ihm geeilt – und wieder zurück, bevor sie ihn treffen konnte. Nachdem eine nette ältere Nachbarin, die zufällig gerade Fenster putzte, als Renate Sturm klingelte, sie aufgeklärt hatte. Die Frau hatte sie gleich gefragt, ob sie auch zu den vielen Freundinnen gehöre, die Sebastian umsorgten. Darunter eine Lehrerin aus Hannover, die regelmäßig zu Besuch kam, seine Wohnung putzte und die leeren Flaschen zum Altglascontainer brachte. Die Nachbarin erzählte ihr alles, was sie wusste – über den »charmanten Ex-Manager und Quartalstrinker«, der längst seinen Job verloren und einen fleißigen Bienenschwarm von Frauen um sich versammelt hätte, die er mit stundenlangen tiefen Gesprächen bei der Stange hielte. Wahrscheinlich wird Sebastian bis heute bekocht und versorgt, und die vielen Frauen mit Helfersyndrom, die alle fest daran glauben, dass nur sie ihn verstehen, sind glücklich und zufrieden, helfen zu können –bis an sein Lebensende.

Man muss diese Anekdote nicht weiter analysieren, um zu verstehen, was sie über die Gefühlssüchte von Frauen aussagt, die sich damit deutlich von Männern unterscheiden, denn diese Story wäre mit vertauschten Rollen (Sebastian als Frau und umschwärmte Alkoholikerin) undenkbar. Ohne Online-Dating hätte Sebastian es nie geschafft, sich einen solchen Harem aufzubauen. Woraus sich eines der wichtigsten Learnings für Internetbekanntschaften ableiten lässt: Ein bis drei Telefonate, okay, aber dann muss ein Treffen zustande kommen, sonst sollte man den Kontakt lieber löschen, bevor Luftschlösser entstehen. Denn von solchen Blasen leben die Datingportale, von der Jagd nach Wunschbildern und dem Aufstehen nach jeder Enttäuschung, denn um die Ecke könnte doch etwas Besseres warten, womöglich endlich Mr. Right?

Guilty Pleasures

Der in Renates Fall tatsächlich noch auftauchte, ganz am Ende. Bis dahin kann man sich als Frau auf diesen Plattformen auch einfach mal mit den Falschen amüsieren. Sich ein paar Freiheiten herausnehmen, die man theoretisch schon immer hatte, aber vielleicht lieber auslebt, wenn das übliche Umfeld von Verwandten oder Freund:innen nichts davon mitbekommt.

In diesem Rahmen können Frauen ihre eigenen Regeln machen, und so hat Renate ihren Radius erweitert, auf jüngere Männer. Ohne dabei eine langfristige Partnerschaft anzupeilen. Mit Maurizio war es sogar nur eine Nacht – aber die ist hängen geblieben. Im Nachhinein war es deshalb die richtige Entscheidung, großzügig über die fehlenden Matching-Points hinwegzugehen …

Maurizio hat darauf bestanden, zu Hause für sie zu kochen, und bis zu dem Moment, als Renate ihn zum ersten Mal traf, war sie fest davon überzeugt, dass sie auf ein Fake-Profil hereingefallen sein musste, die Fotos auf dem Portal waren zu schön, um wahr zu sein. Aber Maurizio hatte offenbar keinen Filter drübergelegt bzw. nicht gelogen. Das Original entsprach eins zu eins den Bildern: über 1,90, athletische Figur, perfekte Haut, getrimmter Bart, weiße Zähne, bernsteinfarbene Augen. Es gab Champagner, und die beiden endeten nackt und eng umschlungen auf dem Sofa, dann irgendwann in seinem blütenweißen Schlafzimmer, wo große Behälter mit vielen Teelichtern standen, die Maurizio alle, langsam und bedacht, mit einem Stabfeuerzeug anzündete. Für Renates Geschmack vielleicht etwas zu routiniert. Renate ertränkte diesen Gedanken in Pinot Grigio und genoss die Nacht in vollen Zügen. Im Laufe des Dates bis zum Latte macchiato am nächsten Morgen zählte Renate fünf leidenschaftliche Vögeleien.

So weit zu den märchenhaften Beschreibungen, zu denen Renate an Eides statt versichert, dass es sich genauso zugetragen habe.

Ein Erlebnis wie das mit Maurizio sollte sich keinem Realitätscheck unterziehen müssen (hat er Schulden, eine übergriffige Mama oder Ex-Frau, verwöhnte Blagen, einen dämlichen Job?) – diese Geschichten sind dafür da, ihr Aroma über Jahre zu entwickeln, als Wachtraum, den einem niemand mehr nehmen kann.

PS: Renates Vermutung bestätigte sich, als Maurizio ihr anbot, die Nacht bei ihm zu verbringen, und eine abgepackte Zahnbürste aus dem Badezimmerschrank fischte. Wo ungefähr drei Dutzend weitere frische Bürsten für die nächsten drei Dutzend One-Night-Stands bereitstanden, wie Renate entdeckte, als sie bei einer Pinkelpause den Schrank inspizierte. Viele Frauen in Renates Alter hätten den Abend vielleicht beim Teelichterritual abgebrochen, weil sie sich damit unwohl fühlen, eine von vielen zu sein. Aus Renates Sicht würden sie dann aber eine Menge verpassen.

Kleiner Exkurs zu Lust und Macht

Frauen neigen dazu, sich Paarsex nur im Kontext einer Liebesbeziehung zu erlauben und zu genießen. Unter anderem, weil ihnen Mütter und Väter, ob mit Ansage oder unausgesprochen, vermittelt haben, dass Sex ohne Liebe minderwertig, egoistisch oder unmoralisch sei. Dass sie als junge Frauen etwas ohne Gegenleistung verschenkten und dass dieses Etwas einen Teil ihres Wertes als Mensch ausmache. Als ich meine Mutter damals nach der Pille gefragt habe, lautete die Gegenfrage: »Willst du dich denn wirklich schon hergeben?« Dabei war ich in meiner Peer-Group die Letzte.

Meine Mutter hat sich bei dieser Formulierung sicher nicht viel gedacht, aber was darin durchschimmert, ist die patriarchale Vorstellung früherer Gesellschaften (teilweise auch in heutigen Gottesstaaten), dass weibliche Unschuld eine Art Ware sei, die zusammen mit der Frau in den Besitz des jeweiligen Mannes übergeht. Eine eigene Sexualität, Selbstbestimmung über den eigenen Körper, war über Jahrtausende ein männliches Privileg, sexuelle Ausbeutung und Unterdrückung von Frauen und die Macht über deren Körper ebenfalls.

Auf diese Weise wurde weibliche Sexualität über sehr, sehr lange Zeit von Männern kontrolliert und beeinflusst, bis heute. Die Nachwirkungen dieses brutalen Machtgefälles zeigen sich auf mehreren emotionalen Ebenen: Wenn wir selbst über unsere Lust bestimmen, verstoßen wir gegen den (kollektiv) unbewussten Glaubenssatz, dass wir damit jemand anderen betrügen, sozusagen um seinen Besitz bringen, unabhängig davon, ob wir fest liiert sind oder nicht.

Renate erzählt, sie musste sich im Laufe des Abends mehrfach bewusst daran erinnern, dass sie keinem schaden und auch nicht gegen irgendeine Regel verstoßen würde, denn sie »war ja Single und niemandem Rechenschaft schuldig«.

Und dann existiert da noch eine etwas komplexere sexualmoralische Hemmschwelle, die vor allem ältere Frauen nie ganz abschütteln können (wenn doch, dann endgültig), denn zum einen gab es zum Ende des letzten Jahrhunderts kaum weibliche Vorbilder für offen gelebte Sexualität, zum anderen umso mehr männliche. Ungebremste und offen gelebte Lust ist nicht nur seit Jahrtausenden das Privileg und damit auch legitimer Selbstausdruck von Männern, sie war und ist auch die Tarnung für Machtmissbrauch und Gewalt. Wenn es um aktiven, selbstbewussten Genuss geht, darum, andere spielerisch zum Objekt zu machen oder um (lustvoll) aggressive Varianten des Sex, greift bei vielen Frauen eine innere Gegenwehr, denn unbewusst wollen wir uns nicht mit der Sexualität der Unterdrücker identifizieren, unter der wir in Form von Ausbeutung und Missbrauch so lange gelitten haben.

Die Hintergründe einer ausgebremsten weiblichen Begierde sind also um einiges größer und komplexer als die Einflüsse eines einzelnen Elternhauses, und die Erklärungen dazu füllen zwar ganze Bibliotheken, trotzdem erreichen sie die Frauen zu selten dort, wo sie mit einem schlechten Gewissen aufwachen und sich fragen, ob sie sich nicht vielleicht doch in den Typen verknallen könnten, mit dem sie eine aufregende Nacht hatten.

Warum kann eine erfüllende Nacht nicht als singuläres Erlebnis stehen bleiben, wieso tun wir uns schwer, Sex als Sex zu genießen? Vielleicht, weil es bedeuten würde, dass wir nicht nur liebende, fürsorgliche und intellektuelle Wesen sind, sondern auch sexuelle. Dass unser Körper und unsere Begierde auch ohne die anderen Aspekte einen Anspruch auf Erfüllung anmeldet.

Und manchmal stoßen wir auch beim Gegenüber auf fremdbestimmte Lust, denn selbst wenn männliche Sexualität seit Jahrtausenden davon geprägt ist, dass Männer sie frei ausleben können, verkümmert auch diese Freiheit oft in stereotypen Vorstellungen von männlicher Dominanz, Potenz und unter einem enormen Leistungsdruck. Trotzdem ist Lust und Körperlichkeit für Männer meistens sehr viel schambefreiter als für Frauen und Teil ihres Selbstverständnisses und ihrer Selbstfürsorge. Anders ausgedrückt: Männer wissen eher, was sie brauchen, und gehen ihren Bedürfnissen nach, ohne sich zwingend einen Kopf zu machen.

Was schon lange vor einer Annäherung dazu führt, dass sie ihr Interesse breit streuen – um noch mal zum Online-Dating als Abbild der Geschlechterverhältnisse in puncto Liebe zurückzukommen.

Männer liken 80 Prozent der Frauen, die ihnen über die Plattform zugespielt werden. Frauen gefällt nur jeder 20. Mann, sie schauen sich das Profil genau an und entscheiden sich bewusst. Männer setzen auf Masse und schauen sich das Profil einer Frau oft erst an, wenn tatsächlich eine Antwort kommt. Gegebenenfalls finden sie dann doch noch einen Haken oder haben bereits mehrere Verabredungen und lösen oder löschen den Kontakt wieder, ohne etwas dazu zu schreiben. Was auf der anderen Seite eine ratlose Frau hinterlässt, die den Fehler bei sich sucht, weil sie voraussetzt, dass der unbekannte Mann mit derselben Gewissenhaftigkeit vorgeht wie sie selbst, und das bedeutet ja, dass es einen besonderen Grund geben muss, warum der andere abspringt, bevor man wirklich Kontakt hatte. *To cut it short:* Wo Männer sich vielleicht zu wenig Gedanken machen, denken Frauen zu viel nach. Das sogenannte Ghosting hatte in den Geschichten meiner Interviewpartnerinnen meistens einen einfachen Hintergrund, den man nicht weiter begrübeln muss. Da weiß sich jemand nicht zu benehmen oder hat es verlernt. Andere Option: Es handelt sich um ein Arschloch. In beiden Fällen wäre die angemessene Antwort auf ein Verhalten, bei dem jemand wort- und grußlos verschwindet, zwei ausgestreckte Mittelfinger.

Ich würde keine Frau, die idealerweise so genau wie möglich weiß, was sie sich wünscht oder erwartet, davon abhalten, eine möglichst exakte Auswahl zu treffen, aber vielleicht steht sich so manche auch selbst im Weg, wenn sie versucht, alles richtig zu machen und den perfekten Match zu finden.

Wer schon ein paar Jahrzehnte Beziehungserfahrung hinter sich hat, weiß, dass es manchmal die komplementären Eigenschaften sind, die einen Menschen anziehend machen. Also das Gegenteil der Matching-Points, der passenden Punkte, die auf einem Datingportal suggeriert werden. Auch wenn uns genau diese Eigenschaften ein paar Jahre gewaltig auf den Geist gehen können.

Und die meisten glücklichen Beziehungen sind der Beweis, dass Liebe an den schwierigen Punkten im Leben auch auf einer Entscheidung beruht. Auf der Fähigkeit, mitzuteilen, was in einem selbst vorgeht, und noch davor – es überhaupt erst mal wahrzunehmen. Sowie eine gewisse Bereitschaft, zu verstehen, was im anderen vorgeht. Sprechen und Zuhören sind die wichtigsten Liebesskills ever. Und die anspruchsvollsten.

Genau daran sind Linda und ihr Mann gescheitert …

Abgerissene Träume und Metamorphosen

So wie man das Leben manchmal nur von hinten versteht, erklärt sich die Beziehung zwischen Linda und ihrem Mann, wenn man das Ende vorwegnimmt. Von den vielen Geschichten, die ich gehört habe, erzählt diese idealtypisch, was so vielen Paaren passiert, die als große Liebe in ein gemeinsames Leben starten. Und sich dann über die Familiengründung, über den Alltag mit Kindern, über ihre Rollen, die auseinanderdriften, verlieren und aneinander vorbei lieben und leben.

Sie gibt auch Einblick in ein Problem, das sich vermehrt in meiner Generation der Kriegsenkel:innen zeigt: das Unvermögen, Kontakt zu sich selbst zu finden, und dadurch auch den anderen zu verfehlen, weil man die eigenen Gefühle und Wünsche nicht in Worte fassen kann. Bei manchen ragt dieses von den Eltern und Großeltern ererbte Handicap bis in die Generation unserer Kinder, und Linda ist so wie ich angetreten, diesen Teufelskreis zu durchbrechen.

Ihre Ehe ist daran gescheitert, aber aus den Trümmern ist etwas Wunderbares entstanden: eine große Familie, in der alte und neue Partner:innen und Kinder in Verbindung bleiben und an Feiertagen zusammenkommen und sich sogar darauf freuen. In der sich alle mit Wertschätzung und Verständnis begegnen.

Das Gespräch mit Linda gehört zu den berührendsten, die ich im Rahmen dieser Recherche geführt habe, nicht nur, weil ich immer mitweinen muss, wenn jemand geplatzte Träume betrauert, sondern, weil es zu den größten Herausforderungen eines fortgeschrittenen Alters gehört, alle freiwilligen und unfreiwilligen Entscheidungen des bisherigen Lebens anzunehmen, für die es keine zweite Chance gibt. Und davon hat jeder und jede Ü-40 eine heimliche Sammlung, unabhängig davon, ob es um Familie, Liebe, Kinder oder eine andere Bestimmung geht. Diese Gefühle haben nichts mit der Trauer um ungelebtes Leben zu tun. Linda hat ein bereicherndes, ein intensiveres und bunteres Leben geführt, als es in der Ehe mit ihrem Ex-Mann möglich gewesen wäre, sie hat sich durch die Trennung in ganz neue Möglichkeiten hinein entwickelt, und es liegen noch ein paar aufregende Jahrzehnte vor ihr. Trotzdem bleibt die Trauer um einen abgerissenen Traum, ein Teil der Identität, eines von vielen Selbsten, das in einem Paralleluniversum das einmal erdachte Leben weiterzuleben scheint. Über die Kinder bleibt eine Nahtstelle zum anderen, in der auch alle Erinnerungen an die gemeinsame Zeit, Momente, Rituale, Urlaube und Feste verstaut wurden, die jederzeit abrufbar sind, sowie die damit einhergehende Trauer. Es wird vielleicht keinen innigen Moment geben, in dem sich beide ehemaligen Partner:innen über ein Bettchen beugen, in dem das erste Enkelkind liegt und in diesem Moment die Verbindung spüren, die dieses Wunder möglich gemacht hat. Und dieser Moment wird vielleicht auch den Kindern fehlen.

Ein Paar, das auseinandergeht, eine Familie, die so nicht mehr existiert, hinterlässt eine Lücke wie eine nahe Person, die gestorben ist. Die Trauer über diesen Verlust braucht einen Platz, auch noch 25 Jahre später, aber es gibt zwischen Linda und ihrem Ex-Mann keinerlei Groll mehr, obwohl er damals in eine Außenbeziehung geflüchtet ist und eine neue Familie gegründet hat.

Ich skizziere die Eckpunkte in Lindas Geschichte, aber dann lasse ich sie selbst zu Wort kommen, weil indirekte Rede ihren Gedanken und Gefühlen nicht gerecht wird.

Als ihre Kinder auf die Welt kamen, war Linda Mitte 20, und in ihrer Vorstellung von der Zukunft lief sie irgendwann mit ihrem Mann Hand in Hand über den Deich und schaute den Enkelkindern beim Spielen zu. Sie hat damals nicht eine Sekunde für möglich gehalten, dass dieser Traum platzen könnte, und hatte deshalb keinen Plan B, als ihr Leben sich völlig anders entwickelte.

Dass ihr Mann eine Affäre angefangen hatte, erfuhr sie aus einem Klatschblatt, das sie bei einem Friseurbesuch zufällig in die Hand nahm, darin das Foto einer Partygesellschaft in einem Beachklub in der Sonne. Im Vordergrund waren einige Personen zu sehen, irgendein Promi, im Hintergrund lag ihr Mann, im Arm eine Frau, die sie ebenfalls erkannte, eine gemeinsame Freundin. »Es war so eine lächerliche Situation, um so ein unvorstellbares Drama in meinem Leben auszulösen.« Linda sagte zunächst nichts, beobachtete ihn, sie hatte Angst vor den Konsequenzen, wenn sie ansprechen würde, was offensichtlich war. Mitten in der Nacht fuhr sie zum Haus der Freundin, der Wagen ihres Mannes stand vor der Tür. Erst Wochen später konfrontierte sie ihn damit, sagte ihm klar, dass sie keine Zweitfrau sein wolle.

Linda und ihr Mann schafften es, die Trennung und den Auszug so über die Bühne zu bringen, dass die Kinder vor allem geschützt waren, was sie zusätzlich belasten könnte. Beide verloren kein böses Wort über den anderen, machten ihre Verletzungen mit sich selbst aus. Ihr war die ganze Zeit klar, dass der Vater ihrer Kinder sie nicht hatte verletzen wollen, er hatte der Entfremdung nachgegeben und sich umorientiert. Zu der Zeit waren die Kinder in der ersten und zweiten Klasse, und Linda hat dafür gesorgt, dass sie am Umzugstag mitfuhren, um ihr neues zweites Zuhause gleich kennenzulernen.

Ein Jahr lang hat sie nur funktioniert, am Tages- und Jahresablauf der Kinder entlanggelebt und versucht, sich zu regulieren.

Weil der Vater zu seinen Kindern bis dahin keine wirklich innige Beziehung aufgebaut hatte, machte sich Linda anfangs große Sorgen, ob sie vielleicht bald gar keinen Kontakt mehr haben würden zu ihm, aber es kam überraschend ganz anders. Die beiden waren an jedem zweiten Wochenende bei ihm, fuhren mit der neuen Familie sogar in Urlaub. Die Beziehung wurde sehr viel intensiver als vorher, die Kinder haben »über die Trennung einen Vater gewonnen«, wie Linda es heute ausdrückt. Obwohl die neue Nähe zwischen Vater und Kindern auch das Ergebnis einer Schräglage war, denn wie bei vielen Familien im Residenzmodell war Linda für die alltäglichen und mühsamen Dinge zuständig wie Hausarbeiten und Fernsehlimits und der Vater vor allem für den Spaß. Wenn die Kinder bei ihm waren, wusste sie zunächst nichts anzufangen mit ihrem neuen Freiraum, grübelte, trauerte, vermisste die Kinder. Aber irgendwann konnte Linda die kinderfreien Wochenenden auch genießen, das Alleinsein, ohne sich einsam zu fühlen, und sich endlich wieder um sich selbst kümmern. Inzwischen gab es in der anderen Familie ein neues Baby, die Kinder freuten sich über die Halbschwester, während Linda sich wieder mehr als Frau und weniger als Mutter erleben und ausprobieren konnte.

Sie startete einen neuen Job, schloss Freundschaften. Nach fünf Jahren verliebte sie sich wieder, blieb sieben Jahre mit dem neuen Mann zusammen – für die Zeit damals war es das Richtige, aber aus ihrer heutigen Sicht doch wieder ein Rückschritt, weil sie sich zu sehr angepasst hat.

Das Verhältnis zu ihrem Ex-Mann wurde nach einer langen Funkstille wieder vertrauensvoller und entspannter, alle Ex- und neuen Partner:innen plus Kinder fanden regelmäßig für Feiertage und Familienfeste zusammen.

21 Jahre nach seiner ersten Scheidung trennte sich Lindas Ex-Mann von seiner zweiten Frau, wieder wartete im Hintergrund eine neue Beziehung. Diesmal sprach er zuerst mit Linda, weil er Angst davor hatte, es den Kindern zu sagen, die sich nun als Erwachsene von der nächsten Familie verabschieden mussten. Diese Trennung ging »wie ein Donner durch die Großfamilie«, wie Linda es ausdrückt, eine emotional sehr aufwühlende Zeit, alle waren involviert, ihre Tochter fühlte sich

verletzt und überfordert, der Sohn lebte im Ausland und wollte erst wieder zu Besuch kommen, wenn die Wogen geglättet wären.

Die zweite Frau suchte ihre Nähe und wollte, dass sich Linda mit ihr solidarisiert, zwei Verlassene, die sich gegen den Ex zusammentun. Wofür Linda nicht zur Verfügung stand, die Trennung hatte sie schon längst in ihre Geschichte integriert, ein neues Leben gestartet, ihrem Ex war sie mittlerweile einfach nur dankbar. Aber Linda erinnerte sich noch gut an die Einsamkeit und die Angst von damals und bot ihrer Nachfolgerin Unterstützung an, versuchte sie in ihren Freundeskreis zu integrieren, machte sie mit Freundinnen bekannt, die in einer ähnlichen Situation waren, aber die neue Ex-Frau lehnte alles ab und nahm die anderen Mitglieder der Großfamilie in »emotionale Sippenhaft«. »Wir waren dann alle die Bösen.«

Bei dieser zweiten Trennung, an der Art und Weise, wie die zweite Frau ihres Mannes mit der Trauer und dem Verlust umging, wie sie versuchte, die Kinder auf ihre Seite zu ziehen, konnte Linda erkennen, dass sie damals sehr vieles instinktiv richtig gemacht hatte. Sie und ihr Ex-Mann hatten es geschafft, die Kinder aus ihren eigenen Verletzungen herauszuhalten. Jetzt zeigte sich der weite und anstrengende Weg, den Linda hinter sich gebracht hat, und wie wichtig es war, Wut und Trauer mit professioneller Hilfe anzuschauen, sodass kein Groll zurückbleibt – wie es bei ihrer Nachfolgerin der Fall war. Ihre warme und klare Haltung ist hart erarbeitet, zwischen damals und heute liegen bei Linda viele Therapiestunden und mehrere Neuanfänge, unter anderem nach einer langjährigen Beziehung, aus der sie viel für sich mitgenommen hat. Ihre Geschichte nach der Scheidung von ihrem ersten Mann ist eine Befreiung hin zu sich selbst, wie sie viele, gerade ältere Frauen in dieser Situation erleben. Eine Schweizer Studie hat herausgefunden, dass sie im Gegensatz zu den meisten Männern in einer ähnlichen Situation die Trennung als Chance für persönliches Wachstum begreifen und nutzen.[21]

In Lindas Fall bedeutet das auch: ohne die Vergangenheit umzudeuten oder die Schmerzen zu vergessen. Alles, was passiert ist, was sie gefühlt und erkannt hat, ist inzwischen ein Teil ihres Selbstwerts und ihrer Identität. Was Lindas Geschichte so besonders macht, ist die Güte und Toleranz, mit der sie sich selbst und ihren Ex-Mann betrachtet. Ihre Fähigkeit, um die ehemals gemeinsame Zukunft zu trauern, ohne an ihr zu hängen.

»Wofür brauchst du mich in deinem Leben?«

Ich habe mich sehr verliebt in den Vater meiner Kinder. Ich habe mich verliebt in die Souveränität und die Lebensklugheit, die Sicherheit, die er in frühen Jahren schon ausgestrahlt hat. Ich glaube, da habe ich ein ganz großes Bedürfnis gehabt. Ich wollte gerne jemanden, dem ich sehr vertrauen kann und dem ich mich anvertrauen kann.

Ich glaube, dass wir beide uns wahnsinnig zugetan waren, dass wir uns wirklich sehr geliebt haben. Aber die Kommunikation, der Austausch zwischen uns beiden – das hat in der Rückschau nicht funktioniert. Zu der Zeit, als wir uns kennenlernten – da war ich 24 –, konnte ich meine Bedürfnisse und meine Emotionen in unserer Partnerschaft nicht beschreiben, ich war mir dieser selbst nicht bewusst, und ich hätte sie auch nicht kommunizieren können. Solange alles schön ist und man auf rosa Wolken schwebt, ist das ja auch gar nicht notwendig. Aber sobald es ein wirkliches Miteinander wird, das auch mal durch Krisen geht, braucht ein Paar Kommunikation. Und das beginnt damit, sich selbst darüber im Klaren zu sein: Wie fühle ich mich? Welches

Bedürfnis habe ich gerade? Welches Bedürfnis wird vielleicht nicht befriedigt von meinem Partner? Und wie kann ich ihm das wertschätzend erklären? Und ich glaube, dazu waren wir beide absolut nicht in der Lage. Wir haben es schlichtweg zu Hause nicht gelernt, bei unseren Eltern.

Ich glaube, dass es einen Punkt bei uns gab, an dem immer mehr gegenseitige Verschlossenheit aufkam, geboren aus einer Verzweiflung in dieser Partnerschaft. Ich weiß, dass ich mich irgendwann wahnsinnig allein gelassen gefühlt habe. Ich vermute tatsächlich, der Beginn dieser Phase war schon die Geburt unserer Tochter, unseres ersten Kindes, die Belastung, die damit für uns beide einherging. Die haben wir uns vorher eben nicht ausmalen können. Überhaupt nicht. Claras Papa war auch nicht grundsätzlich total begeistert davon, dass ich wahnsinnig gerne ein Kind haben wollte. Er hat sich davon überzeugen lassen, und er hat sich, so gut wie es ihm überhaupt nur möglich war, auf diese Rolle als Vater eingelassen. Aber ich glaube, er hat sehr darunter gelitten, dass so viel Energie und Aufmerksamkeit jetzt von ihm abgezogen wurde und sich alles auf dieses Kind konzentriert hat.

Das war einer der Gründe, warum ich meinen damaligen Mann so faszinierend fand. Ich glaube, dass er ganz viel von dem hat, was ich aus meinem Elternhaus gut kannte. Das war das, womit ich gut umgehen konnte. Ich bin eine klassische Kriegsenkelin. Bei uns zu Hause waren Emotionen gefährlich. Bei uns durften Gefühle nicht geäußert werden, und das hat uns Kindern nicht gutgetan. Wir haben ganz früh und ganz schnell gelernt, uns sehr zurückzunehmen, sehr zu beherrschen, möglichst still zu sein, wenn es nötig war, also unter der Grasnarbe zu verschwinden. Und gleichzeitig haben wir dadurch eine extreme Alarmbereitschaft für das Verhalten anderer entwickelt. Bei uns war die bedrohliche Person unser Vater, und wenn der plötzlich explodierte, konnten wir uns ja nicht mehr in Sicherheit bringen. Also haben wir Antennen entwickelt, welche Anzeichen es dafür geben könnte, um ihn dann zu besänftigen.

Es wurde nicht über Gefühle oder Bedürfnisse gesprochen, bei uns ging es viel um Leistung. Für Leistung gab es Belohnung. Für emotionale Ausbrüche gab es eher Bestrafung.

Ich glaube, viel davon habe ich im Vater meiner Kinder wiederentdeckt, und mein Umgang mit ihm ähnelte fatalerweise, so naiv und jung, wie ich war, eben auch sehr dem Umgang mit meinem Vater. Das hieß für mich, sobald irgendwie Wolken am Horizont auftauchten – möglichst beschwichtigen, ruhig sein, wegtauchen. Wir haben keinen Weg gehabt, uns miteinander auszutauschen über die Dinge, vor denen wir Angst hatten. Streit war Angst.

Meine Tochter war sechs Monate alt, ich war unglaublich verliebt in sie und in dieses Mutterdasein. Ich fand es so erfüllend und so schön, aber ich habe trotzdem gemerkt, dass ich mit dem Vater schon zu diesem Zeitpunkt langsam auseinanderdriftete. Er lebte sein Leben im Grunde weiter, auch mit vielen Freizeitdingen, von denen ich abgeschnitten war, und ich habe mir dann eben meine eigene Realität mit meiner Familie gebaut. Nach einem halben Jahr dachte ich: ›Das ist schön, aber es füllt mich nicht aus‹, ich wollte noch ein Kind, bin damit zu meinem Mann gegangen, und der hat gesagt: »Du hast sie wohl nicht alle.« Ich habe dann aber so lange herumgequengelt, bis er es auch wollte, weil unsere Tochter ja kein Einzelkind bleiben sollte. Das war auch seine Entscheidung. Es hätte vielleicht nicht ganz so schnell gehen müssen. Wir haben auch gedacht: Vielleicht dauert es ja. *Es ging aber superschnell. Ich war sofort schwanger.*

Als unser Sohn dann auf der Welt war, 15 Monate nach der Geburt unserer Tochter, war ich voll ausgelastet. Da ging gar nichts mehr. Ich konnte nicht mal mehr Luft holen, zwischendurch, das ist ja wie ein Zwilling. Es war erst mal klar: Ich war sozusagen ruhiggestellt, ich war vollbeschäftigt mit diesen Kindern. Und ich wollte auf gar keinen Fall Hilfe. Ich bin mit Kindermädchen aufgewachsen und habe das nicht als schön empfun-

den. Ich wollte kein Kindermädchen an meine Kinder lassen. Ich habe da wahnsinnig viel Energie reingesteckt, oft auch über meine Grenzen hinaus, hab mich verausgabt und war dadurch aber alles andere als eine gute Partnerin. Das ging auf Kosten der Nähe zwischen uns als Paar. Aber ich habe in der Situation immer nur gestrampelt und gekämpft, ich habe das gar nicht mitbekommen.

Wir haben eine sehr klassische, konservative Ehe geführt. Inzwischen bin ich der festen Überzeugung, dass ich dafür gar nicht gemacht bin. Damals habe ich aber gedacht: ›Das ist jetzt Teil der Aufgabe, die ich übernommen habe‹.

Das brachte eine emotionale Aufteilung mit sich, auch dafür war ich bei den Kindern zuständig. Aber ich habe ihn auch überhaupt nicht aktiv da herangeführt, es wäre auch meine Aufgabe gewesen, ihn an die Hand zu nehmen. Ich glaube, er stand davor und dachte immer: ›Ich kann das ja nicht. Und sie macht hier sowieso alles. Was soll ich da jetzt eigentlich noch?‹ Das war sicherlich fatal, ihn nicht einzubeziehen und ihn an die Kinder heranzuführen und Nähe herzustellen. Diese Nähe zwischen ihm und den Kindern hat sich in der Zeit, in der wir zusammen waren, nicht so intensiv entwickelt, wie es möglich gewesen wäre. Er hat sich immer mehr von mir distanziert, und gleichzeitig auch von den Kindern. Und ich habe immer mehr gedacht, dann muss ich es ganz wahnsinnig gut machen. Daraus wurde eine Spirale, die uns immer weiter auseinandergetrieben hat.

Mein Muster war: Ich bekomme Anerkennung nur, wenn ich etwas leiste. In meiner damaligen Sicht auf mich selbst hatte ich keine andere Aufgabe als diese Kinder, als Hausfrau und Mutter, und das habe ich dann ganz besonders intensiv gemacht. Obwohl das eigentlich gar nicht die einzige Aufgabe war – ich habe dann auch schnell noch die Kita geleitet, in die die Kinder gegangen sind, und noch ein bisschen nebenbei studiert. Und dann war ich noch ehrenamtlich in der Hamburger Kunstszene unterwegs, aber das habe ich in meinem Leistungsdenken gar nicht als zusätzliche Belastung betrachtet. Das alles hat mich auch nie zu mir geführt, sondern immer nur in eine scheinbare Erfolgsgeschichte, die auch meinen Mann nicht näher zu mir gebracht hat.

Ich glaube, dass er sich sehr ausgeschlossen gefühlt hat. Wir haben sehr wenig gesprochen, auch im Zuge unserer Trennung. Aber ich kann mich an diesen Vorwurf erinnern: »Wofür bin ich überhaupt gut in deinem Leben? Wofür brauchst du mich eigentlich? Du machst doch immer alles, und du kannst alles. Und es ist alles immer perfekt. Wofür brauchst du mich?«

Ich bin immer noch traurig darüber, dass wir es nicht konnten. Dass wir es nicht geschafft haben. Wir haben es sicherlich versucht, aber wir haben es einfach nicht gekonnt. Die Trennung war dann die einzige Möglichkeit. Auch für meinen weiteren Lebensweg. Und ich hoffe, dass er das heute auch so empfindet.

Ich habe damals schnell gelernt, dass es kein Stigma ist, geschieden zu sein. Als ich zu den Elternabenden in der Schule ging und es den anderen Eltern mitgeteilt habe, war ich fest davon überzeugt: Wir sind die einzige Familie, bei der das so ist. Das war natürlich Quatsch, die anderen haben es nur nicht erzählt. Aber wenn du etwas von dir erzählst, erzählen dir auch andere etwas von sich. Mein Zustand hat sich normalisiert, als ich festgestellt habe, dass es anderen ganz ähnlich geht und dass jede der (hauptsächlich) Mütter, mit denen ich Kontakt hatte, ihren eigenen Weg gefunden hatte, damit umzugehen. Und irgendwann kann man damit abschließen, auch mal wieder ganz fröhlich sein. Und nach vorn blicken.

Die Therapie hat mir enorm geholfen. Da saß dann jemand, der mir jedes Mal erzählt hat, dass alles toll sei, was ich machte, dass es völlig in Ordnung sei, was ich empfand, und dass ich keine

Schuldgefühle haben müsse. Und irgendwann habe ich es dann auch geglaubt.

Ich habe erlebt, dass ich mich lösen kann aus meinen Kindheitsschemata. Ich kann bestimmen, wie ich sein möchte. Ich muss mich nicht ausgeliefert fühlen. Das war, glaube ich, eine meiner wichtigsten Erkenntnisse. Ich kann mein Leben in die Hand nehmen, berufstätig sein, Erfolg erleben, außerhalb der Mutterrolle Freundschaften schließen, Vertrauen erleben, Zuneigung erleben.

Ich habe über mich selbst gelernt, dass ich sehr glücklich allein sein kann, überzeugt glücklich, nicht, weil ich es mir vornehme, sondern weil ich dieses Gefühl tatsächlich empfinde. Ich bin sehr selbstbewusst geworden über die vielen Dinge, die ich allein geschafft habe. Ich führe ein Leben, das mir sehr gefällt. Ich brauche keinen Versorger, niemanden, der mir erklärt, wie das Leben läuft, ich brauche niemanden, der eine schützende Hand über mich hält. Sollte sich etwas Neues ergeben, hätte ich gern einen Partner, der mich wahrnehmen kann als das, was ich bin, und mich genauso liebt. Nicht, weil ich irgendetwas tue oder habe oder sein möchte. Ich möchte keinen Partner verändern, und er könnte auch mich nicht verändern.

Und ich fühle mich ausgesprochen wohl in der neuen Familienkonstellation, die wir jetzt haben. Ich habe den Eindruck, dass sich bei uns vieles wieder zum Guten gewendet hat, im Vertrauen zueinander und auch im Miteinander. Die neue Frau meines Ex-Mannes, also seine, inzwischen, dritte Frau, kenne ich schon lange, sie war damals auch auf unserer Hochzeit, eine warmherzige und selbstbewusste Frau, die ich mag, die eigene Kinder und sogar schon Enkelkinder hat. Es fühlt sich so an, als ob jetzt alle neu miteinander verbunden seien. Man könnte es auch so sehen: Mein früherer Mann ist sehr aktiv darin, die Familie weiter zu vergrößern. Und ich mag das.

Ich empfinde unser Verhältnis heute als sehr gut, was auch daran liegt, dass diese alte Vertrautheit nie ganz weggeht. Wir wissen eben viel übereinander, alles, was wir viele Jahre miteinander er-

lebt und geteilt haben. Ich halte den Vater meiner Kinder für einen absolut ehrlichen, verantwortungsbewussten, überaus freundlichen, großzügigen und oft auch sehr fröhlichen Menschen.

Noch nicht *The End*

Eine solche Liebeserklärung trotz der erlebten Verletzungen und Enttäuschungen ist vielleicht erst mit einem ausreichenden zeitlichen Abstand denkbar, aber dass sie überhaupt möglich ist, sagt sehr viel über Linda aus und darüber, wie sich die Perspektiven verschieben, wenn man eine Trennung als Chance betrachtet, sich neu kennenzulernen. In Lindas Fall sogar die wichtigste ihres Lebens – zum ersten Mal konnte sie alle Gefühle – Trauer, Zweifel, Einsamkeit, Verlust – in ihrer ganzen Wucht zulassen und darüber sich selbst die Verletzlichkeit, die Empathie und die Selbstfürsorge beibringen, die sie in ihrem Elternhaus nie gelernt hat. Für sie war die Trennung damit Auslöser für einen gewaltigen Entwicklungsschub, der ihr Leben authentisch gemacht hat, der sie näher zu sich selbst und ihren Lieben gebracht hat.

»Wenn all das nicht passiert wäre und du wärst immer noch an der Seite deines Mannes – wärst du heute dieselbe Frau?«, frage ich sie.

»Nicht im Ansatz, und das ist ein Teil dessen, was mich glücklich macht. Es war eine ganz wichtige Phase in meinem Leben, die Familiengründung, diese beiden wunderbaren Kinder sind daraus erwachsen. Aber ich glaube im Nachhinein, dass die Trennung sein musste, weil ich anders leben wollte. Ich wusste das damals nicht – aber tatsächlich bin ich nicht für das Leben gemacht, das ich an seiner Seite geführt hätte. Ich brauche viel mehr Selbstbestimmung, viel mehr Wagnis, viel mehr Abenteuer und Grenzüberschreitung. Die hätte ich mir im Schutz dieser Ehe nicht zugestanden.«

Lindas Antwort auf diese letzte Frage ist vielleicht die wichtigste für alle, die noch in einer Trennung stecken, sich noch erschrocken umschauen oder noch nicht erholt haben. Und sich vielleicht über ein paar weitere Stimmen freuen, die vom anderen Ende des Ufers herüberschallen. Und weil es davon nie genug geben kann, eine kleine Mutmach-Auswahl von getrennt lebenden Frauen, die mir geschrieben haben, als ich nach ihrem neuen Leben und nach einer möglichen neuen Liebe gefragt habe:

»Zwei Ehen gescheitert, Kinder groß, ich bin fast 50 und stelle jetzt erst fest, dass es nie um mich ging. Und jetzt entdecke ich tolle Sachen – allein ins Kino gehen (keiner neben mir nervt und jammert); Dates mit einem 15 Jahre Jüngeren (sehr erfrischend); diagonal im Bett liegen; wenn ich nicht kochen will, koche ich nicht; ich kaufe mir Sachen, ohne dass einer motzt, wofür ich Geld ausgebe. Ich lerne gerade absolute Selbstliebe!«

»Ich war fast 30 Jahre verheiratet und die meiste Zeit davon glücklich. Jetzt bin ich seit sieben Jahren Single und die meiste Zeit glücklich. Ich habe ein gutes Leben mit einer tollen selbstständigen Tätigkeit, erwachsenen tollen Kindern, Freunden, Familie, vielen Interessen. Das Leben ist gut so, wie es ist.«

»Ich habe mit 14 Jahren beschlossen, nicht zu heiraten. Jetzt bin ich 43 und finde diese Entscheidung immer noch gut. Seit vier Jahren habe ich wieder einen Partner. Aber nur ambulant und nicht stationär … Gefällt mir eigentlich ganz gut so.«

»Ich habe meine Erfahrungen vor 30 gemacht: Hochzeit, Kind, geschieden. Alleinerziehend. Ich lebe JETZT die beste Version meines Lebens.«

»Ich war und bin alles. Single, alleinerziehend, geschieden, verheiratet, einsam, zweisam und gemeinsam. Aus ganzem Herzen

sage ich Ja zu allen Teilen in mir. Alles war gut. Alles war wichtig, alles bin ich, und es macht mich aus.«

Eigentlich könnte ich dieser euphorischen Stimme das Schlusswort zum Thema Liebe überlassen, aber in der Liebe ist es selten zu Ende, nur weil es zu Ende ist, und deshalb geht es im letzten Kapitel auch nicht ums Abschließen, sondern ums Loslassen. Und trotzdem Bei-sich-Behalten. Ich glaube, wir wären sonst unvollständig. Alle vergangenen Lieben und Begegnungen brauchen und verdienen Zuneigung und Wertschätzung, vor allem für den Menschen, der wir selbst an der Seite dieser Person waren – auch wenn wir auf manche davon nicht besonders stolz sind.

In meinem Fundus aus 58 Jahren gibt es übrigens noch eine Kassette mit der Stimme von Lex Barker …

8 KANN ICH_LOSLASSEN?

Warum ich Fotorückblicke hasse

Mit einer verstörenden Beharrlichkeit setzt mir Apple immer dieselbe Fotocollage vor die Nase. Ich schalte morgens das Handy ein, und sie wartet schon auf mich. Meine Urlaubsbilder aus der Ehezeit, nicht mal besonders schöne, sondern »Random«-Fotos, wie meine Kinder es ausdrücken würden, die man bei der ersten Durchsicht wahrscheinlich gleich hätte löschen können. Ich weiß nicht, ob den Konstrukteur:innen des Algorithmus klar ist, dass arglose Handyuserinnen nicht nur mit den Highlights ihres Lebens, sondern unter Umständen auch ständig mit Trennungen, Abschieden oder Todesfällen konfrontiert werden.

Was fällt Apple ein, ehemalige Partner:innen aus dem Archiv zu kramen, aus jahrealten Urlaubsfotos romantische Collagen zusammenzustellen und so zu tun, als würden alle bis heute *happily ever after* zusammenleben? Das Ganze auch noch mit herzzerreißender Musik unterlegt.

Wälder, Küsten, Burgen und Strand – davor mein Ex-Mann, in die Weite schauend oder ins Handy vertieft, die Kinder mit sich beschäftigt, herumalbernd, oder sie winken mir zu, aus dem Hintergrund. Die Kluft zwischen den Eheleuten drängt sich unsichtbar ins Bild. Offenbar habe ich erstaunlich viele Varianten dieses Motivs aufgenommen, als hätte ich nach einem Anhaltspunkt gesucht, der mir erklären könnte, was gerade passiert. Und ich frage mich, ob mich damals schon der Gedanke gelenkt hat, diese Momente für die Zeit nach der Trennung zu dokumentieren.

Auch wenn ich sie meistens schnell wegwische, habe ich diese Fotocollagen schon in manchen Traum mitgenommen. Offenbar verbinden sich die Bilder direkt mit ein paar verlegten Gefühlen und entwickeln ein Eigenleben zwischen meinen Synapsen. Ich werde den Gedanken nicht los, der Algorithmus könnte mir etwas sagen wollen. Als Botschafter meines Unbewussten. Wenn eine KI dahintersteckt, müsste sie dann nicht wissen, dass ich schon eine Weile geschieden bin? Dass das Ganze, sagen wir mal, nicht optimal gelaufen ist und ich ungern direkt nach dem Aufwachen ein Urlaubsbild aus der Zeit vor meiner Trennung betrachten möchte? Wäre es möglich, dass die Maschine inzwischen auch die Gespräche mit meiner Therapeutin belauscht und mich auf diese Weise auffordert, die Vergangenheit endlich in meine eigene Timeline einzuordnen?

Denn komischerweise habe ich nicht den Impuls zu löschen, sondern bleibe doch, wenn auch kurz, an dem Bild hängen – ein eingefrorener Augenblick als Sinnbild einer sich auflösenden Beziehung. Von dort aus dauerte es nicht mehr lange, bis mir bewusst wurde, dass meine Vorfreude auf den Familienurlaub vor allem den Kindern galt. Und dass diese Vorfreude immer öfter begleitet wurde von Wehmut und der unerfreulichen Aussicht auf einsame Momente zu zweit.

Ich habe damals Gefühle und Eindrücke minutiös registriert. In der Hoffnung, die Entwicklung aufhalten zu können, wenn ich nur erst mal alles Gesammelte vortragen und besprechen könnte. In meinem Kopf waren diese Gespräche schon voraufgezeichnet. Nur dass die Beobachtungen immer mehr wurden und das Sprechen immer weniger und sich unter der Haut ein feines Geflecht aus Angstadern ausbreitete. Der Gedanke: *Das fährt gegen die Wand*. Ich weiß noch, dass diese Ahnung mir trotz allem Halt gab, weil ich dachte: Wenn ich es wahrnehmen und benennen kann, dann kriege ich es auch wieder in den Griff. Und irgendwann, wenn die Krise überstanden sein würde, könnte ich Szenen wie diese vielleicht in einem Roman verarbeiten:

»Die Blicke des Paares treffen sich nicht mehr wie früher – als sich beide lächelnd und still darüber verständigen konnten, dass sie gerade dasselbe beobachten und denken. Zum Beispiel über den lustigen Spruch eines Kindes oder ein leuchtendes Kirchenmosaikfenster oder die spektakuläre Schönheit einer einsamen Bucht. Weil die Intimität fehlt, die nötig ist, um spontan stilles Einverständnis entstehen zu lassen.«

Ich war jedes Mal erleichtert, wenn ich dieselbe zweifache Einsamkeit bei anderen Paaren beobachten konnte. Vielleicht war das einfach nur der organische Verlauf einer lang angelegten Beziehung mit Kindern? Also nichts Dramatisches. Aber mir liefen eben auch die anderen über den Weg: die Zugewandten mit ihrer Zärtlichkeit und Rücksicht, ihrer Leichtigkeit, ihrer ansteckenden Albernheit und den vielen vertrauten Gesten. Die sich gegenseitig den Rücken streichelten, wenn sie schweigend in der Schlange vor der Wasserbahn standen.

Unfall in Zeitlupe

Im Rückblick fühlt es sich so an, als wäre man gelähmt gewesen und hätte den Ablauf eines Unfalls betrachtet, ohne den Blick lösen zu können, in einer endlos gestreckten Zeitlupe. Mit tausendfachen Möglichkeiten einzugreifen, aber dann ziehen sie alle vorbei, bevor man auch nur den Arm heben kann.

Blöd, dass sich die vertanen Chancen erst rückblickend offenbaren. Und dass mir zu dem Zeitpunkt der Mut und die Kraft fehlten, um einen Kamikaze-Move vorzuschlagen: »Lass uns auseinanderziehen. Und dann weitergucken.« Jede Konfrontation birgt ja auch das Risiko, dass einem das Problem endgültig um die Ohren fliegt. Deshalb ist Risikobereitschaft immer auch abhängig vom Grad der Verzweiflung. Anders ausgedrückt: Hätte, hätte Fahrradkette … Offenbar gab es genug gute Gründe, festzuhalten. Genug schöne, friedliche Momente, selige Viersamkeit.

Ich halte es deshalb für eine Art Selbstverletzung, eine 20 Jahre lange Ehe als gescheitert zu bezeichnen, als hätte man in die falsche Versuchsanordnung investiert. Damit würde ich im Rückblick nicht nur die Begeisterung des Anfangs, sondern auch alle darauffolgenden besonderen Augenblicke verleumden. Dann bliebe ein großer Teil meines Selbstbildes im Unglückskäfig hocken. Nicht gut.

Ich trete die Flucht nach vorn an: Dies ist die Chance, mir meinen eigenen Anteil an der Entwicklung genau anzuschauen. Ein Selbsterkenntnisbooster, der nur funktioniert, wenn man auch die Wut und Enttäuschung des anderen anerkennt und recherchiert, wie viel davon auf das eigene Konto geht.

Jahre später bringt mich also ein Algorithmus auf die Idee, den Bildern die damaligen Gefühle zuzuordnen und daraus Unterschriften für mein inneres Album zu machen.

Thanx Apple, vor allem für die einseitige und unbarmherzige Auswahl. Aber ab jetzt würde ich gern allein übernehmen.

Wenn ich ein Algorithmus wäre, dann gäbe es ein Handy-Fotoalbum gefüllt mit Kinderbildern und schlafenden Gesichtern, Dünen und Märkten, versteckten Cafés und riesigen Findlingen am Strand, auf die wir zumindest beide gleichzeitig geschaut haben. Auch wenn sich die Blicke irgendwann nicht mehr trafen.

Ich verlasse mich auf einen gemeinsamen Sockel aus vielen verschiedenen Momenten, die wir beide unabhängig voneinander hochhalten und uns weder gegenseitig nehmen noch von anderen ausreden lassen.

Vor allem Kinder haben ein Recht auf diese Augenblicke, in denen sie ankern, denn als Lebensneulinge können sie nicht auf andere Phasen oder lebenslange Freundschaften zurückgreifen, gegen die sie die gecrashte Beziehung abwägen und entsprechend neu gewichten können.

Eine Kindheit ist eine Kindheit ist eine Kindheit.

Sie hatten keine andere Option, als in dieses eine Nest zu fallen, das sie sich nicht ausgesucht haben, und sich von dort aus in der Welt umzuschauen. Das macht alle Zufallsaufnahmen und die Erinnerungen, die daran hängen, zu einem Teil ihrer Identität, auf die sie nicht verzichten können.

Ich betrachte es als meinen Job, möglichst viele Geschichten auszugraben, die etwas vom Wesen dieser Familie erzählen, weil sie in der früheren Konstellation nicht mehr existiert und die Erinnerungen deshalb immer blasser und wertvoller werden. Die angespanntesten Situationen von damals eignen sich am besten für Anekdoten, weil man ohne den alltäglichen Ärger über diese und jene Macke viel großzügiger mit den Unzulänglichkeiten des anderen umgehen kann. Es muss nicht mehr darüber verhandelt werden, ob und wie sich wer in den Erzählungen wiederfindet. Jeder und jede kann seine und ihre versöhnlichste Version der verflossenen Zeit ausmalen. Man kann all die Güte und Toleranz in eine Schale werfen, die man im damaligen Moment ums Verrecken nicht aufbringen konnte. Oder wollte.

In den Erinnerungen und Bildern umarme ich uns alle vier und manchmal auch Menschen im erweiterten Kreis um uns herum, aus dem ich ebenfalls einige ins Herz geschlossen habe, die aus meiner Gegenwart verschwunden sind. In meiner Geschichte haben sie einen festen Platz, allein schon, weil sie im Leben meiner Kinder eine wichtige Rolle spielen, und an diesem Platz ist es still und friedlich.

Rosa Neuronen

Gott sei Dank malt das Gedächtnis sowieso mit goldenem Pinsel. Deshalb war das Wetter im Urlaub retrospektiv immer besser, wie man in Gedächtnisstudien beweisen konnte. Ich bemerke, dass sich meine Neuronen ebenfalls hier und da rosa einfärben, und hoffe, dass auch meine Kinder in ihrer Erinnerung eher das Wellenreiten und die Spieleabende hervorkramen als den Streit bei der Wanderung.

Denn laut Neuroforschung gibt es ein zweites Wahrnehmungstor, eine spezielle Gedächtnisauswahl, wo alles landet, was zu der autobiografischen Lebensgeschichte passt, die wir erzählen wollen. Eine edle Kollektion aus warmen Gefühlen, lustigen Anekdoten und Naturerlebnissen, die unser Selbstkonzept begründen – und stützen sollen. Dazu ein imposanter Haufen an Rechtfertigungen für Situationen, für die wir uns schuldig fühlen. Oft werden sie gleich ganz ausradiert, und dann sind gern andere schuld, die wir nicht mehr kennen. Dieses Selbstkonzept wird immer wieder erweitert und konsolidiert, wenn neue schöne Inhalte hereinschwappen. Daher der gereifte Spruch: Es ist nie zu spät für eine schöne Kindheit. Wir sind, was wir erlebt haben wollen.

Auf der anderen Seite der Medaille macht diese Strategie des störungsfreien Selbstbildes eine Aussöhnung und ein Wachstum manchmal schwerer. Deshalb gehe ich bei mir selbst lieber von einer gewissen Gestörtheit aus, die viel Selbstreflexion und die ein oder andere Entschuldigung erfordert, aber es lebt sich damit authentischer und versöhnlicher, und ein paar Selbstanklagen und -einsichten machen den Weg frei für eine andere Qualität von Beziehung, also:

Ich wünschte, ich hätte damals schon die Großzügigkeit gehabt, von der jeweiligen Situation zurückzutreten und zuzugeben, dass ich einfach nur noch gewinnen will. Den anderen an die Wand reden, sehen, wie er stutzt, zu einer Antwort ansetzt, von der Unterstellung dessen, was er vermeintlich als Nächstes sagen wollen würde, überrollt wird und über den Ärger darüber, dass ihm etwas, und was ihm in den Mund gelegt wird, vergisst, was er eigentlich sagen wollte.

Ich habe es manchmal sehr genossen, zuzuschauen, wie jemand nach Worten und um Fassung ringt, wenn ich mich in Rage redete. So wie ich als Grundschülerin einmal einen Jungen mit dem ausholenden Schwung meiner Schultasche niedergestreckt habe, habe ich als Erwachsene manchmal mit Sätzen ausgeholt und dabei ein sehr feines Gespür für die Triggerpunkte meines Gegenübers entwickelt.

Für diese Angriffe gibt und gab es immer eine Vorgeschichte, die sich aber erst rückblickend zeigt: Wenn sich ausreichend Verletzungen und Wut angesammelt haben und es zu spät ist, noch eine Entschuldigung anzunehmen, wenn ich eigentlich traurig und getroffen bin, weil es zu lange keine Zuwendung, kein Wohlwollen mehr gab, wenn ich mich übergangen, übersehen, vor allem aber vorgeführt oder gedemütigt fühle. Wenn eine adäquate Gefühlsäußerung bedeuten würde, dass ich in Vorleistung gehe, Bauch zeige und das Risiko leider nicht eingehen kann, dass die Verletzlichkeitsgeste ausgenutzt und ich ein weiteres Mal gedisst werde. Bäm.

Und während ich dieses schreibe, nehme ich erleichtert und mausstillfroh wahr, dass solche Momente fast ganz aus meinem Leben verschwunden sind.

Boxen am Boden

Mein Kompaktkurs aus einer Verdichtung meiner wichtigsten Therapiestunden: Verletzungen, die nicht anerkannt werden, verwandeln sich in Wut. Emotionale Vernachlässigung verwandelt sich ebenfalls irgendwann in verzweifelte Wut – um den anderen doch noch auf anderem Weg zu erreichen. Unerfüllte Bedürfnisse und Wünsche verwandeln sich in Wut.

Am Ende ist der andere nur noch Projektionsfläche für alles, was schiefläuft. Die Wut ist der beste Schutz, um andere Gefühle wie Angst und Scham nicht zulassen zu müssen, und diese Strategie kann lange funktionieren, bis die Wut eine Eigendynamik entwickelt und in ihrer chronifizierten Form zum Groll wird, der immer wieder in alten Verletzungen schwelgt. Anhaltender Groll hat die Nebenwirkung, dass eine Aussöhnung mit dem anderen, aber auch mit den eigenen Fehlern, unmöglich wird, wenn sich daraus eine Grundhaltung entwickelt, die jede Kommunikation – und seien es nur organisatorische Absprachen – potenziell zu einem Machtkampf nach altem Muster anschwellen lässt.

Der Weg aus diesem Teufelskreis führt über den ursprünglichen Schmerz: über die Verletzung, über die Beschämung, über den Verlust. Die volle Wucht dieses Gefühls muss durch den Körper rollen, um sich abzuschwächen. Schön ist das nicht, aber sehr effektiv, und es ist unumgänglich, wenn man Unbeteiligte vor Schaden schützen will. Gefühlte Gefühle können keinen Schaden anrichten. Unterdrückte umso mehr – einfach weil sie wie Wasser immer einen Weg finden.

Irgendwann Ü-50 habe ich die Lust auf Wutgeplänkel und Gefechte verloren. (Bis auf Wut und Mut zur Abgrenzung, Kapitel 3) Unter anderem, weil sich dabei nie irgendjemand bewegt/überzeugt wird/die Perspektive wechselt. Es gibt nur ein Verhärten und Einfrieren, das beide Seiten unlebendiger macht, zähnefletschender, hässlicher, das jedes Wohlwollen und den Rest von Zuneigung killt. Ein penetrantes Wiederholen derselben Punkte in immer verletzenderen Varianten. Weil das Verbeißen besser scheint als gar keine Berührung. Es hat etwas von diesem Lauterwerden oder Schreien, wenn jemand registriert, dass das Gegenüber nicht dieselbe Sprache spricht, und dann einfach die eigene Lautstärke aufdreht, um zu beweisen, dass er:sie es versucht hat, wohl wissend, wie hirnrissig diese Maßnahme ist.

Es fühlte sich an, als läge ich nach einem Boxkampf am Boden, und der Gegner tänzelt weiter um mich herum; *steh auf, komm schon, schlag ruhig zu.* Ich war völlig entkräftet, und hätte gern zu zweit am Boden gelegen, um der Erschöpfung und den Verletzungen nachzugeben und endlich zu reden. Leise.

Auf eine verzweifelte Weise war ich gelangweilt von dieser Art der Nicht-Kommunikation und gleichzeitig verzweifelt über die Unerreichbarkeit auf beiden Seiten, und wieder das Gefühl, einem Unfall in Zeitlupe zuschauen zu müssen.

Ich wünschte, es hätte sich jemand eingemischt, aber wahrscheinlich erschien das vielen als zu anstrengend, oder es kam Angst hoch vor eigenen Trennungsfantasien, vielleicht auch die Sorge, Streit könne ansteckend sein, oder sie waren konträr-fasziniert davon? Keine Ahnung. Das Unglück eines Paares hat manchmal eine stabilisierende Wirkung auf andere, weil sie sich auf diese Weise immer einen positiven Abgleich für das eigene Leben abholen können.

Indem ich diese Momente hier festhalte, dürfte es zumindest keine Rückfälle mehr geben, denn nun kann mich ja jeder und jede, den und die ich, oft ohne es zu merken, mit geballten Fäusten zum Tanz auffordere, sofort ausbremsen: »Ich weiß, warum du das machst und was dahintersteckt – nicht mit mir, den Schritt können wir auslassen und gleich zum Wesentlichen übergehen.«

Ein Wesentliches war es für mich, zu erkennen, dass Streit und Verletzungen zu den Tricks des Egos gehören, um Trauer zu vermeiden. Sich in Kämpfen und ständigen Vergeltungsaktionen verlieren, statt den inneren Prozess zuzulassen, denn der macht noch mehr Angst.

Ich bleibe immer wieder an einem kurzen Instareel hängen, einem Ausschnitt aus irgendeinem Animationsfilm, bei dem ein aufgekratzter Spatz eine aggressiv-deprimierte Ente gegen ihren Willen umarmen will, »*You need a hug!*«, aber von den ausgestreckten Beinen der Ente auf Abstand gehalten wird und rotiert: »Kämpf nicht dagegen an, das macht es nur schlimmer.« Bis die Ente für einen Moment nachgibt und sofort fragt, ob der Spatz bitte wieder loslassen könne. »Fühlst du dich denn besser?«

»Nein.«

»Dann wirkt es noch nicht richtig.«

Vielleicht würde ich heute einfach ungefragt und mitleidlos umarmen, mitten im Streit, und stur festhalten, bis das Ego anfängt zu bröseln und das Herz sich öffnen kann.

Wäre es nicht fantastisch, den anderen ziemlich bald nach dem Kennenlernen an die Hand nehmen zu können und alle Triggerpunkte, Glaubenssätze und Traumata zu erklären, die einen vom Lieben abhalten und irgendwann zum Problem werden könnten?

Wäre es nicht großartig, wenn wir beim Streiten unseren eigenen Mustern auf die Spur kommen und darüber kichern könnten? »Okay, ich habe mich in meinen eigenen Argumenten verheddert. Alles Schwachsinn. Du hast recht. Aber ich finde meine Meinung trotzdem besser!«

Ich wünschte, ich hätte in solchen Momenten genug Abstand zu mir selbst aufgebracht. Stattdessen habe ich irgendwann meine Albernheit abgestreift, eine meiner wichtigsten Ressourcen, und einen großen Teil meiner Lebendigkeit verloren, und am Ende habe ich mich selbst nicht wiedererkannt. Die Paarpsychologin Esther Perel hat die bestechendste und versöhnlichste Erklärung für eine Trennung: »Die meisten Menschen verlassen nicht den Partner, sie verlassen die Person, die sie selbst geworden sind.«[1]

Gelöschte Paaridentität

Im Schwung der aufgewühlten Gefühle, der Wut und der Rachegelüste neigen viele dazu, die gemeinsame Geschichte löschen zu wollen oder im Sinne einer Fehlentscheidung umzudeuten und im Rückblick zu analysieren, in welchen Momenten sich gezeigt hat, warum man nie zusammengepasst hat … oder schon immer zu verschieden … oder noch nie ein gutes Team war … tbc. Und oft werden solche Prozesse von Freund:innen und Verwandten flankiert, die bestätigen, dass sie von Anfang an den Verdacht gehabt hätten, man sei viel zu verschieden, oder bereits vor zehn oder 15 Jahren Entfremdungen und Enttäuschungen hätten beobachten können, und viele Erinnerungen zuliefern, die das Bild rund machen, gleichzeitig aber die Momente ausradieren, in denen es Liebe und Geborgenheit gab.

Die Wut funktioniert dabei wie der Neutralisator bei »Men in Black«, wenn Will Smith und sein Kollege die Erinnerung an eine Alien-Begegnung mit ihren Blitzpistolen aus dem Gedächtnis einer Person löschen. Nach der Trennung erscheint der andere einem als Fremder oder Fremde – also muss es schon immer so gewesen sein.

Kann man machen. Diese Strategie birgt allerdings weitere Risiken. Am ehesten läuft diese Deutung auf eine Art Selbstverletzung hinaus, denn die gemeinsame Geschichte ist immer auch Teil der eigenen Geschichte und Identität. Wenn ich einzelne Gesichter aus einem Gruppenfoto herausschneide, bleibt immer ein Loch, das mich nicht nur umso mehr an die andere Person, sondern auch an meine eigenen unerledigten Gefühle erinnert. Und alle anderen auf einem beschnittenen Bild fühlen sich irgendwie auch deplatziert.

Ich lösche lieber keine Bilder, und meine alten Fotoalben bleiben unversehrt, auch wenn ich sie bis auf Weiteres in einem Umzugskarton auf dem Dachboden geparkt habe. Wenn genug Patina drüberliegt, wird dafür auch wieder Platz sein.

Bei einer Trennung gilt es nicht nur, den anderen Menschen loszulassen, sondern auch die Person, die wir an seiner oder ihrer Seite waren. Darüber hinaus existiert aber noch jemand Drittes, eine übergreifende Paaridentität, an der viele noch lange und unbewusst festhalten. Diese gemeinsame Identität trägt viele Momente in sich, von der ersten Begegnung bis zum letzten Streit und alle gemeinsam durchlebten Dramen. Schon vor dem ersten Commitment, einer Hochzeit, der ersten gemeinsamen Wohnung, wächst über die Jahre ein feines, aber starkes Geflecht aus Versprechen, ausgesprochenen und unausgesprochenen, aus Glaubenssätzen und Denkmustern. Einige davon bringen beide aus der Herkunftsfamilie mit in die Beziehung, und weil sich viele Menschen mit ähnlichen soziokulturellen Hintergründen finden, verbinden sich auch die Vorstellungen über Ehe und Zusammenleben oder Rollenverteilung. Und oft zeigt diese Paaridentität Wesenszüge, für die wir uns bewusst vielleicht nie entschieden hätten. Die aber in einer jungen Familie mit Kleinkindern durchaus helfen können, den Laden zusammen- und stabil zu halten. In meiner Anfangszeit als Mutter hatte ich oft den Ehering an meiner Hand im Blick und habe so den ein oder anderen Fluchtgedanken wieder eingefangen.

20 Jahre später musste ich dieses Gelübde und all die Versprechungen und Verbindungen, die daran hingen, nicht nur auseinanderflechten, sondern auch aus mir selbst herauslösen. Ich war überrascht darüber, wie sehr ich mein Selbstbild an meiner Bedeutung als Ehefrau und Familienmutter festgemacht hatte.

Ich musste behutsam vorgehen und konnte nicht alle alten Lasten auf einmal über Bord werfen, ohne ins Trudeln zu geraten. Mein liebstes Bild für dieses Manöver ist ein Heißluftballon, der mit vielen Seilen am Boden verankert bleibt, bis sich die Kuppel ausreichend gefüllt hat, um abzuheben – und die Beziehung und die eigenen Verstrickungen aus der Vogelperspektive zu betrachten.

Jedes dieser Seile steht für ein Versprechen und für eine Verbindung, und mit jedem gelösten Seil gerät der Ballon immer mehr in Bewegung und kann schließlich aufsteigen. *Free as a bird.* Nur die Verbindung über die Kinder bleibt für immer erhalten, ob man will oder nicht …

Vielleicht sind alle anderen schneller, ich habe für dieses langsame Ankerlichten Jahre gebraucht, und mir war lange gar nicht bewusst, wie sehr ich an unbewussten Mustern festgehalten habe, von denen manche tief in der Kindheit wurzeln. Ich bin die erste und einzige Geschiedene im weiten Umfeld meiner Verwandtschaft. Allein dieser Schritt aus den Konventionen heraus, die Angst, meine Herkunftsfamilie zu enttäuschen oder zu beschämen und als Outlaw dazustehen, hat mich sehr lange festgehalten.

Aber egal, wie viel Unglück in diese Phase verwoben ist, wie viel besser sich das Leben heute anfühlt, egal, wie viele Therapien danach kamen, wie viele neue Erfahrungen sich auf dieses frühere Leben gestapelt haben – es bleibt ein abgekapselter

Appendix von Trauer, der die meiste Zeit stillliegt, aber jederzeit ansprechbar und dann wieder schmerzhaft spürbar ist. Der nichts mit der anderen Person zu tun hat, sondern mit dem, was man gemeinsam war oder erschaffen hat. Ein Kummer über die Versprechen und Perspektiven, die sich daraus ergeben und dann aufgelöst haben.

Von jedem großen Verlust bleibt immer etwas Unauslöschbares. Etwas, das für immer untröstlich bleibt. Vielleicht, weil sich manches nicht wiedergutmachen lässt. Die Erschütterung in der Seele und der Knick in der Identität der Kinder, die sich darauf verlassen haben, dass die Gefühle und die Verbindung, aus der sie entstanden sind, für immer gelten und sie sich aus dieser Sicherheit heraus in die Welt wagen können.

Ich trauere um das Schwelgen in Erinnerungen, zusammen mit allen Menschen, die diese Erinnerungen teilen. Um die Kontinuität der gemeinsamen Geschichte, um die Menschen drum herum, die jetzt wieder zu der einen oder zur anderen Seite gehören.

Stumme Bilder

»Alle Bilder werden verschwinden«,[2] lautet der erste Satz aus dem Buch der Nobelpreisträgerin Annie Ernaux, »Die Jahre«.

In den 70er-Jahren waren eine Super-8-Kamera, das Material dazu und die Technik empfindlich, jede Aufnahme war genau bedacht und jeder Moment deshalb so wertvoll und unvergesslich. Im Winter '72 kauften sich die französische Schriftstellerin Annie Ernaux und ihr Mann so eine Kamera und dokumentierten die nächsten drei Jahre mit ihren beiden Söhnen. Genau genommen war es ihr Mann Philippe, der die Aufnahmen machte – von seiner Frau und den Kindern, von Annie

Ernaux' Mutter, die nach dem Tod ihres Mannes bei der jungen Familie wohnt, im Winter- oder Sommerurlaub, in Swimmingpools und zwischen blühenden Bäumen, auf Reisen des Paares ohne die Kinder. »Diese Rolle habe ich ihm ohne Protest überlassen.«[3]

Was ihr als Erstes auffiel, war, »das theatralische Moment, das nun mit der Kamera in unser Leben trat«. Die Rückkehr vom Supermarkt wurde zum Happening, in dem die Familienmitglieder nicht einfach nur sie selbst waren, sondern auch agierten, sobald sie den Vater mit der Kamera entdeckten. Annie Ernaux wirkt manchmal genervt, schaut oft und direkt in die Linse der Kamera, als wolle sie erforschen, was der Mann dahinter von ihr wolle. Sie zeigt sich verhalten, während er sich hinter der Kamera versteckt, sodass diese Bilder wie eine Vorahnung erscheinen oder ein langsamer Abschied. Drei Jahre später trennten sich Annie Ernaux und ihr Mann, und damit enden 1981 auch die Aufnahmen.

Die Ausrüstung und alle Bilder verblieben bei Annie Ernaux, und erst über 50 Jahre später wurde daraus ein Filmprojekt: Ernaux' Sohn kam auf die Idee, als er zusammen mit seiner Mutter die Filme von damals sichtete, und sie begann, das damalige Geschehen zu kommentieren. Ihr Sohn hat den Film konzipiert und geschnitten, seine Mutter schrieb den Text und bettet so die Aufnahmen in den Kontext ihrer Familie und verortet ihn in der damaligen Epoche mit seinen sozialistischen und feministischen Bewegungen und der zunehmenden Sehnsucht nach einem anderen, natürlichen Leben auf dem Land. Gleichzeitig wurde daraus ein Bericht über das damalige Seelenleben der Kommentatorin: »Hinter dem Bild einer unscheinbaren jungen Mutter … lag eine von dem heimlichen Bedürfnis zu schreiben gequälte Frau«, lauten ihre Worte über einer Aufnahme in den verschneiten Bergen, bei der Ernaux mit verschränkten Armen im Hintergrund steht, im Vordergrund einer ihrer Söhne. Aus Ernaux' Perspektive, untermalt von den Gedanken und der Einordnung einer Schriftstellerin von über 80 Jahren, wird aus den Bildern ein sozialpsychologisches Zeitdokument und ein Kunstwerk: *Annie Ernaux – Les années super 8.* Der Film bringt die Stimme der Frau ins Geschehen, die damals keine Stimme hatte. Sie spricht aus einer fernen Zukunft in die Gegenwart der 80er-Jahre. Die gleichzeitige Stummheit der Bilder ist sehr berührend, weil sie aus der sprachlosen Vergangenheit des Paares stammt. Ernaux kommentiert die Bilder mit ihrer Mutter in der Küche: »Nichts Schlimmeres, als wenn man die Leiden einer sterbenden Ehe vor der Mutter verstecken muss.«[4]

Im Laufe der drei Jahre rücken Gebäude, Architektur, Landschaften in den Vordergrund der Aufnahmen. Die Abwesenheit von Körpern und Gesichtern scheinen das Ende der Ehe anzukündigen. Er sucht nicht mehr ihren Blick. Sie spricht später von »drastischer Abwesenheit«.

Annie Ernaux – Les années super 8 läuft in Hamburg in der Bibliothek des Warburg-Hauses, wo ich in der Dunkelheit eines holzvertäfelten kleinen Vorlesungssaals lautlos ein paar Tränen rollen lassen kann. Beim vorsichtigen Umherschauen bemerke ich viele ehemalige 70er- und 80er-Jahre-Kinder, denen es genauso geht wie mir, und ich frage mich, ob wir alle aus denselben Gründen angefasst sind.

Super-8-Filme waren schon Ende der 60er-Jahre das Medium für junges Familienglück, für die Schönheit im Banalen. Die Stummheit der Bilder wirkt wie ein Blick in die Vergangenheit durch eine Kristallkugel. Diese Filme waren die Zeugen einer ungeschminkten Generation, die meist verlegen in die Kamera schaute und selten posierte. Von den Bildern geht eine Faszination für das Unperfekte, Unfertige, für glanzlose, rohe und leicht nebelige Momentaufnahmen aus, die mich vorübergehend in die Kindheit zurückbeamen.

Einer meiner Onkel war der stolze Besitzer einer solchen

Kamera, und es gibt ein paar verwackelte Filmschnipsel von mir als Kleinkind. Einer davon zeigt mich aus der Entfernung, an der Hand meiner Oma, hinter der gläsernen Eingangstür meines Elternhauses. Ich weine und jammere, das ist auf den stillen Aufnahmen zu erkennen, während meine Großmutter mich hochnimmt, um mich zu trösten, aber ich bin offenbar nicht zu beruhigen und schaue unverwandt in Richtung Kamera und strecke ein Ärmchen danach aus.

Von wo oder von wem auch immer ich aufgenommen worden war, denn dort ging mein Kinderblick hin – meine Mutter muss in der Nähe gewesen sein. Vielleicht war sie mit der Verwandtschaft auf dem Weg in die Stadt, saß vielleicht schon im Auto, von wo mein Onkel mich und meine Großmutter filmte, wie wir ihnen hinterherschauten. Ich nehme an, ich war vertraut mit meiner Großmutter, und womöglich habe ich sogleich aufgehört zu weinen, als sie sich mit mir auf dem Arm umdrehte, um ins Haus zu gehen – wären da nicht auch andere Erinnerungen, an wechselnde Kindermädchen, die als solche mehr oder weniger zu gebrauchen waren.

»In Deutschland hatten wir ja damals Vollbeschäftigung«, erklärte meine Mutter, als ich sie irgendwann einmal nach den unterschiedlichen jungen Frauen in unseren Familien-Fotoalben fragte. »Man konnte einfach keine vernünftigen Leute bekommen.« Deshalb fehlte es auch an Menschen, die mit kleinen Kindern umgehen konnten. Meine Mutter wurde im Büro des Landhandels gebraucht.

Ich sehe sie in meiner von ihren Erzählungen ausgeschmückten Fantasie, wie sie vom Schreibtisch aufsteht, als die Wehen einsetzen, und allein zur Geburt ins Krankenhaus fährt. Mein Vater war unterwegs zu Kunden. Beim nächsten Kind wollte sie meinen Vater nicht wecken und wurde nachts von der Hebamme abgeholt, damals waren Väter im Kreißsaal nicht vorgesehen. Meine Eltern haben ihre und unsere Bedürfnisse den

Erwartungen der Familie und den Erfordernissen des Geschäfts untergeordnet, und ich habe ihnen überhaupt keinen Vorwurf zu machen. Irgendwann, als die industrialisierte Landwirtschaft den Familienbetrieb geschluckt hatte, war sie nur noch Hausfrau und damit nicht glücklich.

Ich war nie nur Hausfrau und Mutter, aber ich habe mich jahrelang so gefühlt und alle Erwartungen aus verschiedenen Richtungen ein wenig, aber keine richtig erfüllt und mich genau daran trotzdem abgearbeitet. Über 30 Jahre nach der Super-8-Momentaufnahme habe ich auf zeitgemäße Art und Weise dieselbe Mutter-Kind-Perspektive wiederholt, indem ich es für selbstverständlich hielt, dass das Leben mit Kindern den Erfordernissen der Arbeitswelt unterzuordnen sei. Weil am Anfang des Jahrtausends alles eine Frage der Organisation zu sein hatte. Und vieler Kompromisse. Auf Mütterseite. Wo man versuchte, die 40- bis 80-Stunden-Wochen der Väter auszugleichen, indem man die eigene Arbeitszeit weiter verdichtete und private Hilfen suchte, die aber nicht zu viel kosten durften, weil ja sonst der Teilzeitverdienst wieder aufgefressen wurde.

Unsichtbare Mutter

Ich bin atemlos durch diese Jahre gehetzt und kann mich an verheulte Bahnfahrten zum Job erinnern, weil das Kind krank aufgewacht war und natürlich nicht beim Babysitter bleiben wollte und ich der festen Überzeugung war: Es geht nicht anders, ich muss trotzdem los.

(Eine umgekehrte Variante meiner Erinnerung an die heilige Bürotür-Grenze meiner Kindheit, an die man nur in absoluten Ausnahmefällen klopfen durfte. Es musste schon bluten, darunter hieß es: zusammenreißen. Oder ablenken.)

Aber die Urlaube sollten alles wiedergutmachen, ein Ferienhaus, viel Natur und viel komprimierte Freizeit. Meine Super-8 der 2000er-Jahre war eine kleine Digi-Cam, mit der ich so viel verlangsamtes Hyggeglück wie möglich einfangen wollte, um den Stress und das Alltagabarbeiten wieder wettzumachen. Obwohl ich dadurch wertvolle Urlaubsstunden damit verbrachte, meine Kinder durch ein Kameraobjektiv zu betrachten.

Ich fühlte mich dafür zuständig, den filmischen Beweis zu liefern, dass wir die Familie waren, die andere in uns sahen. Sodass im Ergebnis viele Bilder entstanden, die einem Außenstehenden den Eindruck vermitteln könnten, da sei ein alleinerziehender Vater unterwegs gewesen. Die unterschiedliche Sichtbarkeit von Mutter und Vater in diesen Filmen und auf Hunderten von Handybildern kehrte die heimischen Verhältnisse um.

Während ich auf die kleine Leinwand im Vorlesungssaal schaue, sehne ich mich nach einer Nahaufnahme meines Gesichts von damals, wie es der Super-8-Film von Annie Ernaux zeigt, selbstbewusst, entspannt und beim Schauen in eigene Gedanken versunken.

Ich lausche dem leisen Rattern der Super-8-Kamera, die den Ernaux-Film begleitet, und fühle mich mit mir selbst vertraut und versöhnt, ich kann nachvollziehen, wie sich Entscheidungen und Schicksale wiederholen. Bis wir unsere Geschichte selbst in die Hand nehmen und einen eigenen Film daraus schneiden.

Zu Hause hole ich meine alte Digi-Cam aus der Schachtel und lege eine der kleinen Kassetten ein. Beim Betrachten der winzigen Filmausschnitte auf dem kleinen Bildschirm denke ich daran, dass möglicherweise irgendwann erwachsene Enkel:innen darauf schauen werden. Für diese Nachfahren sind dann die ganzen Verletzungen und das Versagen und die vielen Streits nur eine vage Zusatzinformation: »Vielleicht haben sich die beiden da schon nicht mehr geliebt.« Sie werden womöglich mit etwas psychologischer Neugier auf diese Familienaufnahmen schauen, mehr nicht, der Rest ist verblasst und vergilbt wie die Fotos aus den 70ern. Aus dieser Perspektive verschwindet die ganze Dramatik, auch wenn sich mein Herz in der Erinnerung kurz zusammenzieht, wie bei einem Flashback, und es bleiben diese lustigen Bilder von zwei albernen, klugen und wunderschönen Kindern. Meine Bilder.

ANMERKUNGEN

1 Bin ich_älter?

1 vgl. Harmsen, Torsten 2023, in: Berliner Zeitung: Ist vierzig das neue dreißig? Berliner Forscher erkunden das gefühlte Alter, URL: https://www.berliner-zeitung.de/gesundheit-oekologie/ageing-ist-vierzig-das-neue-dreissig-berliner-forscher-erkunden-das-gefuehlte-alter-li.341665, Abrufdatum: 10.4.2024.

2 vgl. Prof. Dr. Eva-Marie Kessler, Prof. Dr. Lisa Marie Warner: Ageismus. Altersbilder und Antidiskriminierung in Deutschland. Im Auftrag der Antidiskriminierungsstelle des Bundes. 2022. URL: https://www.antidiskriminierungsstelle.de/SharedDocs/downloads/DE/publikationen/Expertisen/altersbilder_lang.pdf?__blob=publicationFile&v=8, Abrufdatum: 07.05.2024.

3 Formosa, Marvin: Manifestations of Internalized Ageism in Older Adult Learning. University of Toronto Quarterly. 90 (2), 2021, S. 169–182. URL: https://www.researchgate.net/publication/352757215_Manifestations_of_Internalized_Ageism_in_Older_Adult_Learning, Abrufdatum: 07.05.2024.

4 Steinem Gloria, in: Gordon, Sarah: Gloria Steinem: »Only women become more radical with age«. Financial Times. 03.03.2016. URL: https://www.ft.com/content/d660a882-d97d-11e5-a72f-1e7744c66818, Abrufdatum: 07.05.2024.

2 Bin ich_mein Körper?

1 von Kürthy, Ildikó, in: Ildikó von Kürthy spricht über die Mitte des Lebens. Lisas Paarschitt: Der Beziehungs-Podcast mit Lisa Ortgies, WDR, 28.12.2023, URL: https://www.ardaudiothek.de/episode/lisas-paarschitt-der-beziehungs-podcast-mit-lisa-ortgies/ildiko-von-kuerthy-spricht-ueber-die-mitte-des-lebens/wdr/13027205/ Abrufdatum: 07.05.2024.

2 vgl. Quarks: So früh beginnen wir zu altern, 14.01.2019, URL: https://www.quarks.de/gesundheit/medizin/so-frueh-beginnen-wir-zu-altern/, Abrufdatum: 14.04.2024.

3 Duden Online: Scham, URL: https://www.duden.de/rechtschreibung/Scham, Abrufdatum: 05.04.2024.

4 Kreienbrink, Matthias: Schäm dich!, in: Zeit Online, 11.03.2023, URL: https://www.zeit.de/2023/04/schamgefuehl-kindheitserfahrungen-emotionen-psychologie, Abrufdatum: 15.04.2024.

5 ebd.

6 ebd.

7 vgl. Brown, Brené, in: Reichardt, Lars: »Verletzlichkeit ist der Schlüssel zu allem«. Süddeutsche Zeitung Magazin, 15.11.2018. URL: https://

sz-magazin.sueddeutsche.de/wissen/verletzlichkeit-ist-der-schluessel-zu-allem-86367, Abrufdatum: 15.04.2024.

8 Brown, Brené: Listening to shame. TED, 2012. URL: https://www.ted.com/talks/brene_brown_listening_to_shame, Abrufdatum: 07.05.2024.

9 ebd.

10 vgl. Brown, Brené: The power of vulnerability. TED, 2010. URL: https://www.ted.com/talks/brene_brown_the_power_of_vulnerability, Abrufdatum: 15.04.2024.

11 Passmann, Sophie: Wir können nicht gewinnen, in: Zeit Online, 01.09.2023, URL: https://www.zeit.de/2023/37/schoenheitseingriffe-op-ideale-sexismus-sophie-passmann, Abrufdatum: 15.04.2024.

12 ebd.

13 ebd.

14 ebd.

15 ebd.

16 Kroymann, Maren, in: Marinic, Jagoda: Maren Kroymann – Gesichtsbekannt!, in: Freiheit Deluxe, hr, 22.12.2023, URL: https://www.ardaudiothek.de/episode/freiheit-deluxe-mit-jagoda-marinic/maren-kroymann-gesichtsbekannt/hr/13016843/ Abrufdatum 07.05.2024; von Kürthy, Ildikó: Mit Maren Kroymann das Alter enttabuisieren, in: Frauenstimmen, argon podcast, 24.12.2023, URL: https://open.spotify.com/episode/5TvO-V0qornLm6ZtnrbDfNM, Abrufdatum: 07.05.2024.

17 Walker, Alice, in: Martin, William P.: The Best Liberal Quotes Ever: Why the Left is Right. Naperville: Sourcebooks, 2004. Übers.

18 vgl. Kroymann, Maren: Marinic, Jagoda: Maren Kroymann – Gesichtsbekannt!, in: Freiheit Deluxe, hr, 22.12.2023, URL: https://www.ardaudiothek.de/episode/freiheit-deluxe-mit-jagoda-marinic/maren-kroymann-gesichtsbekannt/hr/13016843/ Abrufdatum: 07.05.2024; von Kürthy, Ildikó: Mit Maren Kroymann das Alter enttabuisieren, in: Frauenstimmen, argon podcast, 24.12.2023, URL: https://open.spotify.com/episode/5TvO-V0qornLm6ZtnrbDfNM, Abrufdatum: 07.05.2024.

19 vgl. Passmann, Sophie: Wir können nicht gewinnen, in: Zeit Online, 01.09.2023, URL: https://www.zeit.de/2023/37/schoenheitseingriffe-op-ideale-sexismus-sophie-passmann, Abrufdatum: 15.04.2024.

20 Lewina, Katja: Wie ich mein Lächeln verlor. 15.01.2024, in: SZ Magazin, Heft 3/2024. URL: https://sz-magazin.sueddeutsche.de/leben-und-gesellschaft/laecheln-botox-kaumuskel-93543?reduced=true, Abrufdatum: 07.05.2024.

21 Evangelista, Linda, in: Sheeler, Jason: Linda Evangelista Shares First Photos of Her Body since Fat-Freezing Nightmare: ›I'm Done Hiding‹, in: People, 16.02.2022, URL: https://people.com/style/linda-evangelista-shares-first-photos-of-her-body-since-fat-freezing-nightmare-people-exclusive/, Abrufdatum: 17.04.2024.

22 ebd.

23 ebd.

24 ebd.
25 ebd.
26 ebd.
27 Worseg, Artur, in: Poelchau, Nina: »Es kommen oft die Falschen«: Ein Schönheitschirurg über kleine Nasen und große Träume. Stern, 21.04.2019, URL: https://www.stern.de/gesundheit/gesundheitsnews/schoenheitschirurgie--ein-arzt-ueber-die-beweggruende-seiner-patienten-8674336.html, Abrufdatum: 17.04.2024.
28 ebd.
29 Sündermann, Oliver, in: Wiebking, Jennifer: »Patienten vergleichen sich permanent«. Frankfurter Allgemeine Magazin. 09.04.2021, URL: https://www.faz.net/aktuell/stil/leib-seele/psychologe-koerperdysmorphe-stoerung-und-wettbewerb-auf-instagram-17274003.html, Abrufdatum: 18.04.2024.
30 Onaran, Tijen, in: Mattgey, Annette: Merz startet Female-Empowerment-Initiative mit Tijen Onaran. W&V, 02.05.2023, URL: https://www.wuv.de/Themen/Kreation-Design/Merz-startet-Female-Empowerment-Initiative-mit-Tijen-Onaran, Abrufdatum: 18.04.2024.
31 Onaran, Tijen, in: Wehsack, Philipp: Tijen Onaran im VOGUE-Interview über Beauty-Eingriffe: »Eitelkeit ist nicht zwingend eine schlechte Eigenschaft«. Vogue Germany, 18.06.2023, URL: https://www.vogue.de/artikel/tijen-onaran-feminismus-filler, Abrufdatum: 18.04.2024.
32 ebd.
33 von Scheve, Christian, in: Kreienbrink, Matthias: Schäm dich! Zeit Online, 11.03.2023, URL: https://www.zeit.de/2023/04/schamgefuehl-kindheits-erfahrungen-emotionen-psychologie/komplettansicht, Abrufdatum: 18.04.2024.
34 Perrig-Chiello, Pasqualina, in: Schäfer, Susanne: Das Tal des Lebens. 05.06.2012, Zeit Online. URL: https://www.zeit.de/zeit-wissen/2012/04/Midlife-Crisis, Abrufdatum: 18.04.2024.
35 vgl. Stamm, Ursula: Wechseljahre: Symptome, Phasen und Dauer. 19.01.2024, rbb. URL: https://www.ndr.de/ratgeber/gesundheit/Wechseljahre-Symptome-Phasen-und-Dauer,wechseljahre216.html, Abrufdatum: 07.05.2024.
36 Österreichische Apothekerkammer 2023: Die 4 Phasen der Wechseljahre und ihre Symptome, URL: https://www.apothekerkammer.at/infothek/informationen-aus-meinem-bundesland/kaernten/aktuelle-themen/gesundheitstipps/wechseljahre-phasen-symptome, Abrufdatum: 19.04.2024.
37 vgl. von Bredow, Rafaela, Brzoska, Ina et. al.: Frauen werden anders krank als Männer – und was daraus folgt. In: Das Ende der Macho-Medizin. Der Spiegel 54/2024. 27.04.2024. URL: https://www.spiegel.de/wissenschaft/gendermedizin-der-grosse-unterschied-a-fa6ed79b-4bea-48eb-9430-0ea8ddc1813e, Abrufdatum: 04.06.2024.
38 vgl. Prof. Dr. Graf, Joachim; Prof. Dr. Abele, Harald: Mann und Frau

schmerzt es unterschiedlich. 01.04.2023. Pflegezeitschrift. Ausgabe 4/2023. URL: https://www.springerpflege.de/genderforschung/mann-und-frau-schmerzt-es-unterschiedlich/24635656, Abrufdatum: 07.05.2024.
39 vgl. Nagel, Franka: Wahnsinn war weiblich. Süddeutsche Zeitung. 28.12.2011. URL: https://www.sueddeutsche.de/kultur/hysterische-frauen-im-19-jahrhundert-wahnsinn-war-weiblich-1.1230420, Abrufdatum: 07.05.2024.
40 Gender Differences in Prescription Opioid Use«, Autoren: Tami L. Mark, Ph.D., und Nicole D. Urban, Ph.D, Veröffentlicht in: Pain Medicine, Volume 17, Issue 12, December 2016, Pages 2253–2261
41 vgl. Helios: Schwanger mit 40 – Vorteile und Tipps. Helios Gesundheitsmagazin. URL: https://www.helios-gesundheit.de/magazin/news/03/schwanger-mit-40/ Abrufdatum: 07.05.2024.
42 Dr. Schaudig, Katrin, Hormontherapie – ja oder nein?, in: Meno an mich. Frauen mitten im Leben. [Podcast] Brigitte. 2022. URL: https://open.spotify.com/episode/44wCnKfbBPOawDZVCw4m7 h?si=X01DapmVRX-6j7ZRN74r8hQ&nd=1&dlsi=7bd0120744504cac, Abrufdatum: 05.05.2024.

3 Bin ich_wütend?

1 vgl. Petter, Jan: »Wenn hier das Frauenparadies ist, habe ich Angst, wie der Rest der Welt aussieht«, in: Spiegel Ausland. 26.10.2023, URL: https://www.spiegel.de/ausland/gleichberechtigung-in-island-warum-die-frauen-streiken-a-849a1ccc-a766–4dc4–9bb4–4d2b31dfc2db, Abrufdatum: 15.04.2024.
2 Hess, Ursula: »Frauen haben gelernt, ihre Wut nicht zu zeigen«. 03.06.2022. Frankfurter Rundschau. URL: https://www.fr.de/fr7/frauen-haben-gelernt-ihre-wut-nicht-zu-zeigen-91591341.html, Abrufdatum: 21.04.2024.
3 vgl. Weisser Ring: Gewaltopfer Mann. 2024. URL: https://weisser-ring.de/gewaltopfer-mann, Abrufdatum: 07.05.2024.
4 vgl. Mitterer, Johannes: Reden, rennen – oder zurückschlagen. Zeit Maga zin. 27.09.2023. URL: https://www.zeit.de/zeit-magazin/familie/2023–09/jungen-gewalt-aggressionen-jugendliche-eltern, Abrufdatum: 07.05.2024.
5 Hess, Ursula: »Frauen haben gelernt, ihre Wut nicht zu zeigen«. 03.06.2022. Frankfurter Rundschau. URL: https://www.fr.de/fr7/frauen-haben-gelernt-ihre-wut-nicht-zu-zeigen-91591341.html, Abrufdatum: 21.04.2024.
6 vgl. Metzger, Jochen: Voller Wut. 01.03.2017. Psychologie heute. URL: https://www.psychologie-heute.de/gesellschaft/artikel-detailansicht/38943-voller-wut.html, Abrufdatum: 22.04.2024.
7 vgl. Kuroczik, Johanna: Schluss mit dem Liebreiz. 26.04.2022. Frankfurter Allgemeine. URL: https://www.faz.net/aktuell/wissen/geist-soziales/wut-von-frauen-gilt-als-tabu-dabei-birgt-sie-revolutionaere-kraefte-17973448.html, Abrufdatum: 22.04.2024.
8 Schmale-Riedel, in: Hess, Ursula: »Frauen haben gelernt, ihre Wut nicht zu zeigen«. 03.06.2022. Frankfurter Rundschau. URL: https://www.fr.de/

fr7/frauen-haben-gelernt-ihre-wut-nicht-zu-zeigen-91591341.html, Abrufdatum: 21.04.2024.

9 ebd.

10 ebd.

11 vgl. Kuroczik, Johanna: Schluss mit dem Liebreiz. 26.04.2022. Frankfurter Allgemeine. URL: https://www.faz.net/aktuell/wissen/geist-soziales/wut-von-frauen-gilt-als-tabu-dabei-birgt-sie-revolutionaere-kraefte-17973448.html, Abrufdatum: 22.04.2024.

12 vgl. Spears, Britney: The Woman in Me. Meine Geschichte. Dt. Ausgabe. München: Penguin Verlag. 2023.

13 YouTube 2021: All Too Well (10 Minute Version) (Taylor's Version) (From The Vault) (Lyric Video), URL: https://www.youtube.com/watch?v=sRxr-wjOtIag, Abrufdatum: 23.04.2024.

14 Kendal, Ben: Die neue weibliche Wut: Wie Sängerinnen Break-up-Songs zu Hits machen. 05.02.2023. RedaktionsNetzwerkDeutschland. URL: https://www.rnd.de/lifestyle/breakup-songs-was-ist-das-erfolgsgeheimnis-der-neuen-weiblichen-wut-TQ34ETF2UJCHBLDNAH2AZD42QY.html, Abrufdatum: 24.04.2024.

15 Müller, L. J.: Sound und Sexismus – Geschlecht im Klang populärer Musik: Eine feministisch-musiktheoretische Annäherung. Norderstedt: Books on Demand, 2018; zit. nach: Kendal, Ben: Die neue weibliche Wut: Wie Sängerinnen Break-up-Songs zu Hits machen. 05. 02. 2023. RedaktionsNetzwerkDeutschland. URL: https://www.rnd.de/lifestyle/breakup-songs-was-ist-das-erfolgsgeheimnis-der-neuen-weiblichen-wut-TQ34ETF2UJCHBLDNAH2AZD42QY.html, Abrufdatum: 07.05.2024.

16 Swift, Taylor, in: CBS Sunday Morning: Preview: Taylor Swift on sexist labels in the music industry. 23.08.2019. Youtube. URL: https://www.youtube.com/watch?v=kQq6kJ6pOdI, Abrufdatum: 24.04.2024.

17 vgl. Fischer, Agneta H.: Gender and emotion: Social psychological perspectives. Cambridge University Press. 10.01.2000. URL: https://www.cambridge.org/core/books/gender-and-emotion/AE5DC9AC58C8F-0B165768A6789E13246, Abrufdatum: 07.05.2024.

18 vgl. Schewe, Anna: Emotionsarbeit – was ein Lächeln kosten kann. The Inquistie Mind. Ausgabe 02/2010. URL: https://de.in-mind.org/article/emotionsarbeit-was-ein-laecheln-kosten-kann, Abrufdatum: 07.05.2024.

19 vgl. Criss, Doug: Forced to smile at work? You might drink more when you get off. 15.04.2019. CNN. URL: https://edition.cnn.com/2019/04/15/business/forced-smile-drinking-trnd/index.html, Abrufdatum: 24.04.2024.

20 vgl. Billig, Susanne: Intellektueller Schlag gegen die Dominanzkultur. 24.06.2020. Deutschlandfunk Kultur. URL: https://www.deutschlandfunkkultur.de/soraya-chemaly-speak-out-die-kraft-weiblicher-wut-100.html, Abrufdatum: 24.04.2024.

21 vgl. Schewe, Anne: Emotionsarbeit, was ein Lächeln kosten kann. The Inquisitive Mind. URL: https://de.in-mind.org/article/emotionsarbeit-was-ein-laecheln-kosten-kann, Abrufdatum: 24.04.2024.

22 vgl. Mika, Bascha: Der Hammer der Suffragetten. 23.11.2022. Frankfurter Rundschau. URL: https://www.fr.de/kultur/gesellschaft/der-hammer-der-suffragetten-91934439.html, Abrufdatum: 05.04.2024.

23 Grose, Jessica: Mothers Are the ›Shock Absorbers‹ of Our Society. The New York Times. 14.10.2020. URL: https://www.nytimes.com/2020/10/14/parenting/working-moms-job-loss-coronavirus.html, Abrufdatum: 25.04.2024

24 Maté, Gabor, in: Reich, Anja: »Unglücklich verheiratete Frauen sterben früher«. Berliner Zeitung. 30.08.2023. URL: https://www.berliner-zeitung.de/gesundheit-oekologie/gabor-mate-ungluecklich-verheiratete-frauen-sterben-frueher-li.377456, Abrufdatum: 24.04.2024.

25 vgl. Maté, Gabor, Maté, Daniel: Vom Mythos des Normalen: Wie unsere Gesellschaft uns krank macht und traumatisiert. – Neue Wege zur Heilung. München: Kösel-Verlag, 2023; ebd.

26 Vollmer, Antje et. al.: Spitze entmannt. Der Spiegel. Ausgabe 15/1984. 08.04.1984. URL: https://www.spiegel.de/politik/spitze-entmannt-a-96829945-0002-0001-0000-000013508368?context=issue, Abrufdatum: 07.05.2024.

27 Geschichtsstunde: Helmut Kohl vs. Helmut Schmidt (1980–1982). YouTube. 03.02.2012. URL: https://www.youtube.com/watch?v=MX-5ms5XdL3I, Abrufdatum: 07.05.2024.

28 Schoppe, Waltraud, in: Baetz, Brigitte: »Wir Frauen haben uns ein bisschen mehr unten gefühlt«. 02.04.2012. Deutschlandfunk. URL: https://www.deutschlandfunk.de/wir-frauen-haben-uns-ein-bisschen-mehr-unten-gefuehlt-100.html, Abrufdatum: 25.04.2024.

29 Schoppe, Waltraud, in: Gerstenberg, Ralph: »Das ist ein Anschlag auf die Demokratie!« 14.09.2022. Deutschlandfunk Kultur. URL: https://www.deutschlandfunkkultur.de/debattenkultur-bundestag-rhetorik-schlagabtausch-100.html, Abrufdatum: 25.04.2024.

30 Schoppe, Waltraud, in: Stänner, Paul: Historische Reden von Frauen. 01.07.2018. Deutschlandfunk. URL: https://www.deutschlandfunk.de/rhetorik-als-kunst-historische-reden-von-frauen-100.html, Abrufdatum: 25.04.2024.

31 Schoppe, Waltraud, in: Steinbauer, Anna: »Macht wird als unweiblich empfunden«, 08.03.2023. Süddeutsche. URL: https://www.sueddeutsche.de/medien/die-unbeugsamen-torsten-koerner-dokumentarfilm-rezension-film-1.5390632, Abrufdatum: 25.04.2024.

32 vgl. Kommentare rund um den Post von Susanne Mierau auf Instagram. Online unter: https://www.instagram.com/p/Cxio6RpNJub/ Abrufdatum: 25.04.2024.

33 vgl. Konrad, Sandra: Das beherrschte Geschlecht: Warum sie will, was er will. München: Piper, 2017.

34 Kreutzer, Karin; Diehl, Marjo-Riitta: Why women build less effective networks than men: The role of structural exclusion and personal hesitation. Human Relations. 72(7). S. 1234–1261. URL: https://journals.

sagepub.com/doi/abs/10.1177/0018726718804303 Abrufdatum: 07.05.2024. Vgl.: Zu ineffektiv und zu bescheiden. Welt. 30.10.2019. URL: https://www.welt.de/print/welt_kompakt/print_lifestyle/article202681682/Zu-ineffektiv-und-zu-bescheiden.html, Abrufdatum: 07.05.2024.

35 vgl. Spiegel Wirtschaft: Goldman Sachs zahlt 215 Millionen Dollar. 09.05.2023. Spiegel Wirtschaft. URL: https://www.spiegel.de/wirtschaft/unternehmen/goldman-sachs-zahlt-in-sexismus-sammelklage-aussergerichtlich-215-millionen-dollar-a-d6955561-551d-485f-b196-1181a006f17f, Abrufdatum: 05.04.2024.

36 vgl. t-online: Thomas Gottschalk schießt gegen Shirin David. t-online. 20.12.2023. URL: https://www.t-online.de/unterhaltung/stars/id_100305992/-wetten-dass-thomas-gottschalk-teilt-erneut-gegen-shirin-david-aus.html, Abrufdatum: 04.04.2024.

37 vgl. Stendera, Pia: Boys Club – Macht & Missbrauch bei Axel Springer. [Podcast] Spotify. URL: https://open.spotify.com/show/42A230DwCz7M-1Wicnmjx7R, Abrufdatum: 04.04.2024.

38 Kroymann, Maren, in: Ehre wem Ehre gebührt: Ehrenpreis für Maren Kroymann. Deutscher Comedypreis 2021. MySpass Stand-Up. Youtube. 02.10.2021. URL: https://www.youtube.com/watch?v=SOiigtwfUsM Abrufdatum 07.05.2024, Vgl. Kroymann, Maren, in: Müller, Dennis: Ohrfeige für die Branche. Süddeutsche Zeitung. 02.10.2021. URL: https://www.sueddeutsche.de/medien/deutscher-comedypreis-ehrenpreis-maren-kroymann-1.5428287, Abrufdatum: 29.04.2024.

39 Kroymann, Maren, in: Dössel, Christine: Die mit dem Stöckelschuh. Süddeutsche Zeitung. 26.07.2023. URL: https://www.sueddeutsche.de/muenchen/karen-kroymann-dieter-hildebrandt-preis-muenchen-1.6067937?reduced=true, Abrufdatum: 29.04.2024.

40 Kroymann, Maren, in: Ehre wem Ehre gebührt: Ehrenpreis für Maren Kroymann. Deutscher Comedypreis 2021. MySpass Stand-Up. Youtube. 02.10.2021. URL: https://www.youtube.com/watch?v=SOiigtwfUsM, Abrufdatum: 07.05.2024

41 fremdwort.de: Pointe, URL: https://www.fremdwort.de/suchen/bedeutung/pointe, Abrufdatum: 29.04.2024.

42 vgl. Marinic, Jagoda: Maren Kroymann – Gesichtsbekannt!, in: Freiheit Deluxe 2023. [Podcast] 22.12.2023. URL: https://www.ardaudiothek.de/episode/freiheit-deluxe-mit-jagoda-marinic/maren-kroymann-gesichtsbekannt/hr/13016843/, Abrufdatum: 29.04.2024.

43 Hynde, Chrissie, in: Scholz, Martin: »Ich bin in den 60ern aufgewachsen, wir dachten damals, wir hätten alle Probleme gelöst«. Welt. 08.12.2023. URL: https://www.welt.de/iconist/partnerschaft/article247216478/Chrissie-Hynde-Ich-bin-in-den-60ern-aufgewachsen-wir-dachten-damals-wir-haetten-alle-Probleme-geloest.html, Abrufdatum: 29.04.2024.

44 ebd.

4 Sollte ich_Arbeit loswerden?

1 vgl. Lamm, Lisa: Strategische Inkompetenz: Wenn Menschen nicht können wollen. National Geographic. 02.10.2023. URL: https://www.nationalgeographic.de/wissenschaft/2023/07/psychologie-strategische-inkompetenz-wenn-menschen-nicht-koennen-wollen, Abrufdatum: 29.04.2024.

2 vgl. Suhr, Frauke: Erzieherinnen bundesweit dringend gesund. Statista. 17.04.2023. URL: https://de.statista.com/infografik/29713/studie-zum-fachkraeftemangel-an-deutschen-kitas/, Abrufdatum: 04.04.2024.

3 vgl. Bundesministerium für Familien, Senioren, Frauen und Jugend 2021: Dritter Gleichstellungsbericht: Digitalisierung geschlechtergerecht gestalten. 10.06.2021. S. 52 f. URL: https://www.bmfsfj.de/resource/blob/184544/c0d592d2c37e7e2b5b4612379453e9 f4/dritter-gleichstellungsbericht-bundestagsdrucksache-data.pdf, Abrufdatum: 07.05.2024.

4 vgl. Kramper, Gernot: Cambridge-Studie erklärt, warum Männer sich vor Hausarbeit drücken. Stern. 28.12.2022. URL: https://www.stern.de/panorama/wissen/cambrige-studie--warum-maenner-sich-vor-hausarbeit-druecken--33049468.html, Abrufdatum: 04.04.2024.

5 vgl. Pressemitteilung Zeit Verlagsgruppe: Elternzeit, Mental Load, Quote: Vermächtnisstudie deckt heimliche Hürden für die Gleichstellung in der Arbeitswelt auf. Zeit Verlagsgruppe. 23.05.2023. URL: https://www.zeit-verlagsgruppe.de/pressemitteilung/elternzeit-mental-load-quote-vermaechtnisstudie-deckt-heimliche-huerden-fuer-die-gleichstellung-in-der-arbeitswelt-auf/, Abrufdatum: 04.04.2024.

6 vgl. Folke, Olle; Rickne, Johanna: All the Single Ladies: Job Promotions and the Durability of Marriage, in: American Economic Journal: Applied Economics, Vol. 12, No. 01.2020.

7 Bürgerliches Gesetzbuch (BGB) 1896, neugefasst 2002/2003, zuletzt geändert: 22.12.2023, URL: https://www.gesetze-im-internet.de/bgb/BJNR001950896.html, Abrufdatum: 29.04.2024.

5 Sollte ich_mehr Kohle sehen?

1 Süddeutsche Zeitung 2020: Auch Care-Arbeit ist Arbeit, URL: https://www.sueddeutsche.de/leben/care-arbeit-bezahlung-1.4823395, Abrufdatum: 04.04.2024.

2 vgl. Grimshaw, Damian; Rubery, Jill 2015: The motherhood pay gap: A review of the issues, theory and international evidence, URL: https://www.ilo.org/wcmsp5/groups/public/@dgreports/@dcomm/@publ/documents/publication/wcms_348041.pdf, Abrufdatum: 04.04.2024.

3 vgl. Barišić, Manuela; Consiglio, Valentina Sara 2020: Frauen auf dem deutschen Arbeitsmarkt. Was es sie kostet, Mutter zu sein, URL: https://www.bertelsmann-stiftung.de/fileadmin/files/user_upload/200616_Kurzexpertise_MotherhoodLifetimePenaltyFINAL.pdf, Abrufdatum: 04.04.2024.

4 vgl. Bundesministerium für Familien, Senioren, Frauen und Jugend 2016: Mitten im Leben – Wünsche und Lebenswirklichkeiten von Frauen

zwischen 30 und 50 Jahren, URL: https://www.bmfsfj.de/resource/blob/94354/4c4555e44cdd10f2b6654df80c982c29/mitten-im-leben-wuensche-und-lebenswirklichkeiten-von-frauen-zwischen-30-und-50-jahren-data.pdf, Abrufdatum: 01.05.2024.

5 Bundesministerium für Familie, Senioren, Frauen und Jugend 2014: Partnerschaft und Ehe – Entscheidungen im Lebensverlauf: Einstellungen, Motive, Kenntnisse des rechtlichen Rahmens, URL: https://www.bmfsfj.de/resource/blob/94440/671bcfbbfe9ee1104122fc759de71b0b/partnerschaft-und-ehe-data.pdf, Abrufdatum: 01.05.2024.

6 vgl. Bundesministerium für Familien, Senioren, Frauen und Jugend 2016: Mitten im Leben – Wünsche und Lebenswirklichkeiten von Frauen zwischen 30 und 50 Jahren, URL: https://www.bmfsfj.de/resource/blob/94354/4c4555e44cdd10f2b6654df80c982c29/mitten-im-leben-wuensche-und-lebenswirklichkeiten-von-frauen-zwischen-30-und-50-jahren-data.pdf, Abrufdatum: 01.05.2024.

7 ebd.

8 Kemming, Birgit 2018, zitiert in taz: Was nach der Scheidung übrig bleibt, URL: https://taz.de/10-Jahre-Reform-des-Unterhaltsrechts/!5475570/, Abrufdatum: 02.05.2024.

9 vgl. taz 2018: Was nach der Scheidung übrig bleibt, URL: https://taz.de/10-Jahre-Reform-des-Unterhaltsrechts/!5475570/, Abrufdatum: 02.05.2024.

10 Bundesministerium für Familie, Senioren, Frauen und Jugend 2014: Partnerschaft und Ehe – Entscheidungen im Lebensverlauf, URL: https://www.bmfsfj.de/resource/blob/94440/671bcfbbfe9ee1104122fc759de71b0b/partnerschaft-und-ehe-data.pdf, Abrufdatum: 02.05.2024.

11 Martin, Lea: Was ist finanzielle Gewalt? Finanzielle Gewalt gegen Frauen. 2024. URL: https://www.finanzielle-gewalt.de/finanzielle-gewalt-gegen-frauen/ Abrufdatum: 07.05.2024.

12 Auf Instagram heißt sie »xmalischka_« URL: https://www.instagram.com/xmalischka_/ Abrufdatum: 07.05.2024.

13 ebd.

14 ebd.

15 ebd.

16 Reel des Instagram-Accounts »Xmalischka_« URL: https://www.instagram.com/p/C4XjiW2Nd6L/ Abrufdatum: 07.05.2024; Aus: Werbespot »Die Hausfrau« (1964)

17 Siehe Estee Williams' Instagram Account. URL: https://www.instagram.com/esteecwilliams/ Abrufdatum: 07.05.2024.

6 Will ich_Männer verstehen?

1 Tyson, Mike, zitiert in YouTube 2021: William Shatner / Hotboxin' with Mike Tyson, URL: https://www.youtube.com/watch?v=UHjKgxaru-Q, Abrufdatum: 02.05.2024.

2 ebd.

3 Tyson, Mike, zitiert in YouTube 2020: Sugar Ray Leonard / Hotboxin' with Mike Tyson, URL: https://www.youtube.com/watch?v=WTR2YNPNm0Q, Abrufdatum: 02.05.2024.

4 vgl. Zeit Online 2024: Rumänisches Gericht nimmt Anklage gegen Andrew und Tristan Tate an, URL: https://www.zeit.de/gesellschaft/zeitgeschehen/2024–04/andrew-tate-gericht-rumaenien-anklage-angenommen, Abrufdatum: 02.05.2024.

5 Lorenz: Lorenz und das Online-Dating: bin ich vielleicht zu hässlich? Lisas Paarschitt: Der Beziehungs-Podcast mit Lisa Ortgies, WDR, 22.02.2024, URL: https://www1.wdr.de/mediathek/audio/wdr/paarschitt/audio-lorenz-und-das-online-dating-bin-ich-vielleicht-zu-haesslich-102.html, Abrufdatum: 07.05.2024; Notizen aus dem Vorgespräch zu der Folge.

6 übersetzt aus Cambridge Dictionary 2024: incel, URL: https://dictionary.cambridge.org/de/worterbuch/englisch/incel, Abrufdatum: 02.05.2024.

7 vgl. taz 2024: Ermittler suchen nach Motiv, URL: https://taz.de/Nach-Messerattacke-in-Australien/!6004300/, Abrufdatum: 02.05.2024.

8 HateAid 2022: Incels – unterschätzte Gefahr aus der dunklen Ecke des Netzes, URL: https://hateaid.org/incels/, Abrufdatum: 02.05.2024.

9 Gabbay, Alex [Regie]: Beyond Men and Masculinity. [Dokumentarfilm] 2020. Minute 26:00. Netflix. URL: https://www.netflix.com/de/title/81555056, Abrufdatum: 07.05.2024.

10 vgl. The Economist: Why young men and women are drifting apart. The Economist. 03.04.2024. URL: https://www.linkedin.com/pulse/why-young-men-women-drifting-apart-the-economist-l42ae/ Abrufdatum: 07.05.2024.

11 Burn-Murdoch, John, in: Politische Ansichten: Junge Frauen und Männer driften offenbar immer weiter auseinander. Stern. 29.01.2024. URL: https://www.stern.de/politik/deutschland/-financial-times---junge-frauen-werden-liberaler--junge-maenner-konservativer-34410102.html, Abrufdatum: 02.05.2024.

12 vgl. Survey Center on American Life 2022: The Growing Political Divide Between Young Male and Women, URL: https://www.americansurveycenter.org/featured_data/the-growing-political-divide-between-young-men-and-women/, Abrufdatum: 02.05.2024.

13 vgl. Golle, Anne-Sophie: Gender-Gap beim Wählen: Junge Menschen driften auseinander. MDR Wissen. 26.04.2024. URL: https://www.mdr.de/wissen/psychologie-sozialwissenschaften/wahlverhalten-konservativ-liberal-gender-gap-spaltung-junge-generation-102.html, Abrufdatum: 07.05.2024.

14 Gabbay, Alex [Regie]: Beyond Men and Masculinity. [Dokumentarfilm] 2020. Netflix. URL: https://www.netflix.com/de/title/81555056, Abrufdatum: 07.05.2024.

15 vgl. LaGata, Carla; Balzer, Carsten: Kulturelle Alternativen zur Zweigeschlechterordnung – Vielfalt statt Universalismus. Bundeszentrale für

politische Bildung. 08.08.2018. URL: https://www.bpb.de/themen/gender-diversitaet/geschlechtliche-vielfalt-trans/245271/kulturelle-alternativen-zur-zweigeschlechterordnung-vielfalt-statt-universalismus/, Abrufdatum: 02.05.2024.

16 Süfke, Björn, in: Das Schweigen der Männer. Lisas Paarschitt: Der Beziehungs-Podcast mit Lisa Ortgies, WDR, 09.02.2023, URL: https://www1.wdr.de/mediathek/audio/wdr/paarschitt/audio-das-schweigen-der-maenner-100.html, Abrufdatum: 21.05.2024; Vgl. Insta-Account @bjoernsuefke

17 Reel des Instagram-Accounts »Bjoern_suefke«. URL: https://www.instagram.com/bjoern_suefke/reels/ Abrufdatum: 07.05.2024.

18 vgl. aerzteblatt.de 2019: Psychokardiologie: Das Herz als Projektionsort psychischer Konflikte, URL: https://www.aerzteblatt.de/archiv/209255/Psychokardiologie-Das-Herz-als-Projektionsort-psychischer-Konflikte, Abrufdatum: 02.05.2024.

19 vgl. Statistisches Bundesamt 2024: Pressemitteilung Nr. 073 vom 28. März 2024, URL: https://www.destatis.de/DE/Presse/Pressemitteilungen/2024/02/PD24_073_63991.html, Abrufdatum: 02.05.2024.

20 vgl. Hildebrandt, Julia; Mika, Bascha 2019 in Frankfurter Allgemeine: »Körperliche Gewalt ist zu 90 Prozent männlich«, URL: https://www.fr.de/fr-serien/koerperliche-gewalt-prozent-maennlich-11093177.html, Abrufdatum: 02.05.2024.

7 Kann ich_lieben?

1 vgl. Illouz, Eva 2007: Der Konsum der Romantik, Suhrkamp.

2 vgl. Anz, Thomas 2007 in literaturkritik.de: Romantische Liebe in Zeiten des kalten Kapitalismus, URL: https://literaturkritik.de/id/11478, Abrufdatum: 03.05.2024.

3 Markus, Hazel; Nurius, Paula 1986, in American Psychologist: Possible Selves, URL: http://geoff.rey.angelfire.com/res/papers/MarkusH.pdf, Abrufdatum: 03.05.2024.

4 vgl. ebd.

5 Lewina, Katja: Ex: 20 Jahre, 10 Männer und was alles so schiefgehen kann. Köln: Dumont Buchverlag, 2022, S. 203.

6 ebd., S. 7.

7 Perel, Esther: Das Geheimnis des Begehrens in festen Beziehungen. TED. 2013. URL: https://www.ted.com/talks/esther_perel_the_secret_to_desire_in_a_long_term_relationship/transcript?language=de, Abrufdatum: 07.05.2024.

8 vgl. Slepian, Michael: The New Psychology of Secrecy. 2024. URL: https://journals.sagepub.com/doi/10.1177/09637214241226676, Abrufdatum: 22.05.2024.

9 vgl. Slepian, Michael; Chun, Jinseok S.; Mason, Malia F. 2017: The experience of secrecy, URL: https://pubmed.ncbi.nlm.nih.gov/28481618/, Abrufdatum: 04.05.2024.

10 Wilhelm, Klaus: Warum wir Geheimnisse haben. Spektrum. 13.06.2018. URL: https://www.spektrum.de/news/psychologie-warum-wir-geheimnisse-haben/1568206, Abrufdatum: 07.05.2024.
11 vgl. Brohm-Badry, Michaela: Wie man sich ins Tun verliebt. Über intrinsische Motivation und innige Beziehungen. SciLogs Spectrum. 24.05.2015. URL: https://scilogs.spektrum.de/positive-psychologie-und-motivation/wie-tun-ueber-motivation-beziehungen/ Abrufdatum: 07.05.2024.
12 vgl. Catron, Mandy Len: 36 Fragen + vier Minuten Augenkontakt = verliebt. Stern. 14.01.2015. URL: https://www.stern.de/panorama/wissen/mensch/mandy-len-catron-ueber-liebe-als-experiment--wie-sie-sich-nach-36-fragen-und-vier-minuten-augenkontakt-verlieben-koennen-3456960.html, Abrufdatum: 07.05.2024.
13 Nadja und Clemens von Saldern über Geheimnisse und Lügen. Lisas Paarschitt: Der Beziehungs-Podcast mit Lisa Ortgies. WDR. 25.01.2024. URL: https://www1.wdr.de/mediathek/audio/wdr/paarschitt/audio-nadja-und-clemens-von-saldern-ueber-geheimnisse-und-luegen-100.html, Abrufdatum: 07.05.2024.
14 DWDS: grätschen. Der deutsche Wortschatz von 1600 bis heute. URL: https://www.dwds.de/wb/gr%C3%A4tschen, Abrufdatum: 07.05.2024.
15 vgl. Oppenheim, Maya 2019, in Independent: Unmarried, childless women are happiest people of all, says expert, URL: https://www.independent.co.uk/news/uk/home-news/women-happy-children-spouse-partner-relationship-unmarried-a8931816.html, Abrufdatum: 04.05.2024.
16 Kaiser, Renate: Renate Kaiser: Mein Dating-Marathon. Lisas Paarschitt: Der Beziehungs-Podcast mit Lisa Ortgies. 13.07.2023. WDR. URL: https://www1.wdr.de/mediathek/audio/wdr/paarschitt/audio-renate-kaiser-mein-dating-marathon-100.html, Abrufdatum: 07.05.2024.
17 Ruhdorfer, Isolde 2021, in Krautreporter: Tinder will nicht, dass du dich verliebst, URL: https://krautreporter.de/sinn-und-konsum/3684-tinder-will-nicht-dass-du-dich-verliebst, Abrufdatum: 05.05.2024.
18 ebd.
19 vgl. Eckert, Till: Zehn Zwänge, die uns der Kapitalismus einbrockt. Ze.tt. 06.07.2018. URL: https://www.zeit.de/zett/politik/2018–07/zehn-zwaenge-die-uns-kapitalismus-einbrockt, Abrufdatum: 07.05.2024.
20 Epigenics: Warum Männer mit Partnerin länger leben: Positive Auswirkung von Beziehungen auf die Lebensdauer. Epigenics. 2024. URL: https://epigenics.eu/blogs/laenger-gesund-leben/verheiratete-maenner-gesundheit-lebensdauer, Abrufdatum: 07.05.2024.
21 vgl. Perrig-Chiello: Pasqualina: Wenn die Liebe nicht mehr jung ist. Bern: Hofgrefe AG, 2017.

8 Kann ich_loslassen?

1 Perel, Esther: Untreue überdenken…ein Vortrag für jeden, der jemals geliebt hat. 2015. TED. URL: https://www.ted.com/talks/esther_perel_

rethinking_infidelity_a_talk_for_anyone_who_has_ever_loved?language=de, Abrufdatum: 07.05.2024.

2 Ernaux, Annie: Die Jahre. Frankfurt am Main; Berlin: Suhrkamp, 2017.

3 frei übersetzt aus: »Annie Ernaux – Les années super 8« [Film], 2022, Studio: New Story. Dt. Version: URL: https://www.3sat.de/kultur/kulturzeit/dokumentarfilm-annie-ernaux-die-super-8-jahre-100.html, Abrufdatum: 07.05.2024.

4 frei übersetzt aus: »Annie Ernaux – Les années super 8« [Film], 2022, Studio: New Story. Dt. Version: URL: https://www.3sat.de/kultur/kulturzeit/dokumentarfilm-annie-ernaux-die-super-8-jahre-100.html, Abrufdatum: 07.05.2024.

Laura Karasek · Armgard Karasek

DAS GESPRÄCH UNSERES LEBENS

Ein aufrichtiges Mutter-Tochter-Buch

Ein Gespräch über Höhen und Tiefen in der Liebe und im Beruf, über Macht und Ohnmacht, über die Bedeutung von Familie und Abschied, das alle Mütter und ihre Töchter führen sollten!

Was war bisher wichtig in unserem Leben? Welche Träume haben sich erfüllt? Was wünschen wir unseren Kindern?
Die Beziehung zur Mutter ist prägend. Wir wenden uns von ihr ab, sehnen uns nach ihr, brauchen sie. Die Moderatorin und Autorin Laura Karasek und ihre Mutter, die Literaturkritikerin Armgard Karasek, werfen in diesem Buch einen Blick auf die ganz großen Themen. Aus der Perspektive zweier unterschiedlicher Generationen sprechen sie über das Leben als Frau, als Mutter, als Tochter, als Liebhaberin, als Freundin, als Anwältin, als Journalistin, als Teenager, als Witwe.
Berührend offen, mitunter schonungslos, aber immer liebevoll und selbstironisch stellen sich die beiden Frauen in einem unterhaltsamen und intimen Dialog jenen Fragen, die uns alle bewegen.

»Dieses Buch enthält alle relevanten Buchstaben, Satzzeichen und Gefühle.«
Laura Karasek
»Dieses Buch ist für alle, die eine Mutter haben!«
Armgard Karasek

KNAUR